我国中小企业财务管理创新研究

刘　莉　著

中国商务出版社
CHINA COMMERCE AND TRADE PRESS

图书在版编目（CIP）数据

我国中小企业财务管理创新研究 / 刘莉著. — 北京:

中国商务出版社, 2022.10

ISBN 978−7−5103−4522−7

Ⅰ. ①我… Ⅱ. ①刘… Ⅲ. ①中小企业 – 企业管理 –

财务管理 – 研究 – 中国 Ⅳ. ①F279.243

中国版本图书馆CIP数据核字(2022)第200383号

我国中小企业财务管理创新研究

WOGUO ZHONGXIAO QIYE CAIWU GUANLI CHUANGXIN YANJIU

刘莉　著

出　　　版：中国商务出版社

地　　　址：北京市东城区安外东后巷28号　　　　邮　编：　100710

责任部门：发展事业部（010–64218072）

责任编辑：周青

直销客服：010–64515210

总 发 行：中国商务出版社发行部（010–64208388　64515150）

网购零售：中国商务出版社淘宝店（010–64286917）

网　　　址：http://www.cctpress.com

网　　　店：https://shop595663922.taobao.com

邮　　　箱：295402859@qq.com

排　　　版：北京宏进时代出版策划有限公司

印　　　刷：廊坊市广阳区九洲印刷厂

开　　　本：787毫米×1092毫米　1/16

印　　　张：12.75　　　　　　　　　　　　　字　数：280千字

版　　　次：2023年1月第1版　　　　　　　印　次：2023年1月第1次印刷

书　　　号：ISBN 978–7–5103–4522–7

定　　　价：63.00元

凡所购本版图书如有印装质量问题，请与本社印制部联系（电话：010–64248236）

前　言

　　中小企业作为我国企业的大多数，在国民经济的发展中发挥了非常重要的作用。但是一直以来，我国的中小企业平均寿命仅为不到三年，在多方面因素的影响下出现了企业的生命周期短、孵化时间长的问题，究其原因离不开企业的财务管理水平较低。本书从我国中小企业财务管理的现状入手，对当前中小企业财务管理中存在的主要问题进行探索，并针对性地提出了解决这些问题的对策，以期能够从财务管理的角度优化管理现状，从而更好地促进中小企业的发展。财务管理工作对中小企业的经营和发展具有至关重要的作用，是其内部管理工作的核心。中小企业应当不断建立健全相关财务制度，加强财务控制，不断提升自身财务管理水平，切实发挥财务管理对企业经营发展的作用。

　　为了提升本书的学术性与严谨性，在撰写过程中，笔者参阅了大量的文献资料，引用了诸多专家学者的研究成果，因篇幅有限，不能一一列举，在此一并表示最诚挚的感谢。由于时间仓促，加之笔者水平有限，本书难免存在不足，希望各位读者不吝赐教，提出宝贵的意见，以便笔者在今后的学习中加以改进。

目　录

第一章 企业财务管理概述

第一节 企业财务管理的问题

现阶段，我国与其他国家以及各个地区之间的文化、政治、经济交流都非常便利，也非常频繁。但正是这些原因，使我国的市场经济体制不断遭到外来经济体制的冲击。近几年来，计算机技术在我国快速发展也冲击着我国的传统财务管理模式，给我国的经济带来巨大挑战。上述两种现代市场经济环境对现代企业的财务管理提出了新的要求，需要现代企业财务管理趋向于现代化、信息化和规范化。现行的企业财务管理模式在科技不断进步的新社会越来越不适应，如果不进行变革和创新的话，将对现代企业产生不利的影响。

一、企业财务管理的基本概念

目前，人们普遍认为财务管理就是指预测、组织、协调、分析和控制公司经营中的财务活动。还有一种观点认为，财务管理是一种匹配活动。为此，我们可以将财务管理的内涵理解为是对公司生产经营当中的费用进行管理，管理时可以通过计划、控制等办法，它是一种财务活动管理的过程。我国财务管理的主要内容包括五个方面：资本结构控制、资金控制、预算控制、对外投资控制以及重大工程项目控制。

二、财务管理对企业的作用

财务管理的好坏能够对企业的兴衰与成败起到直接作用，所以西方国家企业对财务管理的统领性、时效性和控制性等方面非常重视，目的在于促进企业的可持续发展。

财务管理会影响到企业的各个环节各种活动的正常开展。财务管理需要进行变革，但怎样变革才能使企业效益最大化是我们必须要考虑的问题。财务管理要能够与时俱进，与企业的发展并进。

财务管理的日益普及也证明了财务管理的重要性，在企业管理中具有核心意义。它通过精准企业成本结算、强化风险意识、对财务支出和收入做更加严格的记录、在预算方面不断精确、加强信息化和科技化等手段促进财务管理更加有效。

三、企业财务管理建设的可行性因素分析

（一）有利于避免出现资金滥用现象

资金是企业生存发展的重要源泉与动力，也是企业业务活动顺利实施的前提条件，资金控制在企业财务管理中的作用不容忽视。通过财务管理建设，企业可以对资金滥用现象的发生起到一定的控制作用。企业要从自身实际情况出发，选择最为适宜的方式筹集资金，确保资金充足，并对资金加以合理分配，以防出现资金滥用现象。

（二）有利于提升会计信息质量

会计信息质量是企业决策的重要参考依据之一。加强财务管理建设，对于会计信息质量的提升极为有利，可以进一步完善内控制度，严格监督企业领导和财务人员的工作行为；同时，保证财务人员能够依法行使自身的权力，并积极履行自己的义务。

四、企业财务管理建设中存在的不足之处

（一）企业财务管理与企业战略管理有所脱节

企业要明确财务管理工作的关键目标，以提高企业战略发展效益。但是，一些企业在财务管理工作中，仍然采用较为传统的财务管理模式，没有将财务管理工作与企业战略发展目标相互融合在一起，导致在生产经营活动中财务管理职能没有充分体现出来。同时，企业现金管理、应收账款管理以及财务控制机制的刚性力度存有不足，存在大量潜在风险，不利于企业的健康发展。

（二）企业财务信息化力度严重缺失

企业只有构建完善的财务管理系统，才能增强财务管理流程的迅速性与便捷性。然而一些企业的财务信息化，并没有从财务工作过渡到财务管理层面，财务管理模式并没有发生实质性的变化，使得企业很难及时了解自身实际产、销、存等情况，难以对自身生产经营活动进行指导。由于财务信息化不力，财务管理部门极容易出现"信息孤岛"现象，无法与企业其他部门实现数据信息的实时共享。

（三）融资难度比较大，存有投资风险

（1）资本市场严厉控制着企业直接融资、发行债券，企业获取资金比较困难。一些企业会通过银行贷款来获取资金，然而银行有着较多的贷款条件限制，企业贷款难度较大，一定程度上也增加了企业的融资成本。同时，由于一些企业经营规模比较小，缺少较高的借贷能力，且资产产权模糊、缺少抵押资产等，如果这些企业出现发生违

约行为，银行和金融机构很难将贷款的本金和利息一并收回，所以银行、金融机构对企业贷款形式手续非常复杂、烦琐，与借贷条件存在着严重的差距。

（2）企业自身限制性条件比较多，投资能力并不高，存在一定风险。一些企业在投资过程中，没有展开深入的调研工作，也没有对项目投资进行科学论证，过于强调短期目标；缺少科学的财务预测、预算以及决策机构，投资信息的准确性难以保证，资金链条断裂的现象经常发生，稍有不慎，就会造成企业投资风险。

五、市场经济下企业财务管理所面临的挑战

财务管理具有系统性和复杂性的特点，且在商业市场经济中有巨大压力。这些原因使财务管理工作在市场经济下面临巨大挑战。

（一）财务管理目标多元化

市场经济的进步为企业带来巨大的挑战，使企业不得不在多个方面进行革新。而作为企业管理中比较重要的财务管理当然也面临着多种变化，主要体现为财务管理内容的增加和任务的增重。现行的财务管理模式越来越难以保证财务管理工作的完美展开了。

企业的发展使企业的经营范围和活动领域不断扩大，促使企业在不同的发展阶段采取不同的财务管理办法来为企业的管理提供保障。企业想要充分发挥财务管理的作用，就必须适应社会市场经济发展的大环境以及企业发展阶段的独特性。

（二）财务资源配置科学性

国家在资源配置问题上存在一定不足，在这种市场经济下各个企业内部在财务资源配置上就不可避免会出现一些问题。在当前经济背景下，企业融资、筹资方面经常出现问题，其中渠道不通造成的资金不足问题最为明显，导致企业缺乏足够的资金用于扩大生产。资金的缺乏也会影响财务资源配置的科学性，使企业难以取得长久的、可持续性的发展。

（三）财务管理趋向信息化

信息技术的高速发展对企业中的财务管理提出了一系列新要求、新任务。但很多企业在财务管理方面依然停留在过去传统的财务管理体系中，难以做到与时俱进，不愿意接受时代变化进行改革，因此难以符合现代信息化社会的要求，而不能迅速获取有效信息。

目前，许多企业中的财务管理人员没有接受过严格正规的岗前培训，对财务管理没有正确的认识，对财务管理信息化不了解，财务管理工作信息化的程度不高，作用难以充分发挥。

加强财务管理建设是企业管理工作的重要环节，在企业发展中占据着极其重要的地位，已经成为企业内部普遍关注的焦点性话题。企业要想更好地适应变化多端的市场竞争环境，就必须要高度重视财务管理问题，不断提升财务管理运作效率，在企业内部创建氛围浓厚的财务环境，提升企业的利润空间，为企业的发展注入强大生命力。

第二节　企业财务管理目标

财务管理目标服务于企业目标，是企业实施财务管理活动期望实现的结果。财务管理目标对企业发展具有重要作用，合理的财务管理目标是企业持续经营和发展的前提。只有确定了合理目标，财务管理工作才有明确方向，企业的各项财务活动才能顺利开展。因此，企业应立足于市场经济体制的要求，并根据自身实际情况，科学合理地选择、确定财务管理目标。

企业的财务管理活动受环境制约，并受多种因素影响。作为理财活动的重要环境因素，资本市场的完善程度对财务管理目标的影响尤为突出。现代企业由于两权分离，信息不对称现象普遍存在。探索如何基于信息不对称的现状确立合理的财务管理目标是企业需要认真思考的重要问题。

一、企业财务管理目标研究现状

关于财务管理目标，股东利益最大化和相关者利益最大化是最主要的两个观点。股东利益最大化观点的出现早于相关者利益最大化观点。

股东利益最大化是指管理层应该努力通过财务上的合理经营，为股东带来更多的财富。持有该观点的人认为资本是企业中最重要的要素，管理者应该尽最大努力为股东赚钱，以增加社会价值。著名学者哈耶克曾指出，为股东赚钱与履行社会责任是可以并存的。埃巴则更立场鲜明地认为，只有把股东利益放在第一位，才能使社会福利最大化。股东利益导向的公司财务模式和理论被许多人批评对企业员工、顾客、环境等利益相关者的利益不够重视，从社会学和经济学的角度来说是不负责任的。

随着知识经济和科学技术的迅猛发展，资本以外的其他要素对企业越来越重要，股东之外的其他利益相关者地位也有所提高。在这种情况下，有学者认为从可持续发展的角度而言，企业只关注股东利益已经与社会经济发展要求不相符，应予以改变。企业财务管理目标应当考虑包括股东在内的所有利益相关者的利益。他们认为，以相关者利益最大化作为企业财务管理目标，取代之前的股东利益最大化，符合企业长期可持续发展的要求。然而，随着研究的深入，也有许多学者对以兼顾所有相关者利益的相关者利益最大化观点提出疑问。认为相关者利益最大化治理模式实际上是将股东利益最大化的负外部性内部化到公司治理中，在现实条件下存在明显不足。首先，利益相关者利益定位不明确；其次，利益相关者间利益有冲突，难以实现利益最大化；最后，利益的分配难以量化，不具有可操作性。

财务管理目标是企业财务理论的重要内容，一定程度上决定了财务管理的组织、原则及其方法体系，直接影响着企业的实际财务管理活动。不同财务管理目标会对企业财务管理运行机制产生不同的影响。因此，企业需要明确界定合理的财务管理目标，从而进一步优化企业的财务管理行为，实现财务管理活动的良性循环与发展。

二、企业财务管理目标的特征

（一）层次递进性

企业财务管理目标并不是一成不变的，会随着企业规模和发展阶段的变化而变化。因此，财务管理目标具有一定的阶段性。同时，财务管理目标在不同时期有不同的理论观点；而每一种观点在其特定的发展阶段都具有一定的科学合理性，并随着外在环境变化而不断演进发展，因此财务管理目标具有一定的层次递进性。

（二）与企业目标的依从性

财务管理属于企业经济管理活动的一个重要组成部分，因此财务管理目标应依从于企业目标的确定与实现，企业财务管理目标与企业目标应具有一定的依从性。

目前企业目标主要归结为生存、获利与发展，企业财务管理目标应依从于企业目标，促进企业的持续健康发展。

（三）相对稳定性

尽管企业不同发展阶段的财务管理目标有所不同，但企业不能随意调整财务管理目标，而要保证财务管理目标具有相对的稳定性，否则将无法科学引导开展企业的财务管理活动，达到预期的财务管理目标要求。这也是企业科学界定财务管理目标的重要意义所在。

（四）可操作性

企业财务管理目标的界定应具有一定的可操作性，才能引导企业财务管理活动实现其预定的财务管理目标。现实中财务管理目标界定可以很多样，但并不是所有的财务管理目标都能够被理论与实务界接受，主要原因在于其是否具有较好的可操作性。

三、企业财务管理目标的具体类型

（一）追求利润最大化

企业设立的目的就是赚钱，利润是企业的生命线。将利润最大化作为企业的财务管理目标，符合企业设立的基本目的。对投资者和利益相关者来说，利润最大化对他们都是有利的。对企业来说，利润是企业在竞争中求得生存和发展的基本条件，企业利润越大表明了发展经营得越好，抵御风险的能力越强。利润作为企业赚取的利益，说明企业财富的增加；对社会发展来说，企业为社会增加了财富，对社会的进步和发展是有利的。

（二）追求企业价值最大化

企业价值最大化管理目标是指企业采取最佳的财务政策，合理经营，充分发挥财务管理作用，促进企业长期稳定发展，不断提高盈利能力，实现企业资产总价值最大化。企业价值最大化是长远目标，它既考虑投资者投资价值的变化，也考虑短期利润中未能反映而又对企业长远发展影响深远的因素；既反映股东对公司的期望，也反映外部对公司的评价；与财务管理的短期目标和整个社会经济的目标进行结合，可以赋予企业生产经营和财务活动更广阔的视野、更深远的影响。

（三）股东财富最大化管理目标

现代股份企业指企业是由若干处于竞争合作关系的股东按照契约关系形成的集合体，股东对企业投资并成为所有者，目的在于获取更大利益。股东都希望企业成功经营，实现自身利益，但由于股东利益需求不同、存在竞争与对抗，使得企业财务管理很难形成一致的目标。但股东是企业资本投入者，承担的风险最大，而且股东的利益相较于其他利益相关者是最后得到满足的，所以实现了股东利益最大化，也就是事实上保证了其他相关利益集团的利益，因此在财务决策中，财务管理需以股东利益最大化为目标。

（四）追求企业可持续发展能力最大化

企业可持续发展能力最大化目标要求企业财务管理要以人为本，同以物（利益）为中心的观念比较而言，更加注重人力资本投资，培育企业长期持续发展的能力，实现企业的可持续发展。企业可持续发展能力最大化不单纯是一个量的概念，同时具有潜在的获利能力、职工生活质量的提高、社会生态环境的改善以及资源的优化配置等多方面质的含义。

四、企业财务管理目标的现实选择

按照现代企业理论的观点，企业是股东、债权人、管理层、职工等多边契约关系的总和，对企业的发展而言，股东、债权人、职工等都是企业的利益相关者，在整个契约关系中缺一不可。因此，企业财务管理目标仅考虑股东财富最大化容易导致企业忽略甚至侵害其他关系人的利益。客观上说，企业财富的增加会使各相关者的利益得到较好的满足，而各利益方良好的合作关系也会更好地促进企业价值的提升，从而形成良好的互动、实现财务管理的良性循环。因此，企业应协调相关各相关方的利益，追求企业相关者利益的最大化，进而提升企业整体价值，实现企业的持续健康发展。

为了更好地发挥财务管理目标的导向作用，企业确定财务管理目标体系应注意以下问题。

（一）财务管理目标应有助于促进企业的发展

企业财务管理目标的界定应能够有助于实现企业目标，促进企业的持续发展。企业要生存、获利和发展，就需要通过财务管理活动合理地控制成本费用，提高收入水平，并尽可能控制潜在风险，保证企业顺利开展经营活动。因此，随着企业外部和内在环境的变化，企业财务管理目标也应呈现一定的动态调整性，以顺应不同环境下企业发展目标的实现要求。

（二）明确界定财务管理总目标与分层次目标

企业财务管理目标具有系统性，要求在界定总目标的基础上进一步细化层次目标，并保持一定的综合性和系统性。财务管理总目标界定为相关者利益最大化目标，在此基础上细化不同阶段的企业财务管理目标，并体现一定的递进关系和发展。如在企业初创阶段，财务管理目标细分应着眼于合理安排资本结构，满足企业发展的资金需求并科学开展投资分析决策活动。

（三）综合衡量财务管理的近期目标和长远目标

财务管理目标体系应注重近期目标与长远目标的协调统一，长远目标是实现企业持续健康良性发展的基本要求，是一个财务管理活动的导向性目标；近期目标则根据企业实际生命周期和财务活动的特点进行确定，如降低财务风险、加强成本控制管理、提高投资报酬率等具体目标。

第三节　企业财务管理的基本原则

财务管理是企业经营与发展过程中的一项重要活动。在复杂的市场环境下，企业若想要实现持续健康发展，就必须高度重视财务管理，通过财务部门职能的发挥来探索出一条科学且可持续的企业发展道路。在全面把握财务管理特殊性的基础上，探讨财务管理基本原则，对于企业的综合发展具有重要意义。

一、企业财务管理的特殊性分析

（一）不是简单性的节约支出

财务管理的特殊性之一就在于，不能够简单地将财务管理看作是节约支出的方式。受到传统财务管理理念的影响，许多企业将财务成本核算看作是财务管理，使得财务管理过程中相关管理人员普遍以节约支出作为管理的主要方式，试图通过此种方式来维护企业的经济效益。但在当前市场经济条件下，经济利润并不是唯一的财务管理目标。由于市场环境复杂并且具有动态化特征，无论是在产品价格方面还是在产品周转方面，财务管理都促进了节约支出向节支降耗转变，以维护企业的成本效益。

（二）并非单一化的财务部门管理

当前财务管理中普遍存在重财务部门管理而轻部门协调联动的情况。实际上财务管理的特殊性之一就在于，并非单一化的财务部门管理，而是在企业经营发展过程中需要多个部门的协调配合，围绕战略目标，以信息技术为支持，落实财务管理，科学控制成本与风险，从而维护企业的收益。

（三）不可忽视其他管理工作

财务管理是企业一项重要的管理工作，但与此同时，企业也不可忽视其他管理工作的协调性，这直接关系着企业价值的体现以及战略目标的实现。无论是生产、营销还是质量管理，都是企业发展过程中的重要内容，企业要全面把握自身发展的现实情况，在日常管理中实现财务管理与其他管理的协调配合，从整体上提升企业财务管理水平。

二、企业财务管理的本质特征

就企业经营发展的现实情况来看，财务管理实际上就是一种资金运动，也可以称为一种价值运动。财务管理是以资金为对象所开展的筹集、运用与分配等活动，通过资本运作来提升企业价值，维护企业的综合效益。财务管理致力于实现企业利润最大化，确保股东财富目标得以实现，促进企业价值实现不断增长，降低企业资金风险，并为企业的持续健康发展提供有力支持。

三、企业财务管理的基本原则

（一）系统原则

财务管理的落实，要遵循系统原则，就是要立足企业发展的现实需求来开展综合分析，围绕财务管理目标开展财务管理，确保财务管理系统的整体性，通过系统价值的发挥来为企业发展服务。

（二）弹性原则

在现代经济形势下，市场运行环境复杂，财务管理也面临着复杂的形势。企业想要逐步提升市场竞争能力，就必须要遵循弹性原则开展财务管理，从而更好地应对市场变化，推进财务管理工作的高效开展。

（三）货币时间价值原则

一般情况下，商品通过货币形式来展现价值，在现代市场经济条件下，商品的支配主要依靠货币来实现。而从货币价值与商品支配的关系来看，现在货币价值与未来货币价值相比要明显处于较高水平。对于企业来说，若想要持续创造价值并获得收益，就必须要落实财务管理，遵循货币时间价值原则，合理配置货币资金。在不同时间点下，为保证货币换算的准确性，财务管理必须要确保所换算的时间点是相对应的，从而使工作能够规范开展。

（四）资金合理配置原则

资金是财务活动的核心和关键，资金的筹集、利用和分配，都必须遵循合理配置的原则。这也是财务管理的基本原则，关系着企业的经营和发展。一旦资金配置的科学性不足，极易影响企业资金链的正常运转，严重情况下可能会导致企业无法购进材料与设备、无法偿还银行贷款等。这会在一定程度上加剧企业财务风险，甚至会对企业的发展形成制约。对于企业财务管理来说，资金合理配置原则是一项基础性原则，能够实现资金的最大化利用，为企业经营发展提供可靠的资金支持。

（五）收支平衡原则

企业经营过程中的收支一般以财务指标和数据测算作为主要参考，在确定收支平衡点之后，面对复杂的市场环境，采取可行的财务管理方式，保证财务管理系统运行的稳定性与可靠性。在这一过程中，财务管理要注重收支平衡系统与风险预警系统的构建，在制定财务管理方案的基础上，结合指标偏离情况建立修正方案，合理调整企业财务管理方式，促进企业经营战略的优化，为企业发展战略目标的实现奠定良好的基础。

（六）成本—效益—风险权衡原则

在现代市场经济环境下，成本、效益与风险都是企业财务管理过程中必须重视的内容，关系着企业的经济效益与运营风险。就现实情况来看，大部分企业都试图通过低成本与低风险来获得高效益，但实际上成本、效益与风险之间存在着密切的联系，只有当三者之间达到一种平衡状态时，才能实现预定财务管理目标。也就是说，财务管理工作的开展，要明确相对固定的某种条件，围绕这一条件出发来优化配置资源，从而采取可行的财务管理策略。一般情况下，当风险一定时，企业可以通过财务管理来优化配置成本以获得较高的收益；当收益一定时，企业可以通过成本控制或者风险控制来推进持续经营发展。

通过以上研究可知，企业可持续发展过程中，必须要落实财务管理，要对财务管理的特殊性形成正确的认知，在明确财务管理本质特征的基础上，遵循财务管理基本原则，有侧重点地落实企业财务管理，提升财务管理水平，切实提升企业市场竞争能力，促使企业更好地适应市场环境，逐步实现稳定有序发展。

第四节　企业财务管理的作用

随着市场经济的发展，企业之间的竞争越来越激烈，财务管理在企业中的地位也更加重要。在新的经济环境下，企业的财务管理的内涵、功能和地位等都发生了深刻变化。在新的市场环境下，企业对于财务管理给出了新的定位。

一、制约财务管理在企业管理中的地位和作用的因素

（一）日常操作不规范，工作落实不到位

目前，很多企业的财务工作都存在各种问题，比如科目滥用、信息失真、账目不清、手续简化等；私设小金库、虚假记载，不定期对库存现金进行盘点，会计凭证和账目核对不准，财务人员监督不力等。这些问题造成了账证不符、账实不符的现象普遍存在。

（二）财务管理职责混乱

由于企业自身的原因，很多企业的财务监管人员不能独立地行使自己的监督权。对于企业财务工作中出现的种种问题，财务监管人员无法做到有效监管，导致财务工作中很多漏洞无法被发现和更正。财务监管人员监管不到位，管理人员管理不当，企

业的财务管理职责混乱导致企业的管理出现恶性循环。

（三）人员设置机构不合理

随着市场经济环境的改变，经济知识的不断更新换代，很多企业内部的机构设置存在问题。企业财务人员也缺乏相应的专业素养，并且理财观念滞后，缺乏主动性和创新能力。

二、确立财务管理在企业管理中的中心地位

（一）盘活存量资产，处理沉淀资金，加快资金流动性

目前我国企业资金闲置现象比较普遍，一方面是企业存在很多不用材料和设备，另一方面企业贷款较重，在资金的运用方面有待改善。针对这一问题，企业应当每年进行集中盘查，列出积压清单，及时列出报废资产，并尽可能将报废资产转为货币资金。

（二）编制资金使用计划，加强资金平衡工作，充分发挥资金调度作用

一方面，企业为了维持正常的运作，要对资金进行合理分配，采取适当的措施进行资金的统一安排，根据任务的轻重缓急合理安排工作顺序。另一方面，企业要安排财务部门将各部门的用款计划进行呈报，确保资金的合理使用。

（三）人才管理是确立财务管理中心地位和作用的前提

无论是对于国家还是企业，人才都是十分重要的发展动力。对企业的财务管理而言，领导干部必须具备一定的财务管理素质，加强对财务管理相关知识的学习，比如税收、金融、财务等法律法规，同时要重视财务管理，积极参与财务管理活动。财务干部也要及时参与企业的经营管理和重大决策，不断学习财务管理理论知识，树立终身学习的理念。

随着市场经济的发展，企业财务管理的作用越来越重要。我国企业的财务管理中存在诸多问题，比如日常操作不规范、工作落实不到位、财务管理职责混乱等问题。企业应当通过盘活存量资产、处理沉淀资金、编制资金使用计划、重视人才管理等方面来加强企业的财务管理，让财务管理发挥更重要的作用，促进企业的持久发展。

三、财务管理在企业运营中的作用

（一）生产经营

企业在生产经营过程中会遇到各种问题，其中成本的浪费和资金的流失对企业而言是致命的，对于财产风险的把控不足会导致企业亏损或倒闭。财务管理在企业运营中具有风险掌控的作用，帮助企业进行风险分析和控制，提高企业在市场变化中的生

存能力。同时，财务管理还能减少企业的投资成本，提高企业利润。科学的财务管理方式还能够提高资金的周转速度，通过借贷和运营的结合，为企业的市场竞争提供决策信息，强化企业资本结构的稳定性和合理性。财务管理从根本上减轻了企业资金上的困难和负担，通过专业的科学化成本分析计算，结合企业自身的现状，为企业进行合理的资本结构转化，降低财务风险，提高企业的总利润值，增强企业的科学决策能力。

（二）企业管理

财务管理不仅能提高企业生产经营的能力，提升企业利润的数值，还能够将企业管理的信念不断塑造完善，提高资金的利用效率。财务管理部门需要进行人员评价考核，对其专业性进行考察，确保企业在财务管理中的专业化标准。财务管理的工作中要加强对财务的考核评定，建立完善的评价机制，对企业管理人员更是要监督约束，加强对企业资金的管制，防止出现企业资金无故流失的现象。管理财务就是管理企业，财务是企业发展的命脉，因此企业要加强财务管理，保障资金安全，针对企业发展现状和市场变化进行资金投入，提升企业管理的健康稳定。

第二章 我国中小企业财务顶层思维

第一节 平衡计分卡

平衡计分卡是 20 世纪 90 年代由哈佛大学商学院教授罗伯特·开普兰和大卫·诺顿根据"通用电气的绩效评估报告"以及 20 世纪上半叶在法国流行的"仪表盘评估法"设计制定出来的。罗伯特·开普兰和大卫·诺顿认为过去的方法过分注重财务指标，而其他方面，如用户体验、上下游企业关系、企业潜力等，都对企业的表现和长远发展有至关重要的影响。将这种方法称为"平衡计分卡"是因为这种方法将非财务评价指标融入传统的评价体系中，构造了一个更加"平衡"的评价体系。平衡计分卡代表了国际上最前沿的管理思想，集测评、管理与交流功能于一体。

一、平衡计分卡的四个层面

平衡计分卡综合考虑了财务因素和非财务因素的业绩评价系统，相比其他方法，更强调非财务指标的重要性。平衡计分卡通过四个层面来解释企业组织的行为，分别是学习成长层面、商业过程层面、客户层面、财务层面。

（一）学习成长层面

这个层面包括员工培训和企业文化的自我成长。在一个以知识型员工为主的组织，员工是最重要的资源。尤其是在近年来快速发展的科技浪潮中，让员工能保持持续学习不仅对员工个人的发展至关重要，更对企业的发展有重要影响。罗伯特·开普兰和大卫·诺顿强调的是"学习"而不是"培训"，是为了营造一种主观能动的氛围而不是流于形式的企业活动。平衡计分卡强调对未来进行投资的重要性，要求企业必须对员工、信息系统及组织程序进行大量投资。

（二）商业过程层面

这个层面考量的是一个组织内部运行是否高效，一个企业的商业过程是否达到了高效满足客户的要求，是否达到了每个商业过程都能增加价值的目的。平衡计分卡下的业务流程遵循"调研和寻找市场—产品设计开发—生产制造—销售与售后服务"的模式展开，其中信息管理系统的应用在帮助管理者将总体目标分解到基层的过程中扮演了极为重要的角色。

（三）客户层面

近年来的管理哲学越来越多地认识到客户满意度在各行业中的重要性，因为满意度最终会影响客户的去留。在此层面的分析中，客户特点和产品线的配对研究至关重要。

（四）财务层面

罗伯特·开普兰和大卫·诺顿并未否认准确及时地提供财务数据的重要性，但他们更加强调财务数据的采集与分析的集中化和自动化，更好地整合财务数据、利用财务数据，而不是让企业被财务指标左右从而丢失了长期竞争力。同时，平衡计分卡对财务层面的考量加入了风险测评、成本绩效考核数据等。

平衡计分卡是针对企业战略愿景四个级别的分析和评估，代表了世界上最先进的管理思想，并集成了评估、管理和沟通的功能。平衡计分卡使用大量领先和滞后指标来评估企业是否正在实现其战略目标。将战略置于中心的平衡计分卡是一种战略管理系统，而不仅仅是企业绩效评估系统。平衡计分卡可以提供许多非财务指标，可以反映财务指标变化的根本原因，更注重提高未来的利润，而不是统计过去的利润。

二、平衡计分卡方法的分析步骤

（一）定义研究评价对象的战略

平衡计分卡能反映企业战略，其四个方面均与企业战略密切相关。这一步骤是设计一个好的平衡计分卡进行综合分析的基础。

（二）针对战略目标取得一致意见

由于各种原因，企业管理团队可能对战略目标有不同的意见，但无论如何，必须就企业的长期目标达成一致。平衡计分卡每个方面的目标数量应控制在合理范围内，并评估影响组织成功的关键因素。

（三）选择和设计分析测评指标

平衡计分卡中的每个指标都是表达组织战略的因果链的一部分，指标必须准确反映每个具体目标。指标设计不宜，使用太多指标。对于一般平衡计分卡的每个方面，三个或四个指标就足够了。这也体现了财务报告综合分析指标设计的简明原则和有效性原则。

（四）制订实施计划

各级管理人员都必须参与评估。平衡计分卡指标应与企业的数据库和管理信息系统相关联，并运用于整个组织。

（五）监测和反馈

平衡计分卡定期向最高经理报告。当评估设定一段时间并且认为已达到目标时，企业就需要设置新目标或为原始目标设置新目标。平衡计分卡用于战略规划、目标设定和资源分配的过程，需要持续地监控和反馈，使财务分析报告动态化，帮助企业适应竞争。

第二节　阿米巴经营

阿米巴商业模式是稻盛和夫的原始管理模式。阿米巴也称为变形虫，是一种具有细胞分裂、繁殖、灵活性和变异性的单细胞动物。在经营过程中，阿米巴被视为核算单位，并扩展到企业中最小的基层组织，即最小的业务单位，可以是部门、生产线、团队，甚至是某位员工。阿米巴业务是指通过小集体的独立核算实现全员参与的业务管理模式，汇集了所有员工的力量。

阿米巴业务管理的实施是将整个公司划分为许多名为阿米巴的小型组织。每个小型组织都是独立的利润中心，进行独立的核算和管理。阿米巴经营单元可以根据内外环境快速进行分裂、合并、成长。

一、阿米巴经营哲学

经营哲学既是对经营实践的指导思想，也是对经营实践的提炼和升华。在阿米巴经营中，其经营哲学不仅引领企业成功，而且也是阿米巴经营的核心。

企业是个生命体，阿米巴作为其中最小的经营单元需要有一个统一的"思想"，虽然每个阿米巴经营单元自主进行决策经营，但是所有阿米巴的根本目标是一致的。这种"思想"就是一种理念。稻盛和夫从"何为正确的做人准则"这个最基本命题出发，结合中国儒家思想，用"敬天爱人"这个最朴实的语言来设计日本京瓷公司经营哲学。"敬天"就是按事物的本性做事。这里的"天"是指客观规律，也就是事物的本性。稻盛和夫坚持"以正确的方式和正确的程序执行正确的事情"的原则，并根据自己的本性做事。

所谓的"爱人"就是按照人性行事。"爱人"是"利他主义"，"利他主义"是生活的基本出发点，是自利的。对于企业来说，"利他管理"是指客户管理。一般而言，客户包括顾客、员工、社会和利益相关者。只要为客户创造价值，企业就可以从中分享价值。

因此，阿米巴的经营哲学一方面起到引导作用，能够引领企业成功，另一方面也是规范企业经营行为，避免企业在经营过程中发生违背经营哲学的事情。

二、阿米巴经营的五大目的

阿米巴商业模式的独特魅力在于它与一般管理模式不同，具体而言，实现了五个目标。

（一）在企业中实现全员参与经营

在阿米巴经营模式中，根据工作内容进行分配，每一个"阿米巴"都是独立核算的经营单元。阿米巴小组负责人（以下简称经营长）就像经营自己的小工厂一样，对所有事务负全部责任。

在这种充分授权和内外竞争的机制下，每个人都能充分发挥自己的主观能动性。

（二）以核算作为衡量员工贡献的重要指标，培养员工的数字意识

阿米巴以简单易懂的单位时间增值核算方式运作。企业和员工只要简单地将阿米巴单位的收入减去支出，然后除以总劳动时间，就可以计算单位时间的附加值。

（三）实行高度透明的经营

根据阿米巴商业模式，企业的经营数据必须准确，并及时反馈给每位员工，以便经营者在第一时间获得准确的业务数据。一般而言，经营者可以在业务活动发生后24小时内获取业务数据。

（四）自上而下和自下而上的整合

这种整合的前提是在公司上下拥有共享的价值观与目标。通过会议，公司不断地让每位员工从经营中体会到快乐，使所有员工都拥有共同的企业价值观。

（五）培养经营长

由于公司被划分为一个个"阿米巴"单元，经营长所占的比率要比一般企业高。经营长对于阿米巴导入的成功与否起到关键的作用，同时经营长被充分授权，有发挥才能的舞台，在成功和失败中提高自己的能力。

总之，稻盛和夫使用简单易懂的商业会计作为赋权工具，使每个阿米巴成员都能够关注并参与运营，使企业充满活力并保持繁荣。

三、阿米巴模式的操作条件

阿米巴经营模式能够获得有效运转，需要三个条件。

（一）阿米巴经营单元划分

经营单元划分需要三个原则：

（1）有明确的收入，能够计算获得收入所需的开支。

（2）最小单位组织的阿米巴必须是独立的业务单位。

（3）能够实现公司的总体目标。

在中国阿米巴模式下，经营员工的自我管理理念和方法可以使阿米巴部门的目标与公司的总体目标相一致。

（二）阿米巴经营运转的基础和载体

单位时间附加值核算是阿米巴经营运转的基础和载体，需要管理会计来提供数据，并且按照以下公式进行测算：单位时间附加值核算 = 结算销售额／劳动总时间。

（三）阿米巴在运转过程中的三个步骤

阿米巴在运转过程中分为制订计划、实施计划、反馈与评估三个步骤。

制订计划，主要包括年度计划和月度计划，阿米巴经营单元不断地根据内外部环境来制订滚动经营计划。在实施计划过程中，经营长会频繁地巡视现场来确保目标的完成，每天的晨会上也会不断重复单位时间核算的经营数字，使得数字深入每一位员工的意识。在反馈和评估时，企业做到每天反馈、及时反思，并每月公布业绩情况，对成绩优秀的经营长委以重任。总之，在运转循环中，企业要不断地强调数字，使每天的经营都能够得到有效反馈。

中日两国的国情、文化和企业发展的阶段既有相似性，又有区别。如何将在日本运行良好的阿米巴经营模式本土化，是值得我们进一步研究的问题。

第三节　ABC 成本法

现代管理将 ABC 成本法定义为"基于作业的成本管理"。ABC 成本法是一种定量管理方法，采用数理统计方法，根据物联网的经济和技术的主要特点进行统计、排列和分析，掌握主要矛盾，区分关键点和一般点，从而采用不同的管理方式。

一、概述

ABC 成本法也称为成本分析法、作业成本计算法、作业成本核算法。

ABC 成本法的指导原则是："成本对象消耗作业，作业消耗资源。"基于作业的成本核算（ABC）将直接和间接成本（包括期间成本）视为平均消费作业的产品（服务）成本，扩大成本计算的范围，并使计算的产品（服务）成本更加准确和真实。

活动是成本计算的核心和基本目标。产品成本或服务成本是所有作业的总成本，是企业实际资源成本的终结。

ABC 成本法因其准确的成本信息，改善业务流程，为资源决策、产品定价和投资组合决策提供完善的信息而受到广泛好评。自 20 世纪 90 年代以来，世界上许多先进企业都实施了基于作业的成本核算，以改善原有的会计制度，提高企业的竞争力。

二、成本分配的过程

ABC 成本法不仅是一种成本计算方法，而且是成本计算和成本管理的有机结合。ABC 成本法根据资源消耗的因果关系分配成本：根据活动中资源消耗的情况，将资源消耗分配给作业；然后根据成本对象消费作业的情况，将作业成本分配给成本对象。

（一）资源

资源是企业生产支出的原始形式和成本来源。企业运营系统涉及的人力、物力和财力资源都属于资源。企业的资源包括直接人工、直接材料、间接制造成本等。

（二）作业

作业是指在组织中为特定目的消耗资源的行为。它是基于作业的成本核算系统中最小的成本聚合单元。从产品设计、原材料采购、生产和加工到产品交付及销售，作业贯穿产品生产和运营的整个过程。在此过程中，每个链接和进程都可以视为一项作业。

（三）成本动因

成本动因，也称为成本驱动因素，是指导致成本发生的因素，即成本激励。成本动因通常通过作业消耗的资源来衡量，如质量检查次数、电力消耗等。在基于作业的成本核算中，成本动因是成本分配的基础。成本动机可分为资源动机和作业动机。

（四）作业中心

作业中心（也称为成本存储库）是指构成业务流程的互联与操作集合，用于收集业务流程及其输出的成本。换句话说，根据统一的运营动机，各种资源消耗项目可以概括在一起，形成一个作业中心。作业中心帮助企业更清晰地分析一组相关业务，进行作业管理、企业组织和责任中心的设计和评估。

三、ABC 成本法的组成

（一）作业

作业是指需要操作并因此消耗资源的过程或程序。例如，向供应商进行订购就是一项作业。

（二）成本动因是工作的直接原因

成本动因反映了产品或其他作业成本对象的需求。如果作业是交付货物，则成本动因是要交付的货物数量。成本动因应与计量单位相关联，并且易于衡量。它们之间的关系将影响作业与交易成本之间的关系。简单的测量可以轻松测量基于作业的成本、产品或服务的使用量。采购作业的一般成本动因包括申请所需的货物数量、零件规格数量、进度变更数量、供应商数量和延迟交货数量。

（三）成本对象

成本对象指需要考核绩效的实体，如产品、顾客、市场、分销渠道和项目。

（四）作业清单

作业清单指产品或其他成本对象所需的作业和相关成本的列表。

四、ABC 成本法的过程

ABC 成本法的过程如下：

（1）定义业务和成本核算对象（通常是产品，有时也可能是顾客、产品市场等）的过程很耗时间。如果两种产品满足客户的相同需求，那么定义业务时选择客户比选择单一产品更合适。

（2）确定每种业务的成本动因（成本的决定因素，如订单的数量）。

（3）成本分配给每个成本核算对象，并比较每个对象的成本和价格以确定其盈利能力。

五、ABC 成本法的实施步骤

（一）设定作业成本法实施的目标、范围，组成实施小组

作业成本法的实施必须有明确的目标，即决策者如何使用基于作业的成本计算提供的信息；实施范围可以是整个企业或独立核算部门，实施主体必须明确。作业成本的实施必须建立作业成本实施小组，由企业负责人领导，包括负责企业的会计和相关

人员。ABC 成本法在国外实施时通常由内部员工和外部专业顾问组成。外部专业顾问具有 ABC 成本法实施的经验，因此可以从其他实施的成功和失败中吸取教训。

（二）了解企业的运作流程，收集相关信息

这一步骤的目的是详细了解企业的业务流程、明确企业成本流程、导致成本发生的因素、各部门对成本的责任，以及便于设计作业和责任控制系统。

（三）建立企业的作业成本核算模型

在充分认识和分析企业运作的基础上，企业可以设计一种基于作业的企业成本核算模型，主要确定以下内容：企业资源、作业和成本对象的确定，包括其分类与各种组织层面，每个计算对象的责任主体，资源作业分配的成本动因；从资源到作业分配关系，再到作业产品分配关系的建立。

（四）选择 / 开发作业成本实施工具系统

作业成本法可以提供比传统成本计算更多的信息，并且是基于大量计算的。没有软件工具的支持，就无法实现作业成本的实施，软件工具有助于完成复杂的会计任务和分析信息。作业成本软件系统提供了基于作业的成本核算系统的构建工具，可以帮助建立和管理作业成本核算系统并完成作业成本核算。

（五）作业成本运行

这一步骤是在建立基于作业的成本核算系统的基础上，输入特定数据并运行作业成本核算。

（六）分析解释作业成本运行结果

这一步骤是对作业成本的计算结果进行分析与解释，如成本偏高的原因、成本构成的变化等。

（七）采取行动

这一步骤是针对成本核算中反映的问题，如提高运营效率、评估组织和员工、改变运营方式、消除毫无价值的工作等，采取行动。

企业是一个变化的实体，在作业成本核算正常运行之后，还需要维护作业成本核算模型，使其能够反映企业的发展变化。随着企业的运作，作业成本核算的运作、解释和行动是一个周期性的过程。

第四节　精益六西格玛

一、精益六西格玛概念

精益生产的核心理念是消除浪费，最大限度地提高企业活动的附加值；尊重和培养员工，使他们能和企业共同发展。六西格玛旨在降低波动性和复杂性，以便所有产品或服务都能达到或超过客户期望。精益六西格玛是精益生产和六西格玛的有机组合和补充，旨在通过减少波动来消除浪费和质量，从而提高效率。

六西格玛管理是在全面质量管理的基础上发展起来的战略管理方法。六西马格管理起源于摩托罗拉公司，由通用电气公司开发。它经历了从冷到热、从西到东、从顶级跨国公司到普通企业的传奇过程。六西格玛管理为企业提供了通用的手段和语言，以严格的科学方法和稳健的业绩改善模式实现利润和收入的提高。六西格玛紧密联系企业的所有要素，帮助企业实现业绩的突破，最终成为持久的绩效改进基因，这是企业成功的阶梯。

精益六西格玛实质是"消除浪费，提高速度"。精益六西格玛管理的目的是整合精益生产和六西格玛管理，吸收两种管理模式的优势，弥补单一模式的不足，以实现更好的管理效果。

二、精益生产与六西格玛结合的必要性

精益生产依赖于参与者的知识，并采用直接解决问题的方法。因此，对于简单的问题，精益生产解决得更快，但缺乏知识的标准化。对于复杂问题，精益生产缺乏解决的效率，不能保证其处于统计控制状态。六西格玛管理更好地集成了各种工具，使用定量方法分析和解决问题，并具有标准化的DMAIC（定义、测量、分析、改进、控制）模型来解决问题，为复杂问题提供了高度可操作的解决方案和工具。

六西格玛缺乏优化整个系统的能力，优化的目标通常不够全面，因此需要将解决的问题与整个系统联系起来，然后优化流程。精益生产理论的优势之一是系统过程的管理，可以为六西格玛项目管理提供框架。一般而言，系统过程中会存在一些非增值流程或活动，我们如果使用六西格玛方法来优化这些流程或活动，就无法突破原有的系统流程设计。为了消除这种非增值活动或过程，我们就需要重新设计流程，六西格玛方法无能为力，而精益生产刚好有一套方法和工具来支持我们完成这项工作。

三、精益生产与六西格玛结合的可行性

精益生产和六西格玛都是持续改进和追求完美的例子。这是两者本质的同质性。因此，我们可以将两者结合起来。

精益生产和六西格玛管理与全面质量管理（TQM）密切相关。两种模式都是基于流程的管理，以客户价值为基本出发点，为它们的整合提供了基础。

精益生产的本质是消除浪费。六西格玛的本质是控制变异，变异是浪费的原因。因此，这两种模式不是对立的，而是互补的。

四、精益六西格玛的潜在收益

精益六西格玛管理的主要内容包括工厂现场管理、新产品开发、与客户的关系以及与供应商的关系。对于现场管理，精益内容包括通过看板系统组织生产过程，实现准时化生产等。

精益六西格玛是一套系统管理原则和实施方法，旨在追求卓越和完美；是一种全面的系统方法，用于了解客户需求、标准化使用和事实与数据的统计分析，以及灵活的管理和业务流程再造。同时，提升客户满意度、使用流程创新方法降低运营成本和周期，从而通过提升核心业务能力提升企业盈利能力，是企业获取竞争力和可持续发展能力的企业战略。

成功实施精益六西格玛的企业数据表明，精益六西格玛可以减少人力资源需求，无论是在产品开发、生产系统还是工厂的其他部门，与其他生产模式相比，最低可以减少到 1/2；减少产品开发周期，最小可减少到 1/2 或 2/3；生产过程中制成品的库存可以减少到其他生产方式下一般水平的 1/10；工厂占用空间最低可以减少到其他生产方式的 1/2；在其他生产方式下，成品库存可降至平均库存水平的 1/4；产品质量可以提高；员工的能力可以得到提高。

五、精益六西格玛的 DMAICL 实施方法

精益六西格玛活动可以分为精益改进活动和精益六西格玛项目活动。精益改进活动主要针对简单问题，可以通过精益方法和工具直接解决。精益六西格玛项目活动主要针对复杂问题，将精益生产方法和工具与六西格玛方法和工具相结合。自 20 世纪 80 年代诞生于摩托罗拉公司以来，经过 30 多年的发展，精益六西格玛已经发展成为解决问题和提高企业绩效的有效系统方法，即"定义—测量—分析—改进—控制—推广"，称为 DMAICL。

DMAICL 各阶段的内容如下：在定义阶段，使用精益思想定义价值并提出流程框

架，在此框架中通过六西格玛工具定义改进项目；在测量阶段，将精益生产时间分析技术与测量阶段的六西格玛管理工具相结合，测量过程管理的现状；在分析阶段，将六西格玛技术与精益流程原理相结合，分析变化和浪费；在改进阶段，利用两种模式中的所有可用工具对流程进行优化、重新排列、删除、简化和合并，同时提高特定流程的稳健性和流程能力；在控制阶段，除了完成六西格玛管理控制内容外，还应总结实施过程中出现的新问题，以便在下一个周期中进一步完善系统；最后进入推广阶段，将项目解决方案应用到其他相关领域或业务单元，以实现效益最大化。

第三章　我国中小企业财务管理的分类

第一节　财务预测

一、财务预测的意义和目的

财务预测是指财务工作者根据企业过去一段时间财务活动的资料，结合企业现在面临和即将面临的各种变化因素，运用数理统计方法，对企业未来财务活动的发展变动趋势及其财务成果作出科学的预计和判断。财务预测具有较大的综合性，预测的最终结果实际上是对企业未来的生产经营活动的一种预先综合反映。财务预测的主体应当是财会人员和有关业务人员（如销售人员）等，但主要是财会人员。

预测是科学决策的前提，是根据所研究现象的过去信息，结合该现象的一些影响因素，运用科学的方法，估计现象将来的发展趋势，是人们认识世界的重要途径。预测是个超前思考的过程，给人们展现未来的各种可能，促使人们制定出相应的应急计划，提高企业对不确定事件的反应能力，从而减少不利事件出现带来的损失，增加利用有利机会带来的收益。

财务预测的目的是体现财务管理的事先性，即帮助财务人员认识和应对未来的不确定性，使财务计划的预期目标同可能变化的周围环境和经济条件保持一致，使财务人员对财务计划的实施效果做到心中有数。

二、财务预测的种类

财务预测是企业财务管理的首要环节，财务预测的具体内容与企业财务活动的内容密切相关。为了便于研究和掌握财务预测，人们往往依据不同的标准对其进行分类。

（一）长期财务预测、中期财务预测和短期财务预测

财务预测按所跨越的时间长度可分为长期预测、中期预测和短期预测。长期预测主要是指 5 年以上的财务变化以及趋势的预测，为企业今后长期发展的重大决策提供

财务依据。中期预测主要是指 1 年以上、5 年以下的财务变化及其趋势的预测，是长期预测的细化、短期预测的基础。短期预测主要是指 1 年以内的财务变化及其趋势的预测，为编制年度计划、季度计划等短期计划服务。

（二）资金需要量预测、销售预测、成本费用预测和利润预测

财务预测按内容可分为资金需要量预测、销售预测、成本费用预测和利润预测。资金需要量预测，主要是以预测期企业的生产经营规模的发展和资金利用效果的提高等为主要依据，运用一定的数学方法，对预测期企业进行生产经营活动所需资金，以及扩展业务追加投入所需资金进行预计和推测。销售预测主要是对预测期企业的销售量或销售额所做的预计和测算，是决定企业经营决策的最重要依据。成本预测是编制成本预算之前，根据企业的经营总目标和预测期可能发生的各个影响因素，采用定量和定性的分析方法，对预测期企业的目标成本、成本水平和变动趋势所进行的预计。利润预测是根据企业经营目标的要求，通过对影响利润的有关因素进行分析，对预测期企业可能达到的利润水平和变化趋势所进行的科学预计和推测。

（三）定性财务预测和定量财务预测

财务预测按方法的性质可分为定性财务预测和定量财务预测。定性财务预测是一种直观预测，多采用专家意见结合调查研究的方式进行，如判断分析法、调查分析法等。这种预测的目的，不在于准确地推算具体数字，而在于广泛集合意见，判断事物的未来发展方向。定量财务预测主要是根据过去的历史资料（包括会计、统计、业务核算等资料），运用一定的数学方法进行科学加工处理，并建立数学模型，充分揭示有关变量之间规律性的联系，如算术平均法、移动平均法、直线趋势法、指数平滑法等。

实际工作中，定性预测与定量预测往往互相渗透、相互补充，即定量预测也要在定性分析的基础上进行，以提高预测的科学性、精确性。

三、财务预测的原则

财务预测一般遵循以下原则：

（1）连续性原则。财务预测必须具有连续性，即预测必须以过去和现在的财务资料为依据来推断未来的财务状况。

（2）关键因素原则。财务预测应首先集中精力于主要项目，而不必拘泥于面面俱到，以节约时间和费用。

（3）客观性原则。财务预测只有建立在客观的基础上，才有可能得出正确结论。

（4）科学性原则。财务预测，一方面要使用科学方法（数理统计方法），另一方面也要善于发现预测变量之间的相关性和相似性等规律，进行正确预测。

（5）经济型原则。财务预测要讲究经济性，因为要涉及成本和收益问题，所以要

尽力做到使用最低的预测成本达到较为满意的预测质量。

四、财务预测的程序

（一）明确预测对象和目标

财务预测首先要明确预测对象和目标，然后才能根据预测的目标、内容和要求确定预测的范围和时间。

（二）制定预测计划

预测计划包括预测工作的组织领导、人事安排、工作进度、经费预算等。

（三）收集整理资料

资料收集是预测的基础。企业应根据预测的对象和目的，明确收集资料的内容、方式和途径，然后进行资料收集；对收集到的资料要检查其可靠性、完整性和典型性，分析其可用程度及偶然事件的影响，做到去伪存真、去粗取精，并根据需要对资料进行归类和汇总。

（四）确定预测方法

财务预测工作必须通过一定的科学方法才能完成。公司应根据财务预测的目的以及取得信息资料的特点，选择适当的预测方法，使用定量方法时，应建立数理统计模型；使用定性方法时，要按照一定的逻辑思维，制定预算的提纲。

（五）进行实际预测

企业运用所选择的科学预测方法进行财务预算，并得出初步的预算结果。预测结果可用文字、表格或图形等形式表示。

（六）评价与修正预测结果

预测毕竟是对未来财务活动的设想和推断，难免会出现预测误差。因此，对于预测结果，企业要经过经济分析评价之后，才能予以采用。分析评价的重点是影响未来发展的内外因素的新变化。若误差较大，企业就需要进行修正或重新预测，以确定最佳预测值。

五、财务预测的方法与运用

（一）财务预测的方法

财务预测的方法是财务预测管理系统的核心，采取有效合理的财务预测方法是取得较好财务预测结果的重要前提。财务预测的方法很多，但归纳起来主要有以下两类。

1.定性预测法

定性预测法是指预测者根据调查研究，结合自己的实践经验、专业水平及组织有关领域的专家学者进行研讨，不用或仅用少量的计算，从预测对象中找出规律进行分析并求得结果的一种预测方法。

定性预测方法的主要优点是：企业在缺乏足够的统计数据和原始资料的情况下，也可以做出较为准确的量化估价。由于这种预测需要的数据不多，其预测精确度只依赖于预测者的经验水平，要求不是很高，因此使用起来比较简单。同时，定性预测方法的缺点是：定性预测依赖于组织者和专家等个人积累经验的判断，选择的人员不同，预测结果也不同，所以主观性比较强；又因为数据资料不够完整，预测结果与实际发展情况误差增大，预测质量降低，只有再结合定量预测才能提高预测的精确度。常用的定性预测方法主要有以下几种。

（1）意见汇集法。意见汇集法又称主观判断法，是由预测人员根据事先拟定好的提纲，对那些对预测对象比较熟悉和对未来发展趋势比较敏感的领导人员、主管人员和业务人员展开调查，广泛征求意见，然后把各方面的意见进行整理、归纳、分析、判断，最后做出预测结论。

意见汇集法的优点在于：能够广泛收集专业人员的意见，集思广益，并且耗费时间与精力都比较少，运用灵活。

意见汇集法的缺点表现为：一是预测结果易受个人主观判断的影响，对一个问题可能产生多种不一致的观点，给预测带来一定的困难；二是缺乏数字说明，使一些专门问题的研究不能深入，难以得出令人信服的结论。

（2）专家小组法。专家小组法是由企业组织各方面的专家组成预测小组，通过召开各种形式座谈会的方式，进行充分、广泛的调查研究和讨论，然后根据专家小组的集体研究成果做出最后的预测判断。

专家小组法的优点在于：由专家组成的小组面对面地进行集体讨论和研究，可以相互启发、印证和补充，使对预测问题的分析和研究更为充分、全面和深入，避免各专家因信息资料不能共享而使预测带有片面性。

专家小组法的缺点表现为：一是由于参加讨论的人数有限，因而代表性较差；二是由于会议上进行的是面对面的讨论，参加者可能碍于情面而不能充分发表自己的意见，讨论观点容易被权威人士或争强好胜者所左右。

（3）德尔菲法。德尔菲法又称专家调查法，由美国兰德公司在 20 世纪 40 年代首先使用。它主要是采用通信方法，通过向有关专家发放预测问题调查表的方式来搜集和征求专家们的意见，并经过多次反复、综合、整理、归纳各专家的意见之后做出预测判断。德尔菲法具有以下特点：

①保密性。针对目标组成的专家小组一般由 15 ～ 20 人组成。调查者给每位专家

发放信函,要求他们针对预测目标作出独立的判断,提出书面意见。各成员之间不见面、不商量、相互保密,以避免彼此之间的心理干扰。

②反馈性。调查者将各位专家寄来的书面意见加以整理、归纳,然后再反馈给各位专家,让专家在吸取别人思想、参考别人意见的基础上对自己的第一次判断进行修正。这一过程也是在保密的情况下进行,并且重复若干次,使专家的意见逐渐趋于成熟与统一。

③集中判断。经过几次反复征求意见后,调查者把最后一次的不同意见采用适当的方法加以综合平均,提出预测结果。

德尔菲法的优点在于:各个专家既可以各抒己见,又可以集思广益、取长补短;对专家意见进行综合分析,有助于克服预测中的片面性。

德尔菲法的缺点在于:占用时间较多,速度较慢。

德尔菲法适用于没有足够信息和历史资料的经济现象预测,在新产品与新技术开发、工作项目投资、有限资源与无限资源的合理配置、商品市场需求、销售及产品普及时间等方面的预测中较为适用。

2. 定量预测法

定量预测法是利用企业已经掌握的历史资料,运用数理统计、信息运筹处理的定量数学手段,建立数学模型进行财务分析,以做出预测结果的一种预测方法。定量预测法是财务预测方法中的重要组成部分,当代计算机科学的发展也给定量预测提供了现代化的手段。定量预测法能够比较客观地分析预测对象的发展趋势及外部条件,所得出数据较为可靠,预测精确度也相对较高,适用于经济发展和经营活动比较正常且稳定时期一些复杂、精密活动事项的预测。

定量预测法通常不能把不定量的因素综合进去,对于经济运转过程中的突发事件估计不足,在预测对象发生偶然性变化时,容易产生滞后的偏差,应变能力较差;此外,定量预测结果虽然精确度很高,但数学模型的建立过程比较烦琐,耗费人力、财力较多,难以达到既经济又准确的预测目的。

为了使预测结果更加符合实际,财务预测需要把两种方法结合起来进行综合判断,以取得准确的预测效果。定量预测法按照具体做法的不同,又可以分为以下类型。

(1)因果预测分析法。因果预测分析法即从某项指标与其他有关指标之间的规律性联系中进行分析研究。这种预测方法主要根据各有关指标之间内在的相互依存、相互制约的关系,建立相应的因果数学模型进行预测分析。因果预测分析法又包括以下方法:

销售百分比法。销售百分比法是常用的资金需求量的预测方法,以未来销售变动率为主要参数,考虑企业资产负债表项目及其他因素随销售变动而造成对资金的影响,从而预测未来需要增加资金量的一种分析方法。

本量利分析法。本量利分析法是分析产品的销售价格、销售数量、销售成本等变动对利润的影响，从而进行预测、决策的一种分析方法。就其简单的形式而言，本量利分析法仅指销售水平的测定，在某一销售水平下，企业既无利可获，又不发生亏损，即进行盈亏临界点（损益平衡点、保本点）的测定。

从管理需要出发，企业成本按性质可以划分为固定成本和变动成本两类。固定成本是指成本总额在一定时期和一定业务量（生产量或销售量）范围内，不受业务量增减变动影响、固定不变的成本。比如，企业管理费、折旧费、差旅费、管理人员工资等。变动成本是指成本总额与业务量成正比例增减变动关系的成本。比如，直接材料、直接人工和变动性制造费用等。

为了提高管理水平，企业在生产经营活动中灵活地运用本量利分析的技术方法，可以合理地处理成本与产量的关系，确定产品的产销量，达到降低产品成本、增加企业利润的目的。

回归分析预测。回归分析预测是通过对与预测对象有联系的经济现象变动的观测数据和变化趋势的计算与分析，建立起变量间数量关系的数学模型，推断未来状态的数量表现的一种方法。

其预测的基本数学模型为：

$y = a + bx$

式中，y 为预测值，x 为影响因素，a 和 b 为回归系数。

上式是一个直线方程，求常数 a 和系数 b 的合理值，通常用最小平方法原理得出。

该方法预测精确度较高，预测结果有很大的稳定性；但计算比较烦冗，需要计算和储存的数据太多，加大了预测的工作量；同时灵活度不够，预测结果反应速度较慢，也不易在多变的经济现象中预测未来的发展趋势。

回归分析预测一般适用于较长期的预测，在具有因果关系的分析中优势更为突出；在一些生产较为稳定、需求量不随时间变化而变化的必需品和药品等企业有着广泛的应用。

比例预测法。比例预测法是利用利润指标与其他经济指标之间存在的内在比例关系预测目标利润的方法。由于销售利润与产品销售收入多少、产品成本水平及企业资金总量存在密切的关系，因而比例预测法可以应用于多种比例关系。这些比例关系主要有销售收入利润率、成本利润率、资金利润率和利润增长比率等。财务人员可以先对这些比率进行预测，再根据预测结果确定目标利润。

①销售收入利润率预测法。销售收入利润率预测法即利用销售利润与销售收入的比例关系进行利润预测的方法。在其他条件不变的情况下，销售利润的多少完全取决于销售收入的多少，两者呈正比例变化趋势。因此，企业可以在上期实际销售收入利润率的基础上进行目标利润的预测。

用销售收入利润率预测法确定目标利润的计算公式为：

目标利润＝预计销售收入 × 预定的销售利润率

②成本利润率预测法。成本利润率预测法即利用销售利润与销售成本的比例关系进行利润预测的方法。在其他条件不变的情况下，成本降低就可以增加利润，从而提高成本利润率。因此，企业可以在上期实际销售成本利润率（或同行业先进水平的销售成本利润率）的基础上进行目标利润的预测。

用成本利润率预测法确定目标利润的计算公式为：

目标利润＝预计销售成本 × 预定的成本利润率

③资金利润率预测法。资金利润率预测法即利用销售利润与资金总量的比例关系进行利润预测的方法。按照资金利润率预测目标利润的实质是企业按照要求的投资利润率取得利润，获得预期的利润水平。因此，企业可以按照要求的资金利润率（或上期实际或上几期平均资金利润率）进行目标利润的预测。

用资金利润率预测法确定目标利润的计算公式为：

目标利润＝预计资金占用总额 × 预定的资金利润率

④利润增长比率法。利润增长比率法是根据有关产品上一期间实际获得的利润额相比过去连续若干期间平均利润的增长幅度，并全面考虑影响利润有关因素的预期变动，预测目标利润的方法。

用利润增长比率法确定目标利润的计算公式为：

目标利润＝上期实际利润总额 ×（1 ＋利润增长百分率）

（2）趋势外推预测法。趋势外推预测法又称历史资料引申法或时间序列法，即把历史资料按年或月排成一个时间数列，从中找出预测对象发展趋势的变化规律，从而推断未来结果的一种方法。其具体方法又包括：

简单平均法。简单平均法是指依据简单平均数的原理，将预测对象过去各个时期的数据加以平均，以这个平均数作为预测值的一种预测方法。其计算公式为：

预测对象预测值＝预测对象以往若干期历史数据之和 ÷ 期数

简单平均法的优点是计算简便。

简单平均法的缺点是将预测对象的波动平均化了，不能反映预测对象的变化趋势，所以只适合于比较稳定的企业或波动不大的预测对象使用。

移动平均法。移动平均法是指预测所用的历史资料要随预测期的推移而顺延的一种预测方法。之所以要顺移历史资料，是因为距离预测期越近的年度或月份资料对预测期的影响越大，而距离预测期越远的年度或月份资料对预测期的影响越小。移动平均法又可以分为简单移动平均法、加权移动平均法和移动平均数法三种。

①简单移动平均法。其计算公式为：

某指标预测值＝所选期数内该指标历史数据之和 ÷ 所选历史数据的期数

简单移动平均法在计算上比较简单，与简单平均法一样，也存在着以平均化的历史资料替代预测结果的问题。这一方法可适用于预测对象波动不大的情况。

②加权移动平均法。加权移动平均法是指在预测时所用的历史资料随预测期的推移而顺延，同时还要考虑不同时期早晚的差异，并对其进行加权平均的一种预测方法。离预测期越近的历史数据，其权数越大；离预测期越远的历史数据，其权数越小。比如，预测销售收入，当销售收入呈上升或下降趋势时，企业可以采用此法把近期观察值的权数加大一些，远期观察值的权数缩小一些，以体现销售量增减变动的趋势。加权移动平均法避免了简单平均法把每个观察值看得同等重要的问题，更能体现事物稳定的变化趋势。

加权移动平均法的计算公式为：

某指标预测值＝所选期数内该指标历史数据与权数的乘积之和 ÷ 所选历史数据的期数

当企业采用加权移动平均法时，影响预测值的一个重要因素是权数的选择，而权数的选择属于主观判断，其合适与否直接影响到预测结果的准确性。因此，从某种意义上说，加权移动平均法是定量预测法和定性预测法的结合。

③移动平均数法。移动平均数法是以过去一定时期的历史资料为基础，根据时间序列逐项移动求序时平均数，对平均变化趋势加以修正的一种预测方法。其计算公式为：

预测值＝最后一步的移动平均值＋最后一步距离预测期间隔的期数 × 最后一步平均变动趋势值

式中，移动平均值既可以按简单算术平均数计算，也可以按加权算术平均数计算；平均变动趋势值是指每后一步的移动平均值与前一步的移动平均值之差，即每步移动平均值增减额。

指数平滑法。指数平滑法是利用过去的统计资料以及平滑系数进行预测的一种方法；通常以上期预测值为基础，加上上期实际数与上期预测的差额用平滑系数加权后的调整数作为本期预测的期望值；这一过程又称为修匀，所以此法又称指数修匀法。其计算公式为：

预测值＝平滑系数 × 上期实际值＋（1－平滑系数）× 上期预测值平滑系数取值在 0 ~ 1 之间。

指数平滑法的优点在于：简便实用，对当前的数据要比过去的数据更为重视，不必进行数学推导，可来自经验推导，还能及时、自动地用新信息来调整预测值，使预测结果跟上经济现象的变化，消除季节性和随机性的影响，清楚地表明事物发展的趋势。

由于指数平滑法假设了过去的趋势和图形将继续发展到未来的情况，所以不能预测未来的转折点。当新数据出现显著变化时，指数平滑法容易出现两种极端：一是预测模型对显著变化的反应过于迅速，造成反应过于灵敏的偏差；二是预测模型过于稳定和保守，反应过于谨慎和缓慢，造成滞后的偏差。因此，指数平滑法的精确度比其他定量预测方法要低，适用于具有线性趋势的时间序列的短期预测。

综上所述，财务预测方法很多，每种方法都有自身的特点、用途与适用范围，企业必须综合多种因素来考虑、分析比较，进行选择。在选择预测方法时，企业应当注意正确把握各种不同预测方法的适用条件，注意按经济发展的不同阶段选择最适宜的预测方法，掌握好预测时间、满足成本的要求、注意预测精确度的条件等。

（二）财务预测常用方法分析

在实际财务管理工作中，财务预测工作主要表现为通过预测对企业资产利用和资金需求做出估计，并综合各种影响因素编制企业财务计划。其具体步骤为：根据企业历史数据，运用各种财务预测方法进行销售预测；在此基础上，通常采用销售百分比法预测企业资产负债表；或者在相应假设条件下，通过各种预算得到所需要的预测财务报表。本部分即分析这两种常用方法。

1. 财务报表预测的销售百分比法

财务预测由一系列预测的有关各项财务数据构成，预测的财务数据将构成企业预测财务报表，主要包括预测的资产负债表和利润表。传统的财务报表预测常用的方法是销售百分比法，或者通过对收入、成本、费用和利润进行估计，做出相应的成本预算、生产预算以及资金预算等。

销售百分比法基于两个假设：一是大多数资产负债表和利润表的科目与销售额存在稳定的百分比关系，即这些科目随销售额的变化而呈同比例的增减变化；二是在现有销售水平下，所有资产都已得到充分利用，如果增加销售，则必须增加资产。

企业采用销售百分比法进行财务报表预测的基本步骤如下：

（1）对历史数据进行审核，判断财务报表的哪些项目与销售额成比例变化。

（2）运用各种财务预测方法尽可能准确地估计销售额。

（3）根据预测的销售额，得到财务报表中与之成比例关系项目的预测值。

（4）考察分析追加资金的方式，找出补充资金的最佳来源。

（5）编制出完整的预测资产负债表和预测利润表。

销售百分比法预测财务报表，充分利用了财务数据之间的内在联系，并且延续了上年度的财务状况，简便易用，是一种简单实用的方法。但销售百分比法机械地利用比例关系得出结论，使财务管理者无法获得所需要的信息；同时，其前提假设经常不符合企业所面对的实际情况，尤其是在规模经济或存在批量购销问题时，从而限制了这一方法的使用。

销售百分比法的缺陷在于：一是规模经济效应。资产的运用存在着规模经济效应。在一定条件下，随着公司规模的扩大、销售收入的增加，单位资产产生的销售额和利润额也会随之增加，即单位资产的利用效率会提高，如存货的增长速度通常低于销售额的增长速度等。这样，某些资产的占用量并不会与销售额同步增长，就不能简单地使用销售百分比法进行预测。二是资产的不可分割性。在很多情况下，资产特别是固定资产必须按照一个个完整的项目增加，而不能任意分割为零散的单位。比如，一条生产线的最小单位是年生产能力 1000 万件，那么当企业需要增加 500 万件的产量时，也需要购入或建造整条生产线，无法按照销售额增长的比例增加其固定资产。

2. 由各种预算得出预测财务报表法

企业由各种预算得出预测财务报表的基本步骤如下：

（1）根据企业经营目标、发展趋势和面对的市场情况，运用各种分析手段做出销售量预测。

（2）按照以销定产原则，根据销售量预测制定生产计划，进而做出生产成本预算和费用预算。

（3）根据生产量和销售量需要制定出最佳库存量。

（4）以销售收入、生产计划以及成本和费用为基础，做出现金预算。

（5）通过对收入、成本、费用和利润的分析，预测利润表各项目的数值。

（6）根据以上各步骤预测的数值，编制预测资产负债表。

由各种预算得出预测财务报表的方法，计算工作量较大，需要确定各种计划和预算，涉及多个部门，加大了财务管理的工作量和工作难度；并且各步骤都存在人为假设，最终报表的偏差会比较大；不适合财务部门对企业综合财务状况的全面了解和把握，不利于企业观测、判断未来财务活动的发展趋势，容易使企业陷于被动的财务困境中，从而加大企业经营风险。

预测财务报表是财务预测使用最广泛的工具，但传统的预测财务报表方法往往无法准确地体现企业的发展趋势，在计算环节中，离初始计划目标越远，同实际规律偏离越大。因此，企业需要积极探讨新的财务报表预测方法，克服传统方法的不足，以更好地满足企业财务管理的需要。

第二节 财务决策

一、财务决策的内涵

财务决策是财务人员按照财务目标的总体要求，利用专门的方法对各种备选方案进行比较分析，并从中选出最佳方案的过程。

财务决策是财务管理的重要内容。企业财务管理包括财务预测、决策、预算、控制、分析等环节，企业的一切财务管理工作都要以财务决策为依据来进行，财务决策是决定财务管理成败的关键。财务决策是企业经营决策的组成部分，而企业的经营决策从属于企业的经营管理。所谓"管理的重心在经营，经营的重心在决策"，说明决策职能在企业经营管理中所处的重要地位，企业在经营管理活动中往往要做出各种决策，而大多数决策都会涉及财务问题。从这一点看，可以说财务决策是其他经营决策的趋同和回归，是各项经营决策的核心和综合反映。企业的任何决策都必须把财务决策放在重要的位置上。

二、财务决策系统的要素

（一）决策者

决策者是决策的主体。它可以是一个人，也可以是一个集团——决策机构。关系团体利益的决策，逐步从个人决策转为集团决策、从高度集中的决策转变为多层次的分散决策。

（二）决策对象

决策对象是决策的客体，即决策想要解决的问题。构成决策对象的只能是决策者的行为可以施加影响的系统，决策者的意志不能改变的东西不能成为决策对象。

（三）信息

信息包括企业内部功能的信息，以及企业外部环境的状态和发展变化的信息。在决策时，保持信息的真实性和正确性是十分重要的，绝大多数决策错误都与信息失真有关。

（四）决策的理论和方法

决策的理论和方法包括决策的一般模式、预测方法、定量分析和定性分析技术、决策方法论、数学和计算机应用等。正确的信息只是科学决策的前提，并不等于就有了科学的结论。决策者还需要通过科学理论的指导，并运用恰当的方法来分析、推理和判断，才能找出好的方案。

（五）决策结果

决策结果是指通过决策过程形成的，指导人行为的行动方案。企业决策的结果通常要采用语言、文字、图表等明显的形式来表达。

决策的五个要素相互联系、相互作用，组成了一个决策系统。

三、财务决策的分类

按决策影响的时间，财务决策分为长期决策和短期决策。

（1）长期决策。长期决策是指影响时间超过一年的决策，关系到企业今后发展的长远性和全局性，因此又称战略决策，如资本结构决策、项目投资决策等。

（2）短期决策。短期决策是指影响时间不超过一年的决策，它是实现长期决策目标所采取的短期策略手段，如短期资金筹集决策、闲置现金利用决策等。

按决策的问题是否重复出现，财务决策分为程序化决策和非程序化决策。

（1）程序化决策。程序化决策是指企业针对不断重复出现的例行性经济活动，根据经验和习惯确立一定的程序、处理方法和标准，经济业务实际发生时，依据既定程序、方法和标准做出决定的过程。如企业现金与有价证券转换、信用发放等业务经常重复出现，并有一定规律，企业可以事先制定现金管理政策、信用政策，平时据此具体决定执行。

（2）非程序化决策。非程序化决策是指企业针对特殊的非例行性业务，专门进行的决策。如项目投资、新产品开发等重大问题的决策。它的特点是非重复性和创新性，没有统一的模式可以借鉴，只能针对具体问题，按照收集情报、设计方案、抉择和审查的过程来个别解决。

按决策的条件不同，财务决策分为确定型决策、风险型决策和非确定型决策。

（1）确定型决策。确定型决策是指一个方案只有一种确定的结果，只要比较各个方案的结果，即可做出选择的决策。

（2）风险型决策和非确定型决策。风险型决策和非确定型决策涉及的方案的结果都是不确定的，都有可能出现多种结果，但风险型决策具备两个条件：①知道结果的数量及每种结果的条件值；②可以估计每种结果相应的概率值。若不同时具备以上两个条件的方案决策称为非确定型决策。现实中绝大部分决策都属于非确定型的，因此，有时也将决策划分为确定型和非确定型（或风险型）两类。对于风险型和非确定型决策，企业必须采用专门的方法评价其对决策结果的影响。

按决策方法与程序不同，财务决策分为定性决策和定量决策。

（1）定性决策。定性决策是指决策者根据自己的知识和经验所做出的决策。它是决策者在掌握预测信息的前提下，对决策目标和影响目标实现的因素所做出的主观判断，往往不需要利用特定数学模型进行定量分析。

（2）定量决策。定量决策是指决策者利用数学模型对备选方案进行数量分析，根据计算结果判断备选方案是否可行以及选择最优方案的决策。

其中，定量决策主要用于决策目标和影响目标实现的因素可以用数量指标表示的决策，而定性决策主要用于影响因素过多或者目标及影响因素难以量化的情况。

按决策是否考虑货币时间价值因素，财务决策分为静态决策和动态决策。

（1）静态决策。静态决策是指不考虑货币时间价值因素的决策。货币时间价值与时间跨度的大小成正比，当决策方案影响的时间较短时，货币时间价值比较小，甚至可以忽略不计，因此，短期决策一般使用静态决策法。此外，静态决策具有计算简单、便于理解的优点，有时也作为长期决策的补充方法。

（2）动态决策。动态决策是指考虑货币时间价值的决策方法，主要用于长期决策。

四、财务决策的作用

（一）财务决策能使企业加强预见性、计划性，减少盲目性

财务决策运用一系列科学的决策方法，能比较深刻地洞察决策对象的本质，不被其表面现象所迷惑。通过财务决策，企业可以否定那些似是而非的方案，肯定那些表面看来似乎错误的方案，提高计划的准确性。众所周知，计划的节约是最大的节约，计划造成的浪费是最大的浪费。计划准确能使企业增加盈利，避免重大损失，做到防患于未然，因此财务决策对于企业制订正确的计划具有重要的作用。

（二）财务决策是企业财务活动的依据

在企业财务管理中，一些重要的财务问题，如制定和选择财务活动方案，确定各种财务活动的目标及实现的途径和方法；从多种渠道合理筹集企业必须的资金、确定资金的使用方向；在现有资源条件限制下使企业的盈利最大化等一系列重大财务问题，都由财务决策完成。

（三）财务决策可以评价和选择企业的经营决策

企业的大部分经营决策都涉及资金和盈利问题，如投资决策、产品生产决策等。企业的一些重大决策往往是经营决策和财务决策互相交织在一起，只不过对同一个经营活动的着眼点不同而已。经营决策侧重于经营角度，而财务决策侧重于从资金占用和盈利的角度看问题。两者殊途同归，目的都是为求得企业的生存与发展，提高企业的经济效益。经营决策最终都会汇总于财务决策，通过财务决策进行评价和选择，确

定各种经营决策的优劣及正确与否。财务决策对正确进行经营决策起着检查、把关的作用，保证经营决策的正确性与最优化。

（四）财务决策可以合理配置企业的各种资源

企业的一切生产经营活动离不开各种资源。只有从实物形态与价值形态的结合上合理配置各种资源，企业才能获得较优的经济效益。从价值形态上配置各种资源，实际上是在资金合理分配的基础上才能实现，这项工作只有通过财务决策才能完成。财务决策能使各种资源得到合理配置，从而为企业卓有成效地利用企业有限资源、提高资源使用效果创造极为有利的条件。

显而易见，财务决策在企业经营管理中具有不可忽视的重要作用。过去企业在财务管理中不重视财务决策，不进行财务决策，因而不能充分发挥财务对生产的促进作用，财务管理的广度和深度都很不够，这是企业经济效益提高不快的原因之一。作为一个自负盈亏的相对独立的商品生产者，企业要求生存、图发展，就必须提高对财务决策重要性的认识。努力加强财务决策，这是当前摆在企业面前的一项重要任务。

五、财务决策的原则

社会主义市场经济体制的确立和企业经营机制的转换，为企业的财务活动提供了广阔的发展范围，并对财务决策活动提出了更高的要求。企业在走向市场的过程中不能背离市场规律，要在财务决策中始终坚持以下几项原则。

（一）最优化原则

财务决策要选择最优的经营方案。企业要在遵守国家有关政策法规及考虑社会、政治、道德等各方面因素的前提下，反复比较，论证各种方案的成本、收入、利润和承担的风险，在权衡各种方案利益得失的基础上，把能使企业获得最优经营效益的方案作为实施方案，使财务决策最优化。

（二）量力而行原则

财务决策要根据企业的实际需要与可能，做到量力而行。企业要冷静、全面地分析和考察企业的人力、物力、财力及市场情况，做出符合企业实际需要的实事求是的结论。其中，筹资决策要考虑企业偿还能力，投资决策要考虑市场需求和投资效益。决策过程还必须充分调动企业内部各部门和人员的积极性，在综合平衡的基础上，使财务决策更具有可行性和指导性。

（三）弹性原则

财务决策要有弹性，具有适应不同情况变化的应变能力。企业要详细地估计各种方案的风险程度以及企业承受风险的能力，使风险损失不至于造成无法补救的严重后果。因此，最优的决策方案必须建立在获取尽可能大的经济效益的前提下，留有充分的余地，使方案切实可行。

（四）收益与风险配比原则

企业在进行负债经营、规模投资等决策时，既要考虑它的收益，又要进行风险识别，在两者之间权衡抉择，并制定应对相关风险的对策和措施。

（五）决策相关原则

对可供选择的几个资金运用方案，如果决策行为会涉及或影响各种成本费用和收益，企业应在决策时加以考虑和分析。

（六）资金成本原则

占用任何资金都要付出一定的代价，资金的筹集和利用都不会没有代价。进行财务决策时，企业应把资金成本作为一个重要因素加以考虑。

六、财务决策的程序和方法

（一）财务决策的基本程序

1. 提出问题，确定决策目标

企业及时发现当前财务管理中存在的以及伴随企业未来生产经营变化和实施发展战略而需要解决的财务问题，分析评价每个问题的性质和重要性及其影响因素，是确定财务决策目标、进行财务决策的前提条件。

财务决策经常遇到的问题主要存在于以下几个方面：

（1）资金筹措方面。企业筹集的资金主要用于日常生产经营活动和投资活动。第一，企业应该分析当前以及未来开展正常生产经营活动所需资金的供应是否充足，哪些方面需要追加资金、资金需要量多少、预计占用期限多长；为了实现企业战略目标，企业近期的投资项目有哪些、需要多少资金、项目现金流量如何分布等。第二，企业应该了解适合这些资金需求的筹措渠道和方式以及影响资金供求关系的各种因素的变化趋势。第三，企业还要考虑企业偿债能力和筹资后对企业资金来源结构的影响，以及企业是否具有控制风险的得力措施等。

（2）资金投放方面。企业由于为了获取规模效益、多元化经营分散风险、行业战略转轨以及维持生产经营能力等原因需要进行投资活动和投资决策。这时财务决策涉及的问题主要是有哪些投资方案可供选择、预期收益是多少、投资风险有多大、如何控制风险、每个方案分别对企业整体战略影响的大小、投资所需资金供应是否具有保障以及企业是否具有相应的技术优势和管理能力剩余等。

（3）资本运营管理方面。存量资产配置合理与否会影响企业经营效率的高低，企业内外环境条件的变化也会影响各项既定资产经营管理政策的适用性。因此，企业需要经常检查各项资产运行现状和各项资产经营管理政策的执行情况，及时发现是否存在各项存量资金不足与闲置现象以及管理政策过时的问题，并考虑可供选用的改进方案措施。

（4）股利政策方面。企业的股利政策涉及企业的眼前利益和长远利益，也会影响不同利益相关者的利益，还起到信号传输的作用。因此，股利政策是企业的一项非常重要的财务管理政策，既要保持稳定性，也应具有一定的灵活性，随企业内外环境的变化而改变。当资本市场条件、利率水平、企业战略、企业治理结构以及股东发生变化时，企业应该随之做出股利政策决策，调整现行股利政策。

明确了财务管理中存在的问题以后，企业就能够确定决策目标。确定决策目标是整个决策过程中必不可少的一个环节，不同的决策目标所需的决策分析资料不同，所采取的决策依据也不相同，因此，只有明确决策目标，企业才能有针对性地做好各个阶段的决策分析工作。

财务决策的目标因决策方案的性质不同而不同。如果不考虑风险因素，财务决策只涉及收益，则以收益最大为目标；若收益既定，财务决策只考虑风险时，则以风险最低为目标；若需同时兼顾收益与风险时，财务决策则应以企业价值最大化为目标。

2. 根据决策目标，提出备选方案

所谓方案，是指解决问题以达到目标的方法及途径的综合设计。企业根据发现的问题及确定的目标，对所搜集的资料进行加工、整理，提出实现目标的各种可供选择的方案，即备选方案。

拟订的方案，原则上应结合整体详尽性和相互排斥性。整体详尽性是指所拟定的方案应尽量包括所有能找到的方案；相互排斥性则是指在不同方案中只能选用一个方案。拟订方案与选择方案往往无法截然分开，一般情况下，是先拟订一批方案，初次淘汰一些方案，补充修改一些方案，再选择方案。如此反复进行，直到选到满意方案为止。

3. 分析评价，选择最优方案

决策的核心就是做决定，即选择最优方案。备选方案提出后，企业根据决策目标，采用淘汰法、排队法、归类法等经验判断法或优选对比法、边际贡献法、数学微分法、线性规划法、概率决策法、损益决策法等数量分析法来分析、评价各种方案的经济效益，进行综合权衡，从中选择最优方案。对单一方案可行性决策时，企业也可利用经验判断法和数量分析法对其进行综合分析评价，通过与最低标准比较，决定其是否可行。

选择最优方案，关键在于企业正确地选用评价方案的标准。其标准一般包括三个方面，即技术的可行性、目标的先进性和经济的合理性。

此外，评价方案时，企业还要注意如下几个问题：一是要注意决策所依据的信息是否全面、及时、可靠,对不够可靠的信息要有应变计划、防范措施和补救手段;二是要注意考虑方案如何执行、由谁执行、何时执行以及执行过程中如何检查等问题;三是在比较评选方案时,要注意各方案的相同点,更要注意方案差异,因为只有找出方案之间的差异,才能更加了解方案优劣;四是要注意充分估计在方案执行过程中的形势变化以及可能引起的新问题;五是要注意对方案作敏感性分析,使决策保持一定的弹性。

(二)财务决策方法

财务决策的基本方法包括优选对比法、数学微分法、线性规划法、概率决策法、损益决策法等。

1. 优选对比法

优选对比法是把各种不同方案排列在一起,按其经济效益的好坏进行优选对比,进而做出决策的方法。优选对比法是财务决策的基本方法。优选对比法按对比方式的不同,又可分为总量对比法、差量对比法、指标对比法等。

(1)总量对比法。总量对比法是将不同方案的总收入、总成本或总利润进行对比,以确定最佳方案的一种方法。

(2)差量对比法。差量对比法是将不同方案的预期收入之间的差额与预期成本之间的差额进行比较,求出差量利润,进而做出决策的方法。

(3)指标对比法。指标对比法是把反映不同方案经济效益的指标进行对比,以确定最优方案的方法。例如,在进行长期投资决策时,企业可以把不同投资方案的净现值、内含报酬率、现值指数等指标进行对比,从而选择最优方案。

2. 数学微分法

数学微分法是根据边际分析原理,运用数学上的微分方法,对具有曲线联系的极值问题进行求解,进而确定最优方案的一种决策方法。企业在用数学微分法进行决策时,凡以成本为判别标准,一般是求极小值;凡以收入或利润为判别标准,一般是求极大值。在财务决策中,最优资本结构决策、最佳现金余额决策、存货经济批量决策都要用到数学微分法。

3. 线性规划法

线性规划法是根据运筹学原理,对具有线性联系的极值问题进行求解,进而确定最优方案的一种方法。在有若干个约束条件(如资金供应、人工工时数量、产品销售数量)的情况下,线性规划法能帮助管理人员对合理组织人力、物力、财力等做出最优决策。

4. 概率决策法

概率决策法是进行风险决策的一种主要方法,考虑到财务管理中的风险性,用概率法来计算各个方案的期望值和标准差系数，并将它们结合起来分析评价方案的可行性，进而做出决策。概率决策法往往把各个概率分支用树形图表示出来，故有时也称之为决策树法。

5. 损益决策法

损益决策法是在不确定情况下进行决策的一种方法。在不确定的情况下，财务管理常采用最大最小收益值法或最小最大后悔值法来进行决策，统称为损益决策法。最大最小收益值法又称小中取大法，是把各个方案的最小收益值都计算出来，然后取其最大者；最小最大后悔值法又称大中取小法，是把各方案的最大损失值都计算出来，然后取其最小者。

七、筹资决策方法

财务决策从筹资决策开始，筹资决策主要解决资金来源的类别及比例、具体筹资方式、长短期资金选择及其比例确定问题。

（一）筹资渠道与筹资方式

筹资需要经过一定的渠道，运用一定的筹资方式来进行，不同的筹资渠道与筹资方式各有不同的特点，需要具体分析。

1. 筹资渠道

筹资渠道是企业取得资金的来源。

（1）筹资渠道种类。企业资金的来源直接受到社会经济结构和政府管理资金政策及体制的影响，主要渠道有以下几类。

1）国家财政资金。长期以来，国家投资一直是我国国有企业获取自有资本的基本来源，1985年全面实行由国家预算拨款改为国家贷款，国家对企业的投资逐步改无偿拨款为有偿拨款。国家贷款是指国家通过银行贷款方式为企业提供资金。它来源于中央和地方财政，是国家财政通过税收等手段所筹措和调配资金的一部分。企业筹措国家贷款资金是指企业根据国家产业政策、投资政策及企业投资项目需要向国家有关部门申请获取国家财政贷款资金。目前，国家对企业的贷款投资通过银行直接贷放和委托国家投资公司贷放，投资公司或银行起监督和媒介作用，贷款的决定权主要掌握在国家有关部门手中。

国家贷款的特点表现为：一是只有国有企业才可能采用国家贷款筹资方式，这一方式主要为大中型国有企业所采用；二是通过国家贷款筹取的资金一般都有规定的用途，这些资金主要用于企业固定资产投资，符合国家产业政策和投资政策的要求；三是国家贷款筹资往往利率较低，优于一般的银行借款；四是申请取得国家贷款的程序比较复杂。

2）银行信贷资金。1983 年以前，银行只负责供应企业的短期流动资金，其地位不如国家财政。1983 年以后，随着企业定额流动资金和基本建设资金的"拨改贷"，银行逐渐成为企业筹资的重要渠道。目前，国有企业的各种资金需要，如固定资产、定额流动资金、结算资金等，绝大多数通过银行渠道获取。

银行贷款是企业筹资的一种方式，具有许多优点，具体表现为：一是银行可以从国民经济全局利益出发，通过利率高低、贷款额多少，对某些需要发展或经济效益好的企业和产品给予资金上的支持；对本身经济效益或社会效益差的企业和产品进行资金上的限制，从而起到宏观调整、引导企业资金合理流向的作用。二是由于银行贷款必须到期还本付息，所以能够促进企业合理有效地使用资金。三是银行贷款成本低，通常低于发行债券、股票、租赁固定资产等方式，因此，企业在筹措资金，尤其是筹措长期资金时，可以尽量利用这一方式。

目前，向银行贷款是我国企业筹资的重要途径之一。据统计，我国国有企业流动资金约 70%、固定资金约 30% 来自银行贷款。银行贷款在企业资金筹集中具有重要地位，企业应积极有效地利用这一筹资渠道。

3）非银行金融机构资金。商业银行和专业银行以外的金融机构统称为非银行金融机构。非银行金融机构资金是企业长期资金的重要来源，主要包括以下五类：

①信用合作社。信用合作社资金来自社员的股金，除了对社员个人进行贷款以外，还运用部分资金投资于不动产和政府公债。②共同基金。共同基金也发行股票，但这种公司不从事直接生产经营，而是用筹集的资金投资于其他公司股票或债券。共同基金是企业长期资金的重要来源。③养老基金。筹集的养老基金在没有动用之前，通常由企业或专门的金融机构投资于风险小、收益高的股票或债券。一方面，养老基金成为其他企业的资金来源；另一方面，职工退休之后也可以保证获取足额的养老金。④保险公司。保险公司是指把资金从被保险者手中集中起来，当被保险者遭受损失时进行赔偿的一种非银行金融机构。通常，从资金获得到赔偿的时间间隔较长，且总体而言，赔偿以后还有剩余。这些暂时闲置和剩余的资金都可以用于投资。保险公司主要投资于政府公债、风险小的股票和企业债券，有时也提供中长期贷款，是企业又一个重要的资金来源。⑤租赁公司。租赁公司介于金融机构与实业公司之间，筹集资金购买各种机器设备，然后租给实业公司。租赁公司营业租赁等于向企业提供了短期资金；其财务租赁业务又等于向企业提供了中长期资金。租赁公司的资金是企业一项重要的资金来源。

非银行金融机构筹资具有的优点，表现为：一是可以进行租赁、担保、咨询和委托业务；二是可以在国内办理业务，也可以办理利用外资的有关业务；三是民间金融组织资金供应灵活，服务项目、资金用途一般不受限制。因此，非银行金融机构具有其独有特征，企业可以从中筹措资金。

非银行金融机构筹资也具有一定的缺点，表现为：资金力量薄弱、资金使用时间短、利息和手续费高等。因此，企业应酌情加以利用。

4）其他企业资金。其他企业资金主要指企业之间，以延期付款或预收货款方式买卖商品时所取得的资金。这种赊购商品延期付款或预收货款方式，可以缩短商品生产和流通时间，促进商品价值迅速实现，保证社会再生产的顺利进行。随着商品经济的发展，这种商业信用已经越来越受到企业家的重视和广泛应用。

5）企业自留资金。企业自留资金主要指企业内部积累资金。企业内部积累资金包括税后留利、固定资产基本折旧资金、大修理基金中当年未使用部分。企业内部积累资金是企业筹资的重要渠道之一。

6）居民个人资金。企业职工和居民个人的结余货币，作为"游离"于银行及非银行金融机构等之外的个人资金，可用于对企业进行投资，形成民间资金来源渠道，从而为企业所用。居民个人资金投资是近年来发展起来的，也是今后企业筹资的发展方向。

居民个人资金具有的优点在于：一是居民个人资金使得资金融通多渠道、信用多样化，适应了我国商品经济发展的需要。资金运动是纵向的，商品流通却是横向的；纵向资金供应不能适应纵横交错的商品流通需要，单一的银行信用形式也无法满足多种多样的资金需求，而居民个人资金却能打破这些界限，适应企业多种需要。二是居民个人资金能够满足企业不断增长的资金需求。随着商品经济的发展，财政、银行两个渠道已无法满足企业所需要的全部资金，而社会集资却能充分挖掘社会资金能力，把社会上的沉淀资金转化为企业生产建设资金。因此，企业筹资正在不断面向社会、面向市场，这不仅为老企业筹集部分生产经营资金，而且也可以为地方兴办新企业筹集创业所需资金。

7）外商资金。外商资金是外国投资者投入的资金，是外商投资企业的重要资金来源。

（2）对筹资渠道分析时应注意的问题。对以上筹资渠道分析时应注意以下问题：一是各种渠道资金与流量的大小；二是每种筹资渠道适用于哪些经济类型的企业利用；三是每种筹资渠道适合采用哪些筹资方式；四是哪些筹资渠道已经被本企业利用了，哪些尚可开通。

2. 筹资方式

筹资方式是指企业筹措资金所采用的具体形式。在市场经济中，企业筹资方式总的来说有两种：一是内源融资，即将本企业的留存收益和折旧转化为投资；二是外源融资，即吸收其他经济主体的资金，以转化为自己的投资。内源融资不需要实际对外支付利息或者股息，不会减少企业的现金流量。同时，由于资金来源于企业内部，不会发生融资费用，使得内源融资的成本要远远低于外源融资，因此，内源融资是企业首选的一种融资方式。但是，企业内源融资能力的大小取决于企业的利润水平、净资产规模和投资者预期等因素，当内源融资无法满足企业资金需要时，企业往往会转向外源融资。随着经济技术的进步和生产规模的扩大，企业单纯依靠内源融资已很难满足自身的资金需求，外源融资逐渐成为其主要融资方式。

（1）筹资方式种类。

筹资方式中的外源融资，包括以下种类：

①股票融资。以发行股票形式筹措的资金比较稳定，对企业来说这部分资金不用偿还，可以长期运用。企业可以通过发行股票筹集资金，用于固定资产投资或补充自有流动资金，对企业的生产经营和业务扩展十分有利。但是我国《中华人民共和国公司法》（以下简称《公司法》）对企业发行股票的条件作了严格的规定，如发行股票的企业必须是股份制公司，公司资产规模须在3000万元人民币以上，有连续3年的盈利等。《公司法》严格的限制性条件给大部分企业发行股票设置了一个很高的门槛，中小企业由于利用资本市场的制度和信息成本与主板市场存在不对称性，因此根本不可能到沪、深两大主板市场融资。一些极有增长潜力、具备较高企业经营管理水平、市场前景广阔的中小企业由于自身的资产规模小，远远达不到我国《公司法》对企业资产规模的限制条件，因而对于这些企业来说，股票融资只不过是一个美丽的梦想。另外，目前我国股票市场的发展还很不完善，存在着相当多的问题，如股市投机性严重、恶意炒作、黑幕交易等；市场的市盈率居高不下，股票换手率极高，广大投资者对股票投资的认识还存在偏差，大部分人只是为了赚取股票买卖的差价收入，而不是真正对企业投资。这些问题使得目前的股票融资难以成为我国大部分企业理想的融资方式。

②债券融资。企业可以通过发行长期和短期债券筹措资金，用于固定资产投资和弥补流动资金不足。债券融资要求企业不仅有投资回报快、效益好的项目，而且项目在偿债期内就能够有相当的投资回报。与股票融资一样，由于我国资本市场的不完善，企业债券融资也存在着不少问题。发行债券的企业不仅要有资产规模的严格限制，而且还要有良好的信用基础。但在目前我国社会条件下，大部分企业的信用程度都很差，社会信用制度还不健全。这些都影响了债券融资活动的开展。

③银行贷款。长期以来，银行贷款一直是我国企业经营贷款主要的资金来源，过去20多年商业银行贷款也是企业融资的主渠道。银行贷款主要包括各种短期和中长期贷款，贷款方式主要有抵押贷款、担保贷款和信用贷款等多个种类。银行信贷资金来源于社区居民、企事业单位和政府机构的各类存款。银行贷款有利于政府通过制定合理的信贷政策引导资金投向重点产业和重点领域，实现经济的跳跃式发展，因而是政府提倡发展的融资方式。

近年来，民营银行的发展和壮大，特别是以非国有股份为主的股份制商业银行的成立和发展，从根本上解决了国有银行信贷体制不活的问题，实现了完全市场化运作。

民营银行整体规模的不断扩大，引起了中国金融格局的变化，给企业融资提供了一个更加便捷、规范的渠道。随着我国中小企业的不断发展壮大，我国金融机构也在进行相应的体制改革以解决目前中小企业资金缺乏的现状。目前，我国先后颁布了多个旨在促进中小企业信用担保体系建立的法律法规，我国信用担保机构也纷纷成立，信用担保体系的建立为企业获取银行贷款提供了广阔的前景。

④财政渠道拨款。我国计划经济时期，从财政渠道融资是所有大中小企业唯一的资金来源。随着我国经济体制改革的深入发展，政府与企业的联系开始逐渐明朗，政府职能改革使得政府直接干预企业经营管理的现象日益减少，同时企业获得财政直接拨款的项目也少了很多。但是，作为用于国家产业政策扶持项目的财政拨款仍然是一些高新技术企业和国家重点产业企业可靠的和稳定的间接融资方式。20世纪90年代，一批比较成功的迅速扩大规模的企业和列入国家重点支持的大企业名单，成了财政拨款的主要对象和商业银行的稳定客户。财政资金具有无偿、无息的特点，数量有限，开支的权限由各级政府的财政部门具体决定。根据政府履行职能的需要，财政资金主要是承担各种社会公益和社会长期发展的事业，充分发挥调控经济的杠杆作用，以弥补市场机制的不足，推动经济的快速发展。因为财政拨款是无偿无息的，可以承担一定的社会风险，可以帮助企业适当降低它们承担的过多风险负担，因此，争取财政拨款依然是企业获得资金支持的一条理想和畅通的渠道。

⑤商业信用。商业信用是企业之间发生的与商品交易直接相联系的信用，具体表现为商品赊销、分期付款，以及以商品交易为基础的预付定金和预付货款。商业信用以商业票据作为债权债务的证明，因此，利用商业信用融入资金是通过商业票据进行的。这种融入资金的方式一般比较灵活，也比较方便，运用也比较广泛；但由此融入的资金，期限一般比较短，具有特定用途。商业信用的直接资金来源是存在交易关系的企业，区别于银行信用的特点，是只能在互相充分了解与信任的企业之间和在有商品交易的情况下进行的，范围受到比较多的地域和行业限制，超出一定的地域或者行业的范围，则需要获得银行信用的支持。但是商业信用的获得成本一般要比银行信用低，也没有抵押物的要求和因抵押物而产生的一系列资产评估、公证和登记手续费。如果中小企业的互相信用比较好，又有银行信用作后盾，利用商业信用进行短期的融资仍然是一种比较好的选择。

商业信用同银行信用有十分密切的关系，商业银行通过对商业票据的贴现和抵押贷款（票据贴现和票据抵押），使企业获得必要的资金来源。银行是商业信用间接的资金来源，严格合法的商业票据则有助于银行降低贷款的风险，严格的法律制度与银行的贴现和抵押贷款是商业信用健康发展的条件。商业票据融资方式的突出优点是融资成本低和手续简便，省去了与金融机构签订协议等许多麻烦，但由于它的融资受资金供给方资金规模的限制，也受企业本身在票据市场上知名度的限制，因而只适合于大企业的短期融资。

⑥民间金融。民间金融相对国有商业银行和非银行金融机构而言，是个人与个人之间、个人与企业之间的融资，包括借贷、集资和捐赠，形式多样，如亲戚朋友之间的私人借贷、民间招商、企业内部集资、个人财产抵押借款、当铺、钱庄、个人捐赠等。其特点是融资规模不大，资金主要来自民间，融资者对当地的企业经营状况和管理水平有比较详细的了解。民间金融的自身特点，决定了它主要是为当地的企业提供资金融通。在我国，民间风险投资体制的建设正在进行之中，主要面向高成长性的高科技中小企业。民间融资的体制比较灵活，中小银行、信托投资公司等一些民间金融机构对当地企业的信用状况和经营状况有比较全面的认识，因而能够为经营良好的企业提供急需的资金。

⑦租赁筹资。租赁是财产所有人将其财产定期出租给需要这种财产的人使用，并由后者向前者按期支付一定数额的租金作报酬的经济行为。租赁也是一种信用活动。租赁筹资为我国广大企业开辟了一条新的融资渠道，有利于调整企业的投资结构、生产结构，促进技术进步；有利于企业节约使用资金，提高资金利用率；有利于企业注重效益，并获得纳税方面的优惠。目前我国租赁筹资正日益呈现出其多样性和复杂性，并成为现代社会再生产过程中融资的重要组成部分。

（2）筹资方式比较。

在当前经济体制改革下，企业筹资渠道发生了根本性变化，筹资方式也开始多样化。这种多样化局面使企业面临如何选择筹资渠道与方式，才能使筹资成本最低、风险最小、获利最大的问题。筹资方式的比较主要从以下方面来考察：

①资金成本高低。资金成本是企业为筹集和使用资金而付出的代价，包括筹资过程中发生的筹资费用和用资过程中支付的利息、股利等。筹资的渠道和方式多种多样，企业财务人员应综合考察各种筹资方式和渠道，实现最优筹资组合以降低筹资成本。

②筹资风险大小。一般来说，企业所用资金到期日越短，其不能偿付本金和利息的风险就越大；反之，资金到期日越长，企业筹资风险就越小。

此外，企业还要考虑筹资机动性大小、筹资的方便程度、筹资期限长短以及用途限制等因素。

以上因素在不同程度上影响着企业筹资方式的选择，其中影响最大的是企业筹资成本、风险、机动性三大因素。现代企业筹资方式选择是个很复杂的问题，比较标准不同，做出的评价结果不同。企业财务人员必须从企业具体情况入手，分析各种筹资方式的优劣、企业自身的优劣，选择适合于自身生产经营特点的筹资方式，维护企业的生存，并使企业不断发展壮大。

3.筹资方式和筹资渠道的结合

以上企业筹资方式和筹资渠道之间并不是截然分开的。一定的筹资方式可能只适用于某一特定的筹资渠道，但同一渠道的资金通常可采用不同筹资方式取得，而同一筹资方式又往往可适用于不同的筹资渠道。

（二）资本成本计算方法

资本成本是资本的价格，是在市场经济条件下，由于资金所有权和使用权分离而形成的一种财务概念。从投资人角度看，资本成本表示与投资机会成本和投资风险相适应的回报率；从筹资者的角度看，资本成本表示公司为取得资金而支付的价格。

1.资本成本的特征

资本成本具有以下特征：

（1）资本成本是资金所有权和资金使用权分离的结果。资本成本是资金使用者向资金所有者和中介人支付或负担的资金占用费和资金筹集费，因此，资本成本是市场经济条件下资金所有权和资金使用权分离的结果。

（2）资本成本具有不同于一般产品成本的某些特性。资本成本和产品成本的基本属性相同，都属于企业资金的耗费，企业要为此付出代价、支付费用，而这种代价最终也要作为收益的扣除项目从收入中得到补偿。但资本成本和产品成本又存在区别，具体表现为：产品成本通过会计核算确定，是用于确定产品价值和产品价格的基础；资本成本则根据目前和未来的有关资料，采用一定的方法估算而来。

（3）资本成本与货币时间价值有联系也有区别。资本成本不同于货币时间价值。货币时间价值着重反映资金随着其运动时间的不断延续而不断增值的性质，是资金所有者在一定时期内从资金使用者那里获得的报酬；资本成本是指资金的使用人由于使用他人的资金而付出的代价。它们都是以利息、股利等来作为其表现形式，是资金运动分别在其所有者及使用者身上的体现。但资本成本与货币时间价值也存在明显的区别，主要表现为：一是货币时间价值表现为资金所有者的利息收入，而资本成本是资金使用人的筹资费用；二是货币时间价值一般表现为时间的函数，而资本成本则表现为资金占用额的函数；三是资本成本的基础是货币时间价值，它既包括货币时间价值，又包括投资风险价值。

2.资本成本的种类

资本成本按照用途，可以分为个别资本成本、综合资本成本和边际资本成本。

（1）个别资本成本。个别资本成本指按照各种资金具体的筹资方式而计算确定的成本，如债券及股票筹资成本等。个别资本成本是比较各种筹资方式的重要标准。企业筹集资金有多种方式可供选择，不同筹资方式下的筹资费用与使用费用各不相同。企业通过计算和比较个别资本成本就能够按照其成本高低进行排列，从中选出成本较低的筹资方式。

（2）综合资本成本。综合资本成本指企业全部资金来源的总成本，是个别资本成本加权平均计算的结果。综合资本成本是企业进行资本结构决策的基本依据。企业全部资金通常由多种渠道筹资组合而成，这种筹资组合又有多个方案可供选择。综合资本成本的高低是比较各种筹资组合方案、进行资本结构决策的重要依据之一。

（3）边际资本成本。边际资本成本指每增加一个单位资金所需要增加的成本，是综合资本成本的一种特殊形式。边际资本成本是进行追加筹资决策的重要依据。通过计算边际资本成本，企业能够对追加筹资量就单一筹资或组合筹资方式的资本成本进行比较，确定追加筹资的方案。

3. 决定资本成本高低的因素

决定资本成本高低的因素主要有：总体经济环境、证券市场条件、企业内部经营和融资状况及项目融资规模等。

（1）总体经济环境。总体经济环境决定了资本的供给和需求以及预期通货膨胀的水平。总体经济环境如果发生变化，投资的收益率就会相应改变，从而影响资本成本。

（2）证券市场条件。证券市场条件包括证券市场流通的难易程度和价格波动程度。如果证券流动性不好，投资者买进或卖出证券困难，变现风险增大，那么投资者要求的收益率就会提高；或者证券市场虽然存在对证券的需求，但证券价格波动较大，投资风险增大，投资者要求的收益率也会提高。

（3）企业内部经营和融资状况。企业内部经营和融资状况是指企业经营风险和财务风险的大小。经营风险是企业投资决策的结果，表现在资产收益率的变动上；财务风险是企业融资决策的结果，表现在普通股收益率的变动上。如果经营风险和财务风险大，投资者就会要求有较高的收益率。

（4）项目融资规模。项目融资规模大，资本成本就会较高。比如，企业发行证券的金额很大，资金筹集和占用费用就会上升，而且发行规模增大还会降低其发行价格，由此增加企业的发行成本。

企业筹资决策不但需要选择适当的筹资方式，而且需要计算筹资成本，进行成本、风险及收益的权衡，实现企业价值的最大化。

4. 资本成本的计算

资本成本可以采用绝对数表示，但通常采用相对数表示，以便于对不同筹资方式之间的成本进行比较。资本成本的计算公式为：

资本成本＝资金占用费÷（筹集的资金额－资金筹集费）

资本成本的具体计算公式随着筹资方式的不同而不同。

资本成本是一个预测的估计值，而不是精确的计算值。因为据以计算资本成本的各项因素都不是按照过去实现的数字确定的，而是根据现在和未来的情况确定的，今后可能发生变动。

不同的资金来源从性质上看，分为债权资金和自有资金两大类，两者在资本成本计算上也存在区别。个别资本成本的计算由此也分为债务资本成本计算和自有资本成本计算两大类。

（1）债务资本成本计算。债务资本成本主要包括借款成本及债券筹资成本。由于债务利息在所得税前列支，利息具有抵税作用，所以企业为此负担的实际成本是：

债务资本成本＝利息÷（1－所得税税率）

①银行借款资本成本。银行借款资本成本主要是利息支出，利息支出可以在税前利润中扣除，借款费用支出通常较低，可以忽略不计，因此，其计算公式为：

借款资本成本＝年借款利息×（1－所得税税率）

有时，银行要求企业将借款的一定数额留存下来，作为企业在银行的存款，企业不能动用，以此分担一部分银行向企业贷款承担的风险。

在这种情况下，借款资本成本的计算公式为：

借款资本成本＝［年借款利息×（1－所得税税率）］÷（借款总额－补偿性余额）

②债券资本成本。债券资本成本与借款资本成本的主要区别在于：一是债券筹资费用较高，不能忽略不计。债券筹资费用实际上减少了企业的实得资金数额，所以要将其作为债券发行额的减项予以扣除。二是债券发行价格与债券面值可能存在差异，计算其成本时要按照预计发行价格来确定其筹资总额。由此，债券资本成本的计算公式为：

债券资本成本＝［债券年利率×（1－所得税税率）］÷（筹资总额－筹资费用）

③融资租赁资本成本。融资租赁资本成本主要是企业为融资租赁资本支付的租金，这一租金虽然不能直接计入费用，但融资租赁固定资产与企业自有固定资产一样计提折旧，从而使租金以折旧的方式列入了成本，抵减了所得税。所以，企业如果是按照固定比例支付租金，则其成本计算公式同债券筹资一样；如果租金是分期不等额支付，则需要计算租金的现值，求出贴现率数值。

（2）自有资本成本计算。

自有资本成本包括普通股、优先股及留存收益成本等。自有资本成本中使用费用均是在税后支付，因而不存在抵税作用，所以自有资本成本计算方法有别于债务资本成本。

①发行股票筹资成本。股票筹资成本一方面取决于企业是否分配股利；另一方面取决于发行价格和发行费用。企业是否分配股利通常并不确定，因此，成本计算比较困难。

如果股利按照固定比例增长，则其成本计算公式为：

股票筹资成本＝D÷（筹资总额－筹资费用）＋G

式中，D为第一年的预期股利；G为股利的预期增长额。

由于股利不能够在扣除所得税前扣除，企业又必须向股东分配，因此，股票筹资成本通常要高于债券筹资成本。

②优先股资本成本。优先股资本成本也包括股利和筹资费用，优先股股利一般按照固定的比率支付，类似于债券。与债券不同的是，优先股股利是税后支付。因此，优先股资本成本的计算公式为：

优先股资本成本＝年优先股股利÷（优先股筹资额－筹资费用）

③留存收益资本成本。企业在将盈利用于股利分配之后总会留存部分收益用于再投资。留存收益虽然不像其他筹资方式需要花费筹资费用，但它仍然存在资本成本。因为投资者将这部分收益再投资于企业，是期望从中获取更高的收益。这一期望收益即为留存收益的机会成本，构成企业留存收益的资本成本。一般情况下，留存收益资本成本的计算与普通股资本成本计算相同，区别仅仅在于普通股存在筹资费用，而留存收益没有筹资费用。

在以上各种筹资方式中，股票尤其是普通股股票资本成本相对较高。因为股利由税后利润支付，不能够减少所得税费用，因而加大了资本成本。另外，股票持有人承担的投资风险要高于债券持有人，其所要求的投资报酬率也就相对较高，从而进一步加大了资本成本。不同的筹资渠道，企业支付的成本和承担的风险不同。企业优化资本结构的目的就是要使企业筹集资本的成本最低、风险最小。自有资本由于没有节税效应，因而成本较高，但无须偿还，给企业带来的风险较小。债务资金由于利息可以进入成本，使得筹资成本较低，但必须偿还，给企业带来偿债和经营的风险较大。因此，成本和风险常常是一对矛盾，企业要通过资本结构的优化来降低筹资的风险和成本。

（三）资本结构决策

1. 进行资本结构决策的重要性

资本结构是企业总资本即长期资金中长期负债与所有者权益之间的比例关系，一般以长期负债占总资本的比重来表示。资本结构是企业财务结构的核心内容。财务结构即企业资产负债表右方项目的构成，不仅包括长期资金的内部构成情况，还包括长期资金与短期资金之间的构成情况。而研究资本结构一般以短期资金用于满足企业临时性资金需求为假设前提。因此，以长期资金为研究对象的资本结构，由于其对企业财务状况影响更大、更深远，较之于财务结构更值得企业予以特别关注。研究资本结构实质上是研究企业是否要利用长期负债筹资方式问题。那么，长期负债筹资方式较之权益资本筹资方式有什么利弊特点呢？从资本的形成先后顺序看，企业先有权益资本即股东提供的资本，而后企业因发展壮大有了新的资金需求，在股东提供的资本不能够满足企业资金需求时，企业才考虑利用长期负债筹资方式向债权人筹资。因此，企业利用长期负债筹资方式应以企业有新的资金需求为前提。

长期负债筹资方式较之权益资本筹资方式的最大优点是资本成本较低，具体表现为：一是利息率一般固定不变。当企业的资产息税前利润率高于债务利息率时，可使股东获得超额收益。二是利息费用在所得税前列支，可使企业实际少缴所得税。

长期负债筹资方式较之权益资本筹资方式的最大缺点是财务风险较大，具体表现为：一是债务资本不仅要求按期还本，而且要求按期付息；二是还本付息会导致企业大量的现金流出。当企业的资产息税前利润率低于债务利息率时，会使股东利益遭受损失。

因此，利用长期负债筹资方式有利有弊。利用长期负债筹资方式，如何做到利大于弊，即是否存在着最佳资本结构，对于这一问题，西方财务管理专家已经研究了很多年，并形成了多种资本结构理论。但实质上这一问题也很简单，由于长期负债筹资方式所具有的优点，使企业产生了利用长期负债筹资方式的动机和行动；而由于长期负债筹资方式所存在的缺点，使企业又不能过分依赖长期负债筹资方式。因此，企业应该适度举债，确定自己企业最佳的资本结构，而要确定最佳资本结构，就必须进行资本结构决策。资本结构的决策方法有定量决策方法和定性决策方法两种。

2.资本结构定量决策

企业进行资本结构决策即寻求最优资本结构或最佳资本结构的过程。最优资本结构是一种能够使财务杠杆利益、财务风险、筹资成本及企业价值实现最优均衡的资本结构。判断和衡量企业的资本结构是否最优的决策，有多种定量方法可供选择：

（1）加权平均资本成本最低法。资本成本是企业因筹集资本而付出的代价，包括筹资费用和用资费用。资本成本是企业投资项目的必要报酬率，是资本所有者要求得到的报酬率。需要注意的是，财务管理是面向未来的，所讲的资本成本不是历史成本，而是预计成本。债务的资本成本比较好预计，而权益的资本成本比较难以预计。企业的总资本成本是各个别资本成本以各个别资本占总资本的比重为权数的加权平均资本成本。从理论上讲，最佳资本结构是企业加权平均资本成本最低、企业价值最大时的资本结构。但是在实践中，我们很难将某个企业的最佳资本结构计算出来。因为，不同行业的企业其最佳资本结构有所不同，同一行业不同规模的企业其最佳资本结构有所不同，同一规模的企业处于不同的生产周期，其最佳资本结构有所不同，同一个企业处在不同的宏观经济条件下，其最佳资本结构也有所不同。

加权平均资本成本最低法是通过拟定有限几个资本结构备选方案，然后计算和比较各资本结构方案的加权平均资本成本，最后以加权平均资本成本最低的方案作为相对最佳或接近于最佳的资本结构方案。使用加权平均资本成本法应注意以下问题：

①所拟定的资本结构方案是有限的，因此，所确定的最佳资本结构方案是相对的，而真正最佳的资本结构方案可能并没有找出来。

②个别资本成本的计算并不一定令人信服。首先，个别资本成本的计算建立在预测的基础上，预测的准确与否将直接影响决策结果；其次，个别资本成本的计算方法

分考虑资金时间价值和不考虑资金时间价值两种，显然考虑资金时间价值的方法更符合现代企业财务管理原则的要求。

③加权平均资本成本中权数的计算应采用市场价值而不是账面价值。但对于非上市公司，其市场价值很难确定，即使对于上市公司，在资本市场发育不完善的情况下，其市场价值也很难令人置信。

④加权平均资本成本的计算没有考虑流动负债。加权平均资本成本是基于假设企业的流动负债主要用于企业临时性的资金需求，不会对企业的财务结构产生太大的影响；然而，流动负债是否主要用于满足企业的临时性资金需求，这个问题不容忽视。总之，对于加权平均资本成本法不能太过于相信，而只能作为决策的参考。

（2）财务杠杆与经营杠杆分析法。财务杠杆是指负债比率的较小变动（息税前利润固定不变）可以使股东收益率有一个更大的变动；或者说是指息税前利润的较小变动（负债比率不变，额度不变，因此利息不变），可以使股东收益率有一个更大的变动。财务杠杆作用的大小，用财务杠杆程度或称财务杠杆系数反映。其计算公式为：

财务杠杆系数＝股东收益率的变动率 ÷ 息税前利润的变动率＝息税前利润 ÷（息税前利润－利息）

财务杠杆系数表示股东收益率的变动率是息税前利润变动率的倍数。从财务杠杆系数的计算公式可以看出，只要有负债，有利息费用，财务杠杆系数就会大于1，就有财务杠杆作用。当息税前利润与利息相等时，财务杠杆系数趋向无穷大；当息税前利润大于利息并呈增长趋势时，财务杠杆系数由无穷大而逐渐变小，直至趋近于1。如果财务杠杆系数等于1，意味着没有利息费用，没有负债，没有财务杠杆作用。财务杠杆系数趋向无穷大，意味着息税前利润与利息相等，即税前利润为零，企业处于盈亏临界状态、损益平衡状态，这时企业有很大的亏损风险，因此，能否按期还本付息也具有很强的不确定性，即财务风险很大。而随着企业息税前利润的逐渐增加，财务杠杆系数不断变小，企业从盈亏临界状态走向盈利状态，而且安全边际越来越大，所以财务风险越来越小。由此可见，企业财务风险的大小与企业利润水平及其确定性程度密切相关。

经营杠杆是指销售量（或销售额）的较小变动（企业固定成本保持不变），可以使企业的息税前利润有一个更大的变动。经营杠杆作用的大小用经营杠杆程度或称经营杠杆系数来反映。其计算公式为：

经营杠杆系数＝息税前利润变动率 ÷ 销售量的变动率＝边际贡献 ÷（边际贡献－固定成本）

经营杠杆系数表示息税前利润变动率是销售量变动率的倍数。从经营杠杆系数的计算公式可以看出，只要有固定成本，经营杠杆系数就会大于1。当边际贡献与固定成本相等时，经营杠杆系数趋向无穷大；当边际贡献大于固定成本并呈增长趋势时，经营杠杆系数由无穷大而逐渐变小，直至趋近于 1 而不等于 1。经营杠杆系数等于 1，意味着没有固定成本，这是不太可能的事情。经营杠杆系数趋向无穷大，意味着边际贡献与固定成本相等，即利润为零，企业处于盈亏临界状态、损益平衡状态，这时企业的销售量为盈亏临界销售量，销售量的稍微增加就会盈利，销售量的稍微降低就会亏损，因此经营风险很大。而随着企业边际贡献以及销售量的逐渐增加，经营杠杆系数不断变小，企业从盈亏临界状态走向盈利状态，而且安全边际越来越大，所以经营风险越来越小。

总起来看，财务杠杆程度的确定应以经营杠杆程度为依据，财务风险的大小一方面取决于负债水平；另一方面取决于经营风险的大小。

企业只要不借债就可以回避财务风险，但经营风险不可回避。企业只要借债就有财务风险。企业借多少债，把财务风险控制在什么程度，要看企业利润水平的高低及经营风险的大小。一个企业如果经营杠杆程度高、经营风险大，就不应该确定过高的财务杠杆程度，就不应该过多借债、冒太大的财务风险。

（3）权益资本利润率与债务资金利息率比较分析法。

权益资本利润率是净利润与股东权益之比，它代表了股东所得，是股东最关心的指标。因此，是否有利于促进权益资本利润率的增长，是用来判断企业财务行为是否正确的标准。债务资金利息率是债务利息与债务本金之比，它代表了企业债权人的所得，是企业向债权人支付的报酬率。债务资金利息率一般固定不变，而权益资本利润率一般浮动变化。显然权益资本利润率应高于债务资金利息率，而且是越高越好。

一般地讲，只要权益资本利润率高于债务资金利息率，资本结构就合

理，可以多举债；如果权益资本利润率低于债务资金利息率，资本结构就不合理，就应该少借债或者不借债。权益资本利润率与债务资金利息率之间的关系可以用下面的公式来反映：

权益资本利润率＝[资产息税前利润率＋（资产息税前利润率－利息率）× 负债÷ 权益资本]×（1－所得税税率）

式中，资产息税前利润率＝息税前利润 ÷ 总资产 ×100%＝息税前利润 ÷（权益资本＋债务资金）×100%。

企业息税前利润是企业全部资产包括权益资本和债务资金运用的结果，资产息税前利润率是企业全部资产的回报率。不管资产息税前利润率有多高或多低，债务资金的利息率固定不变。资产息税前利润率高于或低于利息率的部分由股东承担，因此，股东的权益资本利润率是浮动的。如果资产息税前利润率高于利息率，则权益资本利润率就会上升，而高于资产息税前利润率，这时负债率可以调高一些，但不能认为越高越好，因为随着负债率的升高，利息率也会上升；如果资产息税前利润率低于利息率，则权益资本利润率就会下降，而低于资产息税前利润率，这时负债率应该调低一些。

（4）每股利润或权益资本利润率无差别点分析法。每股利润指标适合于股份有限公司，是净利润（扣除优先股股利）与普通股股数之比。权益资本利润率指标适合于任何企业，是净利润与股东权益之比。每股利润或权益资本利润率无差别点分析法与权益资本利润率和债务资金利息率比较分析法有相似之处，它们都以能够提高企业每股利润或权益资本利润率的资本结构即为合理的资本结构作为理论基础。

每股利润或权益资本利润率除了受企业财务结构的影响之外，还受企业息税前利润水平或销售水平的影响。每股利润或权益资本利润率无差别点分析法是研究追加筹资问题的方法，即在现有财务结构情况下，需要追加筹资，是采用权益筹资方式筹资，还是采用负债筹资方式筹资。决策的标准是看在当前息税前利润水平上采用哪种筹资方式，其每股利润或权益资本利润率更高；而决策的依据是每股利润或权益资本利润率无差别点。每股利润或权益资本利润率无差别点是指不论是采用权益方式筹资，还是采用负债方式筹资，每股利润或权益资本利润率相等时的息税前利润水平或销售水平。无差别点以下应采用权益方式筹资，无差别点以上则应采用负债方式筹资。

以上对定量决策方法要予以重视，但不能迷信。使用定量决策方法可以使分析过程深入而具体，避免笼统和主观臆断，而且数学方法逻辑性强，能使我们清楚地了解解决问题的思路。但是，经济事件往往影响因素很多，而数学所能考虑的影响因素有限，许多数学公式和模型的成立有着许多的假设条件。所以，定量决策方法中的计算数据比没有要强得多，但我们不能迷信这些计算数据，计算数据并不是未来的实际结果，它只是为我们指明了经济事件的发展方向。决策过程中没有定量的分析不行，但只有定量的分析也不行。决策者在定量分析的基础上应结合实践经验和客观实际情况，找出定量分析过程中未能考虑或未能充分考虑的影响因素进行定性分析，以作为定量分析的必要补充。

3. 资本结构定性决策

企业资本结构安排与规划受到许多因素的制约和影响。设计企业的资本结构必须充分考虑以下两方面的因素。

（1）企业内部因素的决策分析。企业内部因素的决策分析要考虑以下几点：

①企业增长率对资本结构的影响。企业成长性越强，意味着在一定时期内需要多投入资金，从而需要多融通资金。成长性强的企业即使获利水平不低，仅仅依赖保留盈余显然不够。此外，成长性强的企业往往有着良好的未来前景，通常不愿意过多地发行新股，以免分散老股东的控制权，稀释每股收益。我国从 20 世纪 80 年代以来，经济处于高速增长阶段，需要大量的资金，为满足资金需要，企业不得不对外负债，导致负债增加。

②企业投资项目的性质和生产技术配备的能力与结构。确定和保持合理的筹资来源结构，应当从投资项目建设周期、现金流量和企业自身实际生产经营能力、技术状

况出发。投资项目建设周期短，现金净流量多，生产经营状况好，产品适销对路，资金周转快，可以适当提高资产负债比率，提高短期资金比例；对于存货积压严重、资金周转缓慢的企业，确定高的资产负债比率则比较危险。另外，产品结构比较单一的企业，自有资本比例一般应大一些，因为这类企业内部融通资金选择的余地较小；相反，产品结构多样化的企业，因为内部融通资金的余地较大，只需适当提高自有资本的比例。

③企业获利能力对资本结构的影响。根据融资顺序理论，企业融资的顺序依次为：保留盈余、长期借贷、发行债券及发行股票。因此，企业获利能力高，企业就有可能保留较多的盈余，这样可以部分地满足企业对资金的需要，存在减少负债的可能性；相反，如果企业获利能力不足，就不可能保留足够的盈余，只能依赖负债的增加。近年来，我国国有企业大面积陷入经营困境。

④企业股利决策对资本结构的影响。企业股利决策也是一种融资政策。在西方财务理论研究中，往往把资本结构和股利决策结合起来分析，不同的股利决策方案可以设计不同的资本结构。比如，实施高股利决策和剩余股利决策就应该与较高的负债经营相匹配；低股利决策和不规则的股利决策方案应该慎重推行风险较高的资本结构。

⑤资金使用结构。设计企业的资本结构还需要考虑资金的使用结构，重点是企业流动资产与固定资产的数量关系。因为固定资产变现性比流动资产差得多；同时，也不能忽视有形资产与无形资产的结构比率，有些时候无形资产并不能够成为负债经营和筹集长期资金的物资担保。

⑥管理者的态度对资本结构的影响。管理者的态度包括对企业控制权以及对待风险的态度。增加权益资本有可能稀释原有所有者权益和分散经营权，从而对企业所有权和经营权的控制造成影响；但是过多地使用负债会增加企业风险。我国企业的主体是国有企业，企业所有者是国家，因此，企业不论是负债融资，还是权益融资都不会影响管理者对企业的控制权和经营权，我国管理者的态度一般不会对资本结构产生影响。

（2）企业外部因素的决策分析。企业外部因素的决策分析要考虑以下几个问题：

①不同社会经济环境状况。在社会经济增长或者在政府鼓励投资时期，提高企业负债率，多负担一些债务，充分利用债权人的资金从事投资和经营活动，可以增强企业的发展能力，获得较高的经济效益，企业有能力承担较大的还款和付息压力；反之，在经济处于衰退时期，应当采取紧缩负债经营的策略，减少遭受损失和破产的风险，谋求较低的盈利。

②行业因素对资本结构的影响。不同行业的资本有机构成存在差异，企业资本有机构成的高低主要取决于企业所处行业生产经营业务的特点。资本有机构成高的企业，经济规模要求的投入资本起点较高；反之则相反。我国虽然也存在行业差别，但企业

的资金来源历来主要由国家投入或从银行取得，因此，行业因素对我国企业的资本结构没有明显的影响。

③金融市场运行状态。现代企业筹资与金融市场水乳交融，企业资本结构决策重要的外部因素就是金融市场运行的状态。如果货币市场相对于资本市场来说比较发达、完备与健全，企业则可以适当地提高流动负债的比重，因为增加流动负债规模可以适当地降低企业筹资的成本；反之，就需要扩大长期资金的规模以减少筹资风险。金融市场活跃、股价高涨时期，则应当以股本筹资为主。

④信用等级评定机构或贷款人的态度对资本结构的影响。信用等级评定机构或贷款人的态度往往成为企业扩大融资和选择融资种类的决定因素。纵然企业对未来充满信心，认为可以超出企业能力大胆地运用财务杠杆，但此时贷款人的态度未必与企业一致。如果企业负债过高，信用评定机构对企业的信用评价会较低，此时要想获得贷款会比较困难或需要以较高的资金成本才能够获得贷款。而我国在银行体制方面，目前各个专业银行并不是真正意义上的商业银行。国有银行与国有企业同属于国家所有，缺乏债务约束力；同时，银行利率单一，利率体系缺乏调节功能，银行贷款利率不随着企业财务状况和企业资本结构的变化而变化，企业并没有真正意识到其应当承担的风险，因此造成了严重的高负债。

⑤所有者、债权人、经营者及社会等方面能够接受和承担的风险范围。企业举债经营比率偏高对整个社会经济发展具有不利的影响，容易导致企业本身经济效益的下降甚至出现亏损和破产，加深整个社会经济发展的动荡，引起通货膨胀，不利于产业结构的转变。因此，企业资本结构应当依据所有者、债权人及社会大众等方面普遍接受的风险程度加以设定。

八、股利分配决策

利润是企业进行资本营运的结果。利润分配就是在会计年度结束后，企业将本年度实现的净利润在留存积累与对投资者分红之间进行安排。利润分配决策主要涉及利润分配的项目、分配顺序、各个项目分配的比例以及股利形式等问题。其中，利润分配的项目、顺序以及法定项目提留的比例需要遵从国家相关的法律法规的规定，企业真正具有自主权的是提取法定公积金、法定公益金后属于普通股东的利润分配，即股利支付率的确定，因此，股份制企业利润分配财务管理决策主要集中于股利分配政策的选择和股利形式的确定。

（一）影响企业股利政策的因素

企业在确定收益分配政策时，应综合考虑各种影响因素，结合自身实际情况，权衡得失，从优选择。企业的股利政策受到许多因素的影响，主要表现在如下几个方面：

1. 法律因素

有关的法律主要有《公司法》《证券法》等，在这些法律中，为了保护企业债权人和股东的利益，作了如下的限制：

（1）资本保全。企业必须保有充分的权益资本以维护债权人利益，法律规定企业不能用募集的经营资本发放股利。我国法律还规定企业的溢缴资本也不能发放股利。

（2）企业积累。规定企业的年度税后利润必须提取 10% 的法定盈余公积金，同时还鼓励企业提取任意盈余公积金，只有当企业提取公积金累积数额达到注册资本 50% 时才可以不再计提。

（3）净利润。规定公司账面累计税后利润必须是正数时才可以发放股利，以前年度的亏损必须足额弥补。

（4）偿债能力。规定公司如果要发放股利，就必须保有充分的偿债能力。企业如果没有充分的现金准备以支付到期债务，即使经营能够获利，要支付股利就得变卖现有资产，这样做除影响公司经营外，公司的债权人利益也会受到严重威胁。

（5）超额累积利润。企业发放给股东的股利，股东要缴纳个人所得税，而股票交易的资本收益可能免税或税率较低，企业可以积累利润使股价上涨从而帮助股东避税。我国法律对企业累积利润未作限制性规定，但许多国家的法律是反对企业超额累积利润的。

2. 企业因素

影响企业股利分配政策的企业因素包括企业资产的流动性、举债能力、投资机会等。

（1）流动性。较多地支付现金股利会减少企业的现金持有，使企业资产的流动性降低，企业为了保持适当的支付能力，需要设定一定的资产流动性目标，保持现金及其他适当的流动资产。

（2）举债能力。由于企业的盈利能力、资本结构和信誉度不同，不同的企业在资本市场上举债能力有一定的差别。举债能力较强的企业往往采取较为宽松的股利政策；相反，则采取较为紧缩的股利政策。

（3）投资机会。企业的投资项目要求有坚强的资金后盾来支持，资金的需求量对公司的股利政策又有较大的影响。倘若企业有良好的投资机会，就会把大部分利润用于再投资；反之企业将倾向于先向股东支付股利。

3. 股东因素

这方面的因素主要有稳定的收入、控制权稀释、避税等方面。

（1）稳定的收入。某些股东依赖企业发放股利维持生活；或者是他们认为企业留用利润带来新收益或股票交易价格上升产生资本收益有很大的不确定性，这样，他们往往希望企业能够支付稳定的股利，对他们来说，与其为确定的未来因素所困惑，不如得到实实在在的现有股利。

（2）控制权的稀释。企业如果通过增募新股的方式筹集资金，虽然企业原股东有优先认股权，但他们必须投入相当数量的现金，否则将面临股权被稀释的威胁。所以当企业原有股东没有足够的现金去认购新股时，他们会选择放弃应分配的股利而反对增募新股。

（3）避税。由于税收政策的影响，不同的股东对股利的分配也持有不同的态度。税法规定，企业利润在征收企业所得税的基础上，还要对企业分配的股利向股东征收个人所得税；个人所得税一般采取累进税率制，这样收入水平不同的股东由于其应纳税率的不同，相应地应纳所得税税额也不同，进而对同一个股利政策就持有不同的态度。在我国由于目前对股息收入只采用20%的比例税率征收个人所得税，还没有采用累进税率，而且对股票交易所得暂不开征个人所得税，因而股票价格上涨比股利更有吸引力。

4.债务契约约束

企业在进行大笔的举债融资时，特别是长期债务，债权方往往对企业资金的运用（主要是对现金股利的分配）制定有一定的限制条件，其目的是保障债权人债权的安全性。这种限制条件主要有：一是限制动用以前的留存收益进行未来股息的支付；二是当企业营运资本低于一定标准时不得向股东支付股利；三是当企业的利息保障倍数低于一定的标准时，不得向股东支付股利。企业一旦同债权方签订有关的限制条件，企业的股利政策就会受到较大的影响。

另外，国家有关的宏观经济环境、金融环境等也会对企业的股利政策产生较大的影响，如通货膨胀、经济增长的速度等。

（二）股利政策的类型

企业经常采用的收益分配政策主要有以下几种：

1.剩余股利政策

所谓剩余股利政策，是指企业较多地考虑将净利润用于增加所有者权益（即增加资本或公积金），只有当增加的资本额达到预定的目标资本结构（最佳资本结构）时，才将剩余的利润用于向投资者分配。这种政策主要是考虑未来投资机会的影响，即当企业面临良好的投资机会时，在目标资本结构的约束下，最大限度地使用留存收益来满足投资方案所需的自有资金数额。

在这种分配政策下，投资分红额（股利）成为企业新的投资机会的函数，随着投资资金的需求变化而起伏，只要存在有利的投资机会，就应当首先考虑其资金需要，最后考虑企业剩余收益的分配需要。

这种政策的优点是保持理想的资本结构，使综合资金成本最低。缺点是每年发放的股利额可能变化较大，向市场传输企业经营不稳定的信息。

2. 固定股利政策

在这种政策下，公司在较长时期内都将分期支付固定的股利额，股利不随经营状况的变化而变动，除非公司预期未来收益将会有显著的、不可逆转的增长而提高股利发放额。采用这种政策，大多数属于收益比较稳定或正处于成长期、信誉一般的公司。

这种策略的优点是：

（1）固定的股利有利于公司树立良好的形象，有利于公司股票价格的稳定，从而增强投资者对公司的信心。

（2）稳定的股利有利于投资者安排收入与支出，特别是对那些对股利有着很强依赖性的股东更是如此。

这种策略的主要缺点在于股利支付与公司盈利能力相脱节，当盈利较低时仍要支付较高的股利，容易引起公司资金短缺，导致财务状况恶化。

3. 固定股利支付率政策

采用固定股利比例政策，要求公司确定一个固定的股利支付比率，长期按此比率从净利润中支付股利。由于公司的盈利能力在年度间是经常变动的，因此每年的股利也应随着公司收益的变动而变动。这种政策的优点是保持股利与利润间的不定期比例关系，体现风险投资与风险收益对等。其不足之处在于，由于股利波动容易使外界产生公司经营不稳定的印象，不利于股票价格的稳定与上涨。

4. 低正常股利加额外股利政策

即企业一般情况下每年只支付一固定的、数额较低的股利，当企业盈利有较大幅度增加时，再根据实际需要，向股东临时发放一些额外股利。

这种股利政策的优点是具有较大灵活性，可给企业较大的弹性。由于平常股利发放水平较低，故在企业净利润很少或需要将相当多的净利润留存下来用于再投资时，企业仍旧可以维持既定的股利发放水平，避免股价下跌的风险；而企业一旦拥有充裕的现金，就可以通过发放额外股利的方式，将其转移到股东的手中，也有利于股价的提高。因此，在企业的净利润与现金流量不够稳定时，采用这种股利政策对企业和股东都是有利的。

（三）企业股利形式的确定

大多数情况下，非股份制企业投资分红一般采用现金方式。但是，股份公司股利形式有一定的特殊性，它除了现金股利外，还存在其他股利支付形式。

1. 现金股利形式

它是指以现金支付股利的形式，是企业最常见、也是最易被投资者接受的股利支付方式。这种形式能满足大多数投资者希望得到一定数额的现金这种实在收益的要求。

但这种形式增加了企业现金流出量，增加企业的支付压力，在特殊情况下，有悖于留存现金用于企业投资与发展的初衷。因此，采用现金股利形式时，企业必须具备两个基本条件：一是企业要有足够的未指明用途的留存收益（未分配利润）；二是企业要有足够的现金。

2. 股票股利形式

它是指企业以股票形式发放股利，其具体做法可以是在公司注册资本尚未足额时，以其认购的股票作为股利支付；也可以是发行新股支付股利。实际操作过程中，有的公司增资发行新股时，预先扣除当年应分配股利，减价配售给老股东；也有的发行新股时进行无偿增资配股，即股东无须缴纳任何现金和实物，即可取得公司发行的股票。

股票股利是一种比较特殊的股利，它不会引起公司资产的流出或负债的增加，而只涉及股东权益内部结构的调整，即在减少未分配利润项目金额的同时，增加公司股本额，同时还可能引起资本公积的增减变化，但它们之间是此消彼长，股东权益总额并不改变。采用这种方式有以下几点好处：

（1）企业发放股票股利可免付现金，保留下来的现金，可用于追加投资，扩大企业经营；

（2）股票变现能力强，易流通，股东乐于接受，也是股东获得原始股的好机会。发放股票股利会因普通股股数的增加而引起每股收益的下降，每股市价有可能因此而下跌。但发放股票股利后股东所持股份比例并未改变，因此每位股东所持股票的市场价值总额仍能保持不变。

3. 财产股利形式

财产股利是以现金以外的资产支付的股利，主要是以公司所拥有的其他企业的有价证券，如债券、股票等作为股利支付给股东。

4. 负债股利

这种股利形式比较少见，是指公司以负债形式支付的股利，通常以公司的应付票据支付给股东，在不得已的情况下也有发行公司债券来抵付股利。财产股利和负债股利实际上是现金股利的替代，这两种形式目前在我国公司实务中很少使用，但并非国家法律所禁止。

九、投资决策方法

投资是企业将财力投放于一定的对象，以期望在未来获取收益的行为。投资是一个多侧面的概念组。投资作为动态概念，描述投资行为的全貌，包括投资主体、目的及手段。投资作为静态概念，则反映投资主体、投入资金性质及使用方向等。

（一）投资活动的基本特征

从财务角度分析，企业投资一般具有以下特征：

（1）预付性。投资发生于实际经营活动开展之前，具有预付款的性质，这种投资预付款只有在投资形成生产经营能力或投资实际运转之后才能够收回。

（2）选择性。投资并非随时都可以进行，只有客观上存在投资的可能与必要时，投资时机才真正出现。

（3）流动性。投资过程中，投出资金不仅会在空间上流动，如跨国投资等，而且投出资金转化成的实物和证券等也会产生形态上的流动。

（4）收益性。投资活动最终和长远的目标都是为了取得投资的收益。

（5）不确定性。投资收益只是在未来才能够获得，最终收益到底如何，事先难以知晓。

作为风险投资，通常具有以下一些特征：

（1）投资方向主要集中于高科技领域。风险投资就是对风险大的项目进行的投资。而风险大的项目往往是具有开拓性和创新性的项目，并且主要存在于高科技领域。风险投资追求的目标就是高科技成果的商品化、产业化之后所能够获取的高资本收益。风险投资具有很强的选择性，技术创新成为风险投资的重点。从具体行业来看，风险投资主要集中在信息产业和生命科学领域。

（2）投资对象是处于发展初期、具有高速成长性的中小企业。

（3）投资方式以股权形式为主。风险投资具体包括购买可转换债券、优先股及认股权等形式。其特点有二：一是对风险企业投资通常不以取得对投资对象的控股权为目的；二是在对风险企业注入资金后，为了将风险降至最小，风险投资公司要参与对企业的管理，从管理上提供支持。

（4）属于高投入、高风险及高收益的投资。风险投资在对风险企业投入资金后，在其股权未能售出之前，在企业发展的不同阶段都必须不断地注入资金。随着企业的发展和技术创新的进行，投入的费用会不断加大。

风险投资的失败率也比较高。据统计，由风险投资公司所支持的风险企业20%～30%完全失败、60%受挫、5%～20%获得成功。一旦获得成功，风险投资就可以获得高额的投资收益。

（5）以公开上市为主要形式获得收益并退出投资。风险投资是一种中长期投资，对企业的投资年限通常在4～7年以上。风险投资公司在将资金投入风险企业、等待投资事业发挥潜力和股票增值之后，将股权转让以实现投资收益。风险投资的目的不是对被投资企业股份的占有和控制，而是使风险投资取得成功之后尽快地实现回报，再从事新的投资。

（6）一般都给予企业管理层和员工个人股。在风险投资创立的高技术企业中，技术专家的技术发明可以占有相当的股份，一般可以享有 20% ~ 25% 的股权。有的国家为了照顾某些技术发明的权益，允许技术专家持股 51%，在企业有了发展之后，按照事先约定的契约，购回其余 49% 的股份。

（二）投资活动的种类

投资活动可以有多种分类。

1. 按照投资发生作用的地点分类

投资活动按照发生作用的地点，可以分为对内投资和对外投资。

（1）对内投资。对内投资是为了保证本企业内部生产经营活动的顺利进行和扩大规模而进行的资金投入的财务活动。对内投资是正常投资活动的主体。对内投资具体又分为流动资产投资、固定资产投资和无形资产投资三项内容。

①流动资产投资。企业流动资产投资包括现金、应收及预付款项、存货及短期投资等。与内部其他投资比较，流动资产投资具有流动性强的特点，即变现需要的时间短、速度快。作为企业投资的重要组成部分，有效的流动资产投资对企业增加盈利非常重要。流动资产投资具体又包括货币资金投资、应收账款投资、存货投资和短期证券投资等项内容。这些内容的共同特点都是在满足生产经营需要、确保企业利润实现并不断增长的前提下，尽可能地降低这部分投资的资金占用量。

②固定资产投资。固定资产投资指建造、购置及改造固定资产而进行的财务活动。从实物形态来看，它是利用新投入的资金建立和完善各种生产经营条件；从价值形态来看，它是为固定资产再生产投入资金。固定资产投资是企业生存和发展的基本保证。

固定资产投资同流动资产投资比较，具有单项投资数额大、投资回收期限长、对企业资金运动和经济效益影响深远的特点。因此，在确定企业固定资产投资政策时要充分进行投资方案的可行性分析，综合考虑技术上的先进性、实用性和经济上的合理性，选择投资少、见效快以及收益大的投资方案，避免决策失误。

③无形资产投资。无形资产通常代表企业所拥有的一种法定权或优先权，或者是企业所具有的高于一般水平的获利能力。无形资产投资区别于有形资产投资，其特点表现为：

A. 无实体性。无形资产是通过企业卓有成效的经营活动和投资活动而获得的某种权利或一种观念。B. 独占性。无形资产投资单一，仅与特定的主体有关，与特定主体的持续经营紧密相连。C. 不确定性。除了法律规定有些无形资产的寿命具有确定的期限外，其余无形资产的有效期限难以准确计量，而且获得的收益与无形资产的投资不成比例关系，很难确定哪些投资已经收回，哪些投资没有收回及回收的具体期限等。D. 具有长期超额收益的能力。无形资产会在较长的时期内为企业提供经济效益，并且有助于企业获取高于一般水平的收益。

无形资产投资按照构成内容，分为专利权投资、商标权投资、著作权投资、土地使用权投资、非专利技术投资及商誉投资等；按照形成原因和途径，分为通过企业自身开发、积累创立和形成的自制无形资产投资和通过投资从企业外部购买而拥有的外购无形资产投资两大类。

（2）对外投资。对外投资指以现金、实物及无形资产等方式或者以购买股票、债券等有价证券方式对其他单位进行的投资。随着企业横向经济联合的开展，对外投资越来越重要。

2. 按照投资回收的时间分类

投资活动按照回收的时间，可以分为长期投资和短期投资。

（1）长期投资。长期投资指 1 年或者一个营业周期以上才能够收回的投资，主要指对厂房、机器设备等固定资产的投资，也包括对无形资产和长期有价证券的投资。

（2）短期投资。短期投资指能够并且也准备在 1 年或者一个营业周期以内收回的投资，主要指对现金、应收账款、存货及短期有价证券等流动资产的投资，长期有价证券如果能够随时变现也可以用于短期投资。

一般而言，长期投资风险大于短期投资。与此相应，长期投资收益通常高于短期投资，这种收益差别的基础是资金的风险价值，或者是风险因素导致长期投资的收益较高。

事实上，短期与长期投资的区分，并不一定取决于期限的长短，也非投资的形式或内容。因为长期投资和短期投资的投资形式或内容可能相同，如债务性证券、权益性证券及两者兼有的混合性证券等。对企业而言，区分短期和长期投资的关键是从企业本身确定的投资目的加以判断。短期投资的目的通常是为了获取高于日常银行存款利率的利息收入，提高企业短期闲置资金的利用率；在对外投资的同时，为了保证企业资金的流动性和短期偿债能力，因而要求投资回收期短并且变现能力强。长期投资的目的并非只是满足于获取短期的利息收入，还在于实现其长远的战略规划，如扩大综合经营规模、进一步发展企业经营业务、扩大市场占有率等，从而最终为企业取得长期、稳定增长的获利资源。

3. 按照投资的风险程度分类

投资活动按照风险程度，可以分为确定性投资和风险性投资。

（1）确定性投资。确定性投资指风险较小、未来收益可以预测的投资。进行这种投资基本上不需要考虑风险问题。

（2）风险性投资。风险性投资指风险较大、未来收益难以准确预测的投资。大多数战略性投资属于风险性投资，进行这种投资应当考虑风险问题，要求采用科学的分析方法，做出正确的决策。

4.按照投资在再生产过程中的作用分类

投资活动按照在再生产过程中的作用，可以分为初创投资和后续投资。

（1）初创投资。初创投资是指在建立新企业时进行的投资。其特点是投入资金通过建设形成企业的原始资产，为企业生产经营创造必备的条件。

（2）后续投资。后续投资指为巩固和发展企业再生产而进行的投资，包括为维持企业再生产进行的更新性投资、为实现扩大再生产进行的追加性投资、为调整生产经营方向进行的转移性投资等。从理论上讲，企业后续投资至少要维持以前投资的盈利水平，否则企业价值或者每股市价必然会下降。事实上，后续投资收益的水平通常要高于以前的投资，这样企业才能够在竞争中不断地成长壮大。

按照风险与收益对等的原理，后续投资的风险相对较高。如果后续投资是原投资方向的继续，那么从产品生命周期的角度看，后续投资处在产品生命周期的后期阶段，有可能面临产品衰落的风险；如果后续投资的投向与原投资的方向不同，而是开辟一个新的投资领域，其收益的不确定性也会给投资带来较大的风险。

5.按照投资项目的关系分类

投资活动按照投资项目的关系，可以分为独立投资、互斥投资和互补投资。

（1）独立投资。独立投资指可以不管任何其他投资是否得到采纳和实施都不受到显著影响的投资。这种投资的收入和成本也不会因为其他投资的采纳与否而受到影响。

（2）互斥投资。互斥投资指采纳或放弃某一投资就会显著地影响其他投资，或者其他投资的采纳或放弃会使某一投资受到显著的影响。这种投资的收入和成本将会因为采纳或放弃其他投资而受到影响。

（3）互补投资。互补投资指可以同时进行相互配套的投资，如港口和码头、油田和油管都属于互相补充的投资。

投资分类与投资决策密切相关，独立投资不需要考虑其他投资的影响；互斥投资必须考虑在多种投资方案中做出选择；互补投资必须考虑各种投资方案的相互配套。就这三种投资类型的风险与收益来说，独立投资的风险与收益也独立；互斥投资的风险与收益不仅独立，而且取决于投资项目的正确选择；互补投资的风险与收益与各个配套项目是否能够有效地互相补充有关。

在投资分类中，也有按照投资与企业生产经营的关系，将投资分为直接和间接投资两类。直接投资指把资金投放于生产经营性资产，以便获取利润的投资；间接投资指把资金投放于证券等金融资产，以便取得投资利润和资本利息的投资。这种分类与实体投资和金融投资概念一致，只是角度不同。直接投资和间接投资强调了投资是否应当通过金融工具间接投放于生产经营领域，或者直接投放于生产经营领域；而实体投资和金融投资则强调投资的对象性。

（三）投资决策的原则

企业对外投资要想取得良好的投资效益，必须使投资决策科学化，即采用科学的方法，遵循科学的程序，经过有关专家或专门机构的可行性研究和科学论证，选出最优化的方案。企业的投资活动应遵循以下原则：

1.符合企业的发展战略

每个企业都有自己的长远规划和发展战略。投资企业可以根据自己的发展战略，投资组建各种类型的子公司。子公司与投资企业一起形成战略型企业集团，使投资企业成为一个具有生产经营和资本营运、实施集团发展战略、协调成员企业等多种功能的公司制企业。这样做的优势在于：

（1）有利于整体利益最大化。企业集团资本控制不是单纯以母公司或子公司利益最大化为目标，而是以企业集团整体利益为最大化目标。

（2）可持续发展。企业集团不只是光顾眼前的效益，而是着眼于长远财富最大化，实现企业集团的可持续发展，获得长远利益。

（3）组合效应。在各公司之间使生产要素互补及提高专业化分工程序，从而提高资源的利用效率，获得 $1+1>2$ 的效果。

（4）规模经济效益。控制更多企业，提高生产经营规模，产生企业规模扩大而带来的企业投资和经营成本的节约，获得较多利润。

（5）占有市场，减少竞争。靠集团优势提高产品的市场占有率，从而提高对市场的控制能力，提高产品对市场的垄断性，获得更多的超额利润。

（6）优化资本配置结构，获得资源配置效应。通过调整资本存量结构，加速资本资源向高效企业流动，提高资本的流动性和增值性。

2.制定最低限度的投资回报率

企业选择投资项目时，对投资回报有一个期望值，期望值的大小随投资项目的不同而不同。但是项目的最低投资回报率必须大于企业投资成本，否则就没有投资价值。银行的贴现率和银行利率可以作为制定最低投资回报率的依据。在评价对外投资项目的经济效益、计算其回报率方面，可以采用净现值法、现值指数法、内含报酬率法等方法。

3.风险识别原则

投资环境中总要伴随着许多不确定因素，如原材料、能源供应短缺，市场技术形势变化，竞争者的反击等。投资财务后果的不确定性即为投资风险。只有在投资项目中对风险加以充分考虑后，才能确定是否投资。对投资项目进行风险识别就是对投资项目进行不确定性分析。其基本方法是通过计算收益、成本、投资等各类资金流变动，体现它们对项目净现值影响的敏感性。对项目未来不确定性的风险分布进行估计时，采用概率统计方法计算项目的期望净现值，实现从确定性分析到不确定性分析的跨越。在项目未来具有不确定风险分布时，用期望净现值代替确定条件下的净现值。投资风险分析的常用方法是风险调整贴现率法和肯定当量法。

（四）投资决策分析的方法

企业投资决策方法的运用，要依赖于一系列决策的程序来进行。整个决策程序就是由在各个阶段运用各种不同的决策方法对项目的评价过程组成。因此，企业投资决策方法就是由投资决策的基本程序和整个决策过程中各种不同的评价方法综合反映，其核心是项目评价方法。企业运用投资决策方法可以把各种行动方案的可能结果简单明了地表示出来，帮助决策分析者和企业最高决策层认识各种行动方案的本质并权衡利弊得失，最终做出合理的选择。

1.投资决策的一般标准

在存在很多互相排斥的投资方案时，企业最高决策层必须在众多的备选方案中选出一个最优方案，即使面临的是单一投资方案也要做出"采用"或"不采用"的选择。显然，企业在选择最优方案时应有一个客观标准。

进行投资决策的选优标准有许多，具体而言，主要包括：一是收益最大；二是成本最小；三是收益与成本之比最大；四是承担可能遭受损失的风险最小；五是资金周转速度最快；六是企业发展速度最快；七是企业的市场占有率最大；八是企业的信誉最好。

事实上，对于任何一个具体的投资方案来讲，不可能同时满足上述所有标准。一般情况下，企业采用的选优标准往往是单一的，以第一项或第三项最多。当企业面临更新改造决策时，多采用第二项标准。

2.非贴现的分析评价方法

非贴现的分析评价方法是在评价投资方案的经济效益时不考虑资金的时间价值，而把不同时点的货币看成是等量的货币。所以，这类方法在选择方案时仅起辅助作用。非贴现的分析评价方法包括以下种类：

（1）投资回收期法。回收期即投资返本的年限，投资回收期法是根据回收原始投资额需要时间的长短进行投资决策分析的方法。

①计算方法。投资回收期法的计算分为以下两种情况：

当原始投资一次性支出，每年现金流入量相等时。

投资回收期＝原始投资额 ÷ 每年现金流入量

如果每年现金流入量不等，则采用下列公式计算投资回收期。

$$项目投资总额 = \sum_{t=1}^{n} 现金流入量$$

例如，一个项目的初始投资为 200000 元，其后几年现金流入量分别为 5000 元、100000 元、100000 元和 20000 元，而且这些现金流入在 1 年中均衡收到。那么这一项目的回收期为 2.5 年。

具体计算过程是：在第二年年底，项目投资收回了 150000 元（50000 + 100000），第三年现金流入是 10000 元，相当于每 6 个月收回 50000 元，因此，到 2.5 年时，现金流入量恰恰与初始投资投入的 200000 元相等。

②评价。投资回收期法的优点在于：一是这种方法不仅计算简单，而且易于理解，不需要针对特定项目、使用适当的机会成本做出任何假设；二是充分考虑了风险因素，对投资者而言，投资回收越快其安全系数就越高。

投资回收期法的缺点在于：一是回收期法忽略了货币的时间价值，因此，当两个项目的回收期一致时，即使在一个项目所有投资回收都发生在回收期的最后 1 年中，而另一个项目所有投资回收是均衡地发生在回收期各个年份的情况下，仍被认为相互对等；二是回收期法还忽略了回收期后的现金流动状况，即忽略了项目的"获利能力"。两个投资额相等的项目，如果直到回收期满每年产生的现金流动的状况都一致，其回收期也就一致。但如果一项投资在回收期后不再有现金流入，而另一项目仍然有现金流入，很显然后一项目的净现值较高，而其实际获利能力却被低估。

（2）会计报酬率法。会计报酬率法是将项目产生的净收益作为项目的收益进行评价的分析方法。会计报酬率法最为常见的形式是项目的年平均收益与平均投资额的比率。年平均收益等于年平均现金流量减去年平均折旧额。应用会计报酬率法应注意以下几点：

①应选择会计报酬率较高的项目。会计报酬率越高说明获利能力越强。当项目会计报酬率高于或等于行业基准报酬率时，则项目可行。

②会计报酬率法的优点。会计报酬率法的优点在于：一是考虑了投资方案在整个寿命周期内全部的现金流量，这在一定程度上反映了项目的盈利能力；二是使用简便，可以使用财务报表中的数据。

③会计报酬率法的缺点。会计报酬率法的缺点在于：与投资回收期法一样，也没有考虑货币的时间价值。由于会计报酬率的计算涉及期限远远长于投资回收期法，因此在这一点上，会计报酬率法忽视货币时间价值产生的后果远比投资回收期法严重。会计报酬率法一般不能独立使用。

企业进行投资决策时，只有按照投资决策的具体对象、时间，当时的经济及法律环境等因素，选择最适合自身的投资决策方法进行分析评价，才能保证决策的科学性。

3. 贴现的分析评价方法

由于资金的时间价值是客观存在的，因而过多地依靠非贴现的分析方法不可避免地会造成决策的失误。在投资分析中应以贴现的分析方法为主，非贴现的方法为辅。

贴现的分析方法主要有净现值法、现值指数法和内含报酬率法。

贴现的分析评价方法考虑了资金的时间价值，更能反映和把握客观实际状况，是现代投资决策中广泛应用的方法。在很多投资决策项目中，贴现的分析评价方法常与非贴现的分析评价方法结合起来使用，以加强决策的系统性和科学性。

（1）净现值法。净现值法是在考虑货币时间价值的基础上，按照一定的利率分别计算一定期限内的现金流入量现值和现金流出量现值的差额，并对它们再进行比较的方法。这里的利率可以看作被投资者能接受的最低回报率。如果一个投资方案的预期获得水平超过这个回报率，就可以考虑接受；反之则舍弃。

净现值法的优点在于：一是考虑了货币的时间价值；二是考虑了整个项目期间的现金流入与流出情况；三是能够明确项目对企业的贡献，从而可以根据理财目标直接判断项目的优劣。净现值法揭示了整个项目对企业贡献的大小，但并未揭示投资水平高低。

注意事项。应用净现值法应注意以下几点：

①应选择净现值大的方案。如果净现值为正数，表明该投资方案的现金流入量现值大于现金流出量现值，该投资方案的投资报酬率大于预定的贴现率，该方案可行；如果净现值为负数，表明该投资方案的现金流入量现值小于现金流出量现值，该投资方案的投资报酬率小于预定的贴现率，该方案则不可行。

如果对几个可行的投资项目进行选择，则应选择净现值较大的投资项目。

②折现率确定问题。折现率一般采用贷款利率或资金成本率表示；通常采用资金成本率更为恰当。当净现值为零时，说明按照贷款利率或资金成本率折现的现金净流量数值正好等于原始投资额。折现率越低，净现值越有可能成为正值，净现值越大；反之，折现率越高，净现值越有可能成为负值，净现值越小。也就是说，资金成本率高低对于项目收益有着重要的影响。

（2）现值指数法。

现值指数是指投资项目未来一定期限内现金流入量的现值同现金流出量现值之比。现值指数法是根据投资方案现值指数是否大于1来确定该方案是否可行的决策分析方法。

①计算方法。现值指数法的计算公式为：

现值指数＝现金流入净额现值 ÷ 投资额现值

②评价。现值指数法考虑了货币的时间价值和整个项目周期全部的现金流入与流出量。同时，由于现值指数以相对数表示，能够适用于投资项目不同投资额方案之间的比较分析。现值指数法不能够揭示项目对企业贡献额的大小，不能够依此判断股东财富的增加数。

③注意事项。运用现值指数法应注意：应选择现值指数较大的项目。根据计算结

果，如果现值指数大于 1，则说明现金流入量现值大于现金流出量现值，收益大于成本，项目可行；反之则不可行。

第三节　财务预算

一、财务预算概述

随着市场经济的发展，企业以实现整体效益最大化为目标，在现代财务管理过程中，越来越多的企业建立了以预算管理为主线的现代企业管理体系，通过权责分散，监督集中的方式，建立健全内部约束机制，规范财务管理行为，体现企业的整体优势，创造持续的竞争优势。

预算管理是指利用预算确定和实现企业年度经营目标的过程，是围绕企业的战略要求和发展规划，对预算期间内企业资源的配置、资金的取得和投放、收入和支出、经营成果及其分配等资金运作的具体安排。是以年度预算为导向，以月度、季度滚动预算为控制手段，覆盖企业的生产、经营、管理各个环节，全员参与、全程跟踪与控制的管理过程，是落实经济责任制的依据。

（一）财务预算的概念

财务预算是一系列专门反映企业未来一定预算期内预计财务状况和经营成果，以及现金收支以等价值指标的各种预算的总称。包括现金预算、预计利润表、预计资产负债表。财务预算是企业全面预算的一部分，它和其他预算是联系在一起的，整个全面预算是一个数字相互衔接的整体。企业进行财务预算的意义是：

1. 实行财务预算管理是现代企业管理的迫切需要

现代企业是组织社会化大生产的营利性组织，是市场经济的主体。为了求得企业的生存、盈利和发展，必须打破传统职能管理的界限，将企业视为一个整体，在战略目标及战略计划的指导下，注重企业内部综合协调管理，强化企业管理的计划、组织、控制和协调职能，只有这样，才能让所有职能部门和所属单位的目标与企业整体目标趋同，从而使得投资者的战略决策与经营者的管理行为相一致。这种管理格局无疑需要企业管理有一条主线，将企业各职能部门的管理工作和所属单位的生产经营活动贯穿起来，从而提高企业整体的管理效率和经济效益。发达国家成功企业的经验证明，这条主线就是预算管理。在国外，预算管理已经经过很长时间的应用和发展。在美国，90% 以上的企业都要求实施预算管理；欧洲一些国家甚至要求 100% 的企业都做预算。因此，实行预算管理是企业管理的迫切需要，搞好企业预算管理并在管理中产生效益，是检验现代企业管理科学化的主要标志之一。

2. 实行财务预算管理是产权制度变革的必然选择

在传统的计划经济体制下，国家是国有企业唯一的投资者（或所有者）。投资者（或所有者）关心的中心是经营成果——首先是产品，进而是利润，管理者的管理中心当然与投资者相一致。随着我国经济体制改革的不断深入，企业的产权结构发生了变化，逐渐趋势于多元化，出现了分散的多元化的投资者群体。企业也出现了所有权与经营权的两权分离。分散投资者不仅关注企业当前的经营成果，而且关注企业未来的发展前景；不仅关注企业当前实现的利润，而且关注企业未来的盈利能力和发展能力；不仅关注利润的总额，而且关注利润的质量。

在这种情况下，为了适应投资者的需要，经营者对企业的控制和规划，当然也要从经营结果（利润预算）扩大到经营过程（业务预算和资金预算），并进而延伸到经营质量（资产负债预算和现金流量预算）。因此，推行预算管理是企业投资者和经营者在产权制度变革新形势下的必然选择。

3. 实行财务预算管理是现代企业财务管理适应财务活动性质变化的有效机制

随着市场经济的发展，我国的经济运行机制与企业体制都发生了深刻的变化。企业与国家、企业与企业、企业与金融机构、企业与职工之间的关系也发生了显著的变化，必须逐渐地按照市场经济规律与等价交换的原则运行。企业的财务活动已成为连接市场和企业的桥梁和纽带，不再是简单的资金收付活动，而是包括资金筹措、投资决策与日常管理等多项内容在内的十分复杂的活动。随着企业财务活动性质的转变，对企业财务活动的管理提出了更高的要求。

现代企业的财务管理，不仅要对不同的投资方案进行比较和选择，还要为企业的生产经营活动筹措资金，以及对资金的日常运用进行管理。企业能否有效地预算所需资金的金额，是否能有效地筹集资金，并将其配置在适当的地方等，这些企业财务活动的有效与否不仅关系到一个企业的生存与发展，而且将影响到整个社会经济的发展。因此，企业迫切需要建立一个与市场经济体制、现代企业财务活动性质相适应的财务管理机制。根据成功企业的经验，预算管理是市场经济条件下，现代企业实施财务管理的有效机制。

4. 实行财务预算管理是企业资本经营机制运行的必然需要

引入"资本"概念，开展资本经营是我国建立社会主义市场经济体制和现代企业制度过程中最有意义的进步之一。在市场经济条件下，企业存在的目的是追求利润，企业财务管理的目标是使企业和投资者得到最大限度的财富，即满足资本利润最大化的要求。要使资本真正能够实现利润最大化的功能，就必须建立和完善资本经营机制，必须促使企业按照资本经营机制的内在要求进行运作，广泛有效地进行资本经营。

资本经营机制就是对资金有效管理、控制和运行的机制。预算管理是在科学经营预测与决策的基础上，围绕企业战略目标，对一定时期内企业资金的筹集、使用、分配等财务活动所进行的计划与规划，使生产经营活动按照预定的计划与规划进行流转和运动，以实现企业理财目标的有效管理机制，与资本经营机制的内在要求是一致的。因此，实行预算管理是企业资本经营机制运行的必然需要。企业要进行资本经营，必然要引入财务预算管理机制。

5. 实行财务预算管理是促进企业提高经济效益的有效途径

（1）以市场为导向，以销售为龙头，以产定销的财务预算管理，是连接市场与企业的纽带和桥梁。企业在实现理财目标的过程中，要解决的关键问题是把市场需求与企业内部资源有机地结合起来。通过预算管理，可以合理配置企业内部资源，以保证最大限度满足市场需求，长期在市场上获得最大收益。

（2）在市场销售一定、销售价格一定的情况下，降低成本费用是提高经济效益的关键。在预算管理过程中，在对外扩大销售的基础上，企业始终坚持以成本费用控制为重点，从而为直接提高企业经济效益奠定了坚实的基础。

（3）预算管理实行程序化管理，通过自上而下、自下而上的"讨价还价"过程，将预算指标层层分解，落实到各责任单位，将经济效益目标落到实处，为提高企业经济效益提供了可靠的保证。

（4）企业预算管理的重心从经营结果（目标利润）延伸到经营过程（业务预算和资金预算），并进而扩展到经营质量（资产负债预算和现金流量预算），为提高经济效益提供了广阔的空间和时间。

企业编制财务预算应当按照内部经济活动的责任权限进行，并遵循以下基本原则和要求：

①坚持效益优先原则，实行总量平衡，进行全面预算管理；
②坚持积极稳健原则，确保以收定支，加强财务风险控制；
③坚持权责对等原则，确保切实可行，围绕经营战略实施。

（二）财务预算的步骤

企业编制财务预算的步骤如下：

1. 分析企业经营环境以及竞争优势，确定并下达企业财务预算目标

企业董事会或经理办公会根据企业发展战略和预算期经济形势的初步预测，在决策的基础上，一般于每年9月底以前提出下一年度企业财务预算目标，包括销售或营业目标、成本费用目标、利润目标和现金流量目标，并确定财务预算编制的政策，由财务预算委员会下达各预算执行单位。

2. 编制上报

各预算执行部门按照企业财务预算委员会下达的财务预算目标和政策，结合自身

特点以及预测的执行条件，提出详细的本单位财务预算方案，于 10 月底前上报企业财务管理部门。

3. 审查平衡

企业财务管理部门对各预算执行单位上报的财务预算方案进行审查、汇总，提出综合平衡的建议。在审查、平衡过程中，财务预算委员会应当进行充分协调，对发现的问题提出初步调整的意见，并反馈给有关预算执行单位予以修正。

4. 审议批准

企业财务管理部门在有关预算执行单位修正调整的基础上，编制出企业财务预算方案，报财务预算委员会讨论。对于不符合企业发展战略或者财务预算目标的事项，企业财务预算委员会应当责成有关预算执行单位进一步修订、调整。在讨论、调整的基础上，企业财务管理部门正式编制企业年度财务预算草案，提交董事会或经理办公会审议批准。

二、财务预算目标

（一）确定财务预算目标应遵循的原则

1. 财务预算目标的作用

在编制财务预算之前必须确定好财务预算目标。财务预算目标应与企业发展目标一致，而财务预算目标的实现应有助于企业长远战略目标的实现。编制预算就是制定近期的目标和方向，并通过执行使预算管理目标落到实处，促使企业充分挖掘与合理利用一切人力、物力和财力，从而取得最大的经济效益。预算目标的确立，一方面可以起到引导企业各项活动按照预定规划进行、防止出现或及时纠正偏差的作用；另一方面还可以最大限度地发挥企业员工的积极性，提高企业经济效益。具体而言，科学合理的财务预算管理目标具有以下作用：

（1）明确企业工作努力的方向。由于财务预算目标充分体现了企业整体规划与各级责任单位和个人具体计划相结合的思路，并详细列举了达到各目标拟采取的方法和步骤，有助于各级责任单位和个人做到心中有数，了解自己的工作和岗位在企业整体生产经营活动中的位置，明白自身具体预算目标与企业整体预算目标之间的关系，认清为实现企业整体预算目标的努力方向。

（2）沟通、协调各级责任单位和个人的工作。财务预算目标的制定过程本身就是一个自下而上、自上而下的上下沟通、协调的过程，在这一过程中企业内部各级责任单位和个人的利益都被考虑进去，并与企业整体利益取得一致。而好的预算目标更是能够起到沟通各方信息、协调各级责任单位和个人配合工作的作用，共同为创造企业经济效益最大化而奋斗。

（3）控制企业的日常生产经营活动。在日常生产经营活动中，企业预算管理者和执行者对企业财务预算目标加以对比、分析后，可以发现工作中的不足，使他们能够及时调整、监督预算的执行与落实，促使生产经营活动有序、稳定及高效地运行。

（4）提供考评与激励各级责任单位和个人的科学依据。科学合理的财务预算目标便于对各级责任单位和个人实施量化的业绩考核和奖惩制度，使企业在激励相关部门和人员时有了合理、可靠的依据，能够对员工实施公正的奖惩，以便奖勤罚懒，调动员工的积极性，激励员工共同努力，确保企业战略目标的最终实现。

2.确定财务预算目标应遵循的原则

企业财务预算目标作为企业战略目标在特定预算期的具体体现，应适应企业长远战略目标实现的要求，而财务预算目标要通过预算的编制来体现，通过预算的执行、监督来落实。企业财务预算目标必须从企业自身情况和市场经济环境以及对于未来发展趋势的预测出发来综合考虑制定，一旦确定，就应当在一定时期内保持其稳定性。在实际工作中，企业财务预算目标的确定应遵循以下原则：

（1）先进性与可行性兼顾原则。财务预算目标作为企业对未来生产经营活动的整体规划，自然要注意先进性原则，财务预算目标应高于企业现在已经达到的水平，需要企业上下一起努力奋斗方可实现，并有助于企业效益的提高。如果一味地强调目标制定的先进性原则，而忽视企业自身的技术、管理水平和历史情况等因素，制定的目标缺乏现实可行性，就会挫伤员工的积极性，在工作中产生望而却步的情绪，不利于改进生产和管理方式，无助于企业效益的提高。因此，在财务预算目标的确定过程中一定要兼顾目标的先进性和现实可行性。

（2）整体规划与具体计划相结合原则。财务预算管理与企业战略管理有着紧密联系，其目标的选择自然要充分考虑企业战略管理的要求，以便于实现企业战略目标。因此，确定企业财务预算目标时，首先应有一个整体意识，凡事都要从全局出发，从企业整体的长远发展来考虑。然而，财务预算管理毕竟不同于企业战略管理，财务预算管理所跨期间一般是 1 年或更短的时间，而企业战略的时间跨度往往是 3 ~ 5 年或更长的时间；财务预算强调近期特定目标、任务的完成，企业战略则是对企业长远发展的一种战略定位和谋划；财务预算目标与企业战略目标相比应当更加具有操作性，其分阶段的实施将最终实现企业战略目标。因此，为便于实施、控制、考评和监督，还应注意财务预算目标的可分解性，它应当是一个由企业整体规划目标和分解后具有极强操作性的具体计划共同构成的有机体系。

（3）外部市场与企业内部条件相结合原则。财务预算目标不是主观臆想的，它必须以市场预测为基础，脱离市场这一现实基础的财务预算目标很难起到其应有的指导作用。在确定企业财务预算目标时，要充分考虑市场竞争与风险，包括产品市场、原材料市场、劳务市场和资本市场等各种与企业利益相关的市场价格、未来走向等因素；

同时，应全面考虑企业内部条件，将外部市场与企业内部条件紧密联系起来，围绕市场做文章。财务预算目标的确定应当综合考虑外部市场与企业内部条件，将两者很好地联系起来，做出最优决策。

（二）财务预算目标的要求

确定财务预算目标能将企业的努力方向具体化、数量化，变成各部门、各层次职工的行动准则。这样不仅明确了企业的工作重点，而且提供了评价工作绩效的标准。预算目标的恰当与否关系到全面预算管理体系是否有效，其重要性不言而喻。

由于预算是决策结果的具体化，因此，预算目标应该是决策目标的具体化，必须服从决策目标的要求。正确的财务预算目标要体现以下一些要求：

1. 导向性

财务预算目标以资本增值为导向，充分反映企业的战略，有利于企业可持续发展和增强企业核心竞争力。

2. 可操作性

在确定财务预算目标时应注意与战略目标区分开来。战略目标是企业面对激烈变化、严峻挑战的经营环境，为求得长期生存和不断发展而确定的总体性谋划的目标。财务预算目标一般是年度目标，是对企业的短期规划。显然，财务预算目标不能等同于战略目标，它只是战略的体现，因此，必须选择既反映企业战略又在实际中可操作的预算指标，以此来反映企业财务预算目标。

3. 可行性

财务预算目标应该反映企业未来可能实现的最佳水平，既先进又合理。在确定预算目标时，应避免两种倾向：一是定位过高，这容易导致预算难以实现，缺乏可操作性；二是定位过低，太容易实现，丧失了预算的作用。

4. 有效性

财务预算目标应起到明确责任、有效激励的作用。企业通过责任中心的建立，将企业总预算目标层层分解为责任单位的责任预算目标，最终将责任落实到每个人的身上，使每个人都明确自身的责任，把握努力的方向。财务预算目标既是预算执行的控制标准，又是业绩考核的标准，根据实际数与预算目标的对比进行差异分析，确定预算执行单位的业绩好坏并实施相应的奖惩措施，从而实现有效的激励。

5. 严肃性

财务预算目标必须以客观存在的市场环境、技术发展状况等为背景，以现实参数为依据；同时，财务预算目标需要经过反复测算和调整后方能最终确定，确定后的财务预算目标应保持相对稳定，不作随意更改。

6. 层次性

现代企业管理层次可以分为企业高级管理层、业务部门和战略经营单位三个层次。这三个层次在管理控制系统承担的职责和工作不同，财务预算目标也应该与管理层次相适应，以利于企业各管理层次发挥作用。

（三）财务预算目标的内容

财务预算目标是可以从财务角度进行货币计量，如销售增长率、成本降低率、利润、贡献毛益、投资利润率、剩余收益等。企业一般根据责任单位的不同类型确定相应的财务预算目标，这些财务预算目标反映了责任单位各自应承担的责任和相应具有的权利。

1. 收入责任中心的财务预算目标

收入责任中心是指只对销售收入负责的责任单位，其目的是强化销售功能，加强收入管理，及时收回钱款，控制坏账的发生。对应于收入中心推销产品的主要职能，可以将销售收入作为其预算目标。在考核时，采用销售增长率作为考核指标，其计算公式为：

销售增长率＝（实际销售收入－预算销售收入）÷预算销售收入 ×100%

2. 成本费用责任中心的财务预算目标

成本费用责任中心是对成本或费用负责的责任单位。企业内部凡是有成本发生，需要对成本负责并实施成本控制的单位都可以成为成本中心。成本中心只对可控成本承担责任，一个成本中心的各项可控成本之和即构成了该成本中心的责任成本。与此相对应，可以将责任成本作为成本中心的预算目标。在考核时，以成本降低率作为考核指标，其计算公式为：

成本降低率＝（实际责任成本－预算责任成本）÷预算责任成本 ×100%

以上公式如果在预算产量和实际产量不一致的情况下，应按弹性预算的方法用实际产量调整预算责任成本项目，使实际责任成本和预算责任成本两者可比。

3. 利润责任中心的财务预算目标

利润责任中心是指对利润负责的责任单位，对此，应将利润作为其预算目标。

在各个利润中心的共同成本难以合理分摊或无须进行分摊的情况下，确定利润目标时可以只计算可控成本而不分摊不可控成本。在一般情况下，利润中心的可控成本是变动成本。所以，这时确定的利润目标并不是通常意义上的利润，而是相当于贡献毛益。企业各利润中心的贡献毛益之和减去未分配的共同成本，经过调整后才是通常意义上的利润总额。

在各个利润中心的共同成本易于合理分摊或不存在共同成本分摊的情况下，确定利润目标时应将可控成本和不可控成本均计算在内，即计算完整意义上的利润。

为了便于对利润中心负责人的经营业绩进行考核，有必要将各利润中心的固定成本区分为可控成本和不可控成本，在此基础上进一步确定利润中心负责人可控利润的目标。考虑到有些成本费用，如广告费、保险费等可以分摊到利润中心，却不能为利润中心负责人所控制，因而，在确定利润中心负责人可控利润的目标时应剔除不可控固定成本。其计算公式为：

可控利润＝该利润中心贡献毛益总和－该利润中心负责人可控固定成本

4.投资责任中心的财务预算目标

投资责任中心是既对收入、成本和利润负责又对投资效果负责的责任单位，它具有投资决策权，承担的责任最大。投资中心同时也是利润中心，但投资中心除了寻求利润方面的目标以外，更需要寻求投资效果方面的目标。因此，投资中心的预算目标应该能够体现利润与投资额之间的关系。投资利润率、剩余收益和经济增加值能够满足这一要求，可以用来确定投资中心的预算目标。

（1）投资利润率。投资利润率是指投资中心所获得的利润与投资额之间的比率，它反映投入资产的使用效率。其计算公式为：

投资利润率＝利润 ÷ 投资额＝销售利润率 × 资产周转率 ×100%

投资利润率能够反映投资中心的综合盈利能力。从投资利润率的分解公式可以看出，投资利润率高低与收入、成本、投资额和周转能力有关，提高投资利润率应通过增收节支、加速周转、减少投入来实现。投资利润率可以作为选择投资机会的依据，有利于调整资产的存量，优化资源配置。以投资利润率作为投资中心的预算目标，将各投资中心的投入与产出进行比较，剔除了因投资额不同而导致利润差异的不可比因素，有利于进行各投资中心经营业绩的横向比较，并且可以正确引导投资中心的经营管理行为。

使用投资利润率作为预算目标时，往往会使投资中心只顾本身利益而忽视整体利益。比如，当总公司的平均投资利润率为15%、作为投资中心的某子公司的平均投资利润率为20%的情况下，如果有一个投资方案，投资利润率为18%，则从总公司的角度看，该方案可行，而从子公司角度看，为保持其较高的投资利润率可能放弃该方案。

（2）剩余收益。剩余收益是指投资中心获得的利润减去其预期的最低投资收益后的余额。其计算公式为：

剩余收益＝利润－投资额 × 预期最低投资利润率

使用剩余收益来确定投资中心的预算目标时要注意该公式中项目的口径应保持一致。利润可以用息税前利润，也可以用税后净利。与息税前利润相对应的投资额是总资产，投资利润率是指总资产利润率。与税后净利相对应的投资额是指净资产，投资利润率是指净资产利润率。总资产利润率是为了强化总资产的运用管理，净资产利润率是为了强化净资产的运用管理，两者目标不尽一致。具体采用哪种形式应该结合投资中心自身的特点加以选择。

上式中的预期最低投资利润率通常是指企业为保证其生产经营正常、持续进行所必须达到的最低报酬水平，一般可以用公司的平均利润率来代替。

以剩余收益作为投资中心预算目标，要求各投资中心的投资利润率大于预期最低投资利润率，这避免了投资中心狭隘的本位倾向，即单纯追求投资利润而放弃一些有利可图的投资项目。这样，可以保证各投资中心获利目标与公司总获利目标取得一致。

（3）经济增加值。经济增加值指企业利润减去资本成本总额之后的余额。如果不考虑所得税，其计算公式为：

经济增加值＝息税前利润－投资额 × 加权平均资本成本

如果考虑所得税，其计算公式为：

经济增加值＝税后利润－权益资本 × 加权平均权益资本成本

财务报告中的会计利润只扣除债务资金成本，而没有将权益资金成本作为费用扣除。在经济增加值计算过程中，不仅要扣除债务资金成本，而且要扣除权益资金成本。

由于在经济附加值计算中权益资本成本被准确地计算并从收益中扣除，而在会计处理中则不把权益资本成本作为利润减除项目，因此，采用经济附加值计算的利润要少于向股东报告的基于会计准则计算的会计利润。

经济增加值评价指标有较大的灵活性。对于风险不同的投资项目，管理者可以设定选用不同的风险调整资本成本。不仅企业内不同业务单位的资本成本可能不同，而且同一部门内不同风险水平的资产其资本成本也可能有所不同，如现金或应收款与长期固定资产的风险就不同，经济增加值的计算考虑了实际存在的这些差异。

经济附加值基于经济学的新近发展，特别是"资本资产定价模型"，推导出体现该行业或部门的风险特征的加权平均资本成本，它实质上是对剩余收益评价方法的深化。

经济附加值要求企业管理者制定公司全面的资本成本，或者制定某个部门或业务单元的资本成本，这有一定的难度。20 世纪 60 年代中期以前，西方公司的高级管理人员一直不愿意详细测定公司或部门的资本成本，尤其是当他们必须为部门或各类资产的风险程度进行计算时。直到 20 世纪 60 年代中期，由学术界推导的"资本资产定价模型"被广泛了解并接受后，公司管理人员才渐渐开始使用该模型评价资本的风险调整成本，并据以计算经济增加值。

（四）财务预算目标的制定

1. 财务预算目标的制定方法

不同层次的责任单位由于权责范围不同，其确定的财务预算目标也不同。但是，这些不同层次的预算目标却紧密相连，上层的预算目标可以分解成下层的预算目标。在这些不同层次的目标中，利润目标是关键。由于利润是收入减去成本费用的结果，因而销售收入目标和成本费用目标可以根据利润目标来分解落实。在投资额既定的前提下，利润目标的实现意味着投资利润率目标的实现。可见，利润目标是关键的预算目标。与财务预算目标相比较，非财务预算目标的独立性较强，不同部门根据其职能所确定的非财务预算目标并非一种分解或汇总的关系，但是这些非财务预算目标制定的出发点与要达到的目的是一致的，那就是抓住成功的关键因素，实现财务预算目标。在此，我们仅探讨利润目标的确定方法，以及在此基础上对利润目标的分解落实。

有的企业根据事先预计的销售量、成本、价格水平，按照本量利关系测算可望实现的利润，并以此作为利润目标。如果企业按照完全成本法来测算利润，其计算公式为：

预计利润＝（预计单价－预计单位产品成本－预计单位产品销售税金及附加）×预计销售数量＋预计其他业务利润＋预计投资净收益＋预计营业外收支净额

运用上式时，应注意预计单位产品成本不能简单地用基期的单位产品成本来替代。在完全成本法下，单位产品成本随着产量的变化而作反向变化，但并非反比例变化。

如果企业按照变动成本法来测算利润，其计算公式为：

预计利润＝（预计单价－预计单位变动成本）×预计销售量－预计固定成本总额

运用上式时，需要对变动成本和固定成本做出界定。

利润目标作为关键的财务预算目标应具有指导性，它不是业务量、成本、价格的消极后果。相反，它对上述因素的未来发展起着某种规定或约束作用。上述按照完全成本法或按照变动成本法测算利润并据以确定利润目标的做法具有共同的特性，即销售量、成本、价格等因素为自变量，以它们的事先存在为前提，利润只能是因变量，缺乏指导性。合适的做法是：首先确定利润目标，然后及时地落实为实现利润目标而需要在产量、成本、价格等方面所要达到的目标及有关措施。确定利润目标步骤大致如下：

（1）确定利润率标准。在调查研究的基础上，了解和掌握企业历史利润率最高水平以及当前同业或社会平均的利润率水平，从中选择某项先进合理的利润率作为预测基础。可供选择的利润率主要有销售利润率、产值利润率和资金利润率。利润率标准不应定得过高或过低，否则会影响有关部门或人员的积极性和主动性。

（2）计算利润目标基数。将选定的利润率标准乘以企业预期应达到的有关业务量及资金指标，便可以测算出目标利润基数。其相关计算公式为：

利润目标基数＝预计销售额 × 销售利润率标准

利润目标基数＝预计工业总产值 × 产值利润率

利润目标基数＝预计资金平均占用额 × 资金利润率

（3）确定利润目标修正值。利润目标修正值是对利润目标基数的调整额。一般可以先将利润目标基数与按照本量利关系测算的利润进行比较分析，并按照本量利分析的原理分项测算为实现目标利润基数而应采取的各项措施，即分别计算各因素的期望值，并分析其可能性。如若期望值与可能性相差较大，则适当修改目标利润，确定利润目标修正值。这个过程可以反复测算多次，直至各项因素期望值均具有现实可能性为止。

（4）确定利润目标。最终下达的利润目标应该为利润目标基数与修正值的代数和。它应反映或能够适应预算期企业可望达到的生产经营能力、技术质量保证、资金物资供应、人员配备以及市场环境约束等条件。利润目标确定后应层层分解落实，作为采取相应措施的依据。

2. 制定财务预算目标需要考虑的关键因素

任何目标的确立，从根本上讲都是委托者和代理者的利益的协调过程。科学的财务预算目标有利于企业的长期发展，有利于日常管理工作的有序进行，有利于战略的最终实现；反之，不好的财务预算目标会使管理效率与效益大打折扣，使企业的管理工作处于无序的境地。制定合理的财务预算目标要考虑以下关键因素。

（1）财务预算目标要根据企业战略目标来制定。企业战略与企业的发展方向、未来目标、实现目标的途径和政策的选择或决策有关，是对企业内部条件与外部环境中根本性变化的积极反应。企业战略决策涉及企业经营方向和范围的改变，回答企业在面对环境和条件变化的情况下何去何从的问题，规定了企业的宗旨和目标，以及实现目标的途径。财务预算目标是根据企业战略目标在近期内的具体化，根据外部环境与企业内部资源结合后在近期内的实施计划。因此，要根据企业不同的发展时期和不同的战略来制定不同的经营目标。

①市场启动期。这一阶段，企业要对技术开发和随后的市场营销进行大量投资。如果在这阶段工作成功，则需要在固定资金、营运资本、市场营销上进行更大的投资；但如果在这阶段工作失败，企业在该项目上的现金流可能是负值。另外，实物投资弹性小、调整难度高，因此其投资风险大；同时，产品启动期需要研究与开发费用、市场调研费用，这些收益性支出都是企业在初始阶段必不可少的，因此融资风险较大，必须加强对资本的预算。

②市场成长期。此时企业所面临的风险主要来自两方面：一方面是产品能否为市场所完全接受，能在多高价格上接受，即表现为经营风险；另一方面是现金流负值，即由于大量市场费用投入及各种有利于客户的信息条件和信用政策的制定，从而补充了大量的流动资产。因此，现金流量仍然出现入不抵出的状态，此时，全面预算管理的重点是提高市场占有率，以营销目标管理为中心。

③市场成熟期。在这一阶段，一方面市场增长减慢，但企业都占有相对较高、较稳定的份额，市场价格也趋于稳定；另一方面由于大量销售和较大资本支出使现金流量为正数，企业经营风险相对较低，但潜在压力却相当大。此时，企业可以采取以市场为导向、以成本预算为核心的预算管理模式。

④市场衰退期。此时，一方面原有市场产品已经被市场所抛弃，或者被其他替代产品所替代，因此市场趋于萎缩；另一方面财务特征主要是大量应收账款，而未来的潜在投资项目均未停止，此时现金流量是预算中的一个核心问题。因此，以现金流量为核心，必然是该时期的主要目的。

（2）企业要建立战略研究机制。美国企业的董事会一般都设置高水平的战略研究规划部门，由首席经济学家负责组织企业内外的研究力量，作为董事会的智囊，分析企业所处的生存环境，包括国家宏观政策、行业发展趋势、竞争对手状况等内容，并据此制定企业营销、产品、研发、投资、融资等方面的策略及企业 3 ~ 5 年的发展规划。与经营层相比，董事会研究企业的角度更侧重于宏观和行业分析，所投入的人力和财力更大，掌握的信息翔实、全面，研究的结果可信度高。董事会基于这样一种研究成果而制定的预算目标往往比较贴近实际，具有一定的先进性和前瞻性。

（3）企业要建立可承受的业务构架。企业建立可承受的业务构架实际上是企业经营中的一种观念转变，这种转变对企业制定积极的预算目标具有一定的促进作用。可承受的业务构架指企业存在的最终目的是为股东挣钱，实现股东权益增值，否则就失去存在的意义。要实现这一目标，企业必须在消费者可以承受的价格下提供消费者满意的服务和产品，并获得足够的利润来满足股东的需要。企业实际上是在股东和消费者的夹缝中生存。股东提供可以承受的投资规模，要求既定的投资回报；消费者支付可以承受的价格，要求一定的产品质量和性能。这些因素对企业来说都是刚性的和不可变的。企业能够做到的是在满足这些刚性条件下，改变自身的经营规模和成本费用，满足股东和消费者的利益需求。这种"建立可承受的业务构架"的思维模式为企业制定预算目标明确了指导思想，即股东要求的投资回报水平是对企业的刚性要求，企业没有讨价还价的余地，企业不能达到这一目标，经营者或者是企业自身就会被淘汰出局。因此，企业必须积极调整自身的生产经营策略，调整规模，降低成本费用，主动适应股东和市场的客观需求。

（4）广泛使用"杠杆法"。美国大企业的董事会在制定财务预算目标和审查预算时，通常使用"杠杆法"，即参照同行业各项经营指标的平均或先进水平，在考虑企业的行业竞争策略的基础上，合理确定企业的财务预算目标。美国企业采用此种方法的原因有二：一是保持企业的行业竞争优势，培植核心竞争力；二是解决董事会在制定财务预算目标和审查预算过程中的信息不对称问题。道理很简单，企业经营者身处企业经营一线，掌握信息远比董事会深入、详细；为防止企业经营者故意低报预算目标，董事会必须侧重于企业整体发展战略以及行业信息等宏观面的研究和分析，利用行业杠杆确定合理的预算目标。

（5）以财务预算目标为依据进行资源分配。美国许多企业在制定财务预算目标时往往高估预算目标，与国内企业低报预算目标正好相反。其原因在于：美国的预算目标是与企业的资源分配紧密联系的，企业能获得多少资源取决于是否具有快速发展的预算目标，董事会是否认可这一目标。高速增长的预算目标往往由增量资本性支出预算作为支撑，这一目标一旦获得认可就意味着企业将获得更多的资源投入。而国内多数企业的现实情况是，资源分配与预算目标没有直接联系，企业在制定预算目标时的积极性没有被充分调动起来，预算目标偏于保守，先进性和前瞻性不足。

（6）集团公司审批财务预算目标的观念要走出误区。由于企业的经营和生存环境错综复杂，制约经营成果和收益水平的许多因素难以预见，所以要正确制定企业财务预算目标，做到百分之百的公平合理是不现实的。对具体企业来讲，目标定高或定低都是不可避免的。集团作为全面预算管理主体和预算目标的审批者，应该注意两方面观念的转变：一是追求预算目标百分之百的准确没有意义。预算工作的努力方向是，预算目标的制定必须经过科学、系统的决策程序，采用先进的研究分析方法，符合集团的整体战略部署。这样形成的预算目标，就具体企业而言不一定百分之百的准确和公平，但从长期和大多数企业来看是一种科学、合理和不断贴近实际的预算目标。二是管理和控制本身是一种艺术。全面预算作为一种控制手段，并不是要通过预算目标把企业控制在某一个点上（收入、利润），而是把企业的运营和发展控制在一个区间或是一种趋势之中。预算目标定得低没有关系，只要集团的整体战略目标得以实现，企业的经营没有超过出资人可以接受和容忍的范围，作为预算管理者的集团就应该给企业一定的自主空间，以调动经营者的潜力和积极性。

3.财务预算目标的分解

财务预算目标确定之后，为便于执行、控制、考评和监督，还需要采用科学的方法，分解落实到企业各级责任单位和个人，这样企业各级责任单位和个人都可以在日常的生产经营中随时将实际情况与预算对比，寻找差异，解决问题。分解后的目标应当分别是企业整体预算管理目标的具体体现，这将最终使得企业整体预算管理目标的实现。企业全面预算管理目标不是单一的一个或几个财务指标，而是由企业内部各级责任单位和个人的具体财务预算目标与企业整体财务预算目标一起构成的一个目标体系。

财务预算目标分解的方式通常有以下几种：

（1）倒挤方式。这种方式较为传统，它首先把不确定因素较小的责任单位和个人的具体预算目标确定下来，然后在企业整体预算管理目标中逐一扣除，逐步倒挤出企业内部各级责任单位和个人的具体预算目标。

（2）固定比例分配方式。企业采用固定比例分配方式分解整体预算管理目标时，应当充分考虑企业内部各级责任单位和个人以往在实现企业整体预算管理目标中贡献能力的大小，合理确定一套固定的分配比例，据以将已经确定的企业整体预算管理目标按比例分解、落实。比例应由企业预算管理委员会协同各责任单位和个人商定，一经确定，在无重大变故发生的情况下要保持其相对的稳定性。

（3）基数法。与固定比例分配方式不同，基数法是以各级责任单位和个人上年完成预算目标或前几年完成预算目标的平均数为基础，预测预算期发展速度，在此基础上分解、确定预算目标的方法。这种方法简便易行，应用面广。但基数法本身存在较多不规范、不合理的问题。

（4）因素分析法。因素分析法程序比较烦琐，它需要将有可能影响各级责任单位和个人预算期间预算目标完成情况的各有关因素综合起来，采用一定的分析方法进行分析，最终合理分解、落实企业整体预算管理目标，确定各级责任单位和个人的具体预算目标。这种方法需要分析影响企业的各种因素，看似准确，其实可靠性不强。其原因在于：一方面它的分析计算工作量大，程序烦琐、效率较低；另一方面由于面面俱到，往往顾此失彼或者抓不住主要矛盾，从而影响目标分解的准确性与合理性。

（5）自主申报方式。自主申报方式是指由企业预算管理委员会召集各级责任单位和个人（或代表），在说明预算期间企业整体预算管理目标和相关企业内外部环境的背景下，动员各级责任单位和个人根据自身实际能力大小与实际状况，自主申报其各自在企业整体预算管理目标中愿意承担的份额，经过预算管理委员会的修正，据以进行分解的方法。上述几种方式可以结合运用，实践中还有其他方法的具体应用需要我们不断总结和创新。

三、财务预算管理体制与编制模式

（一）财务预算管理体制

预算组织是预算机制运行的基础环境，预算目标的实现必须建立在完善的预算组织基础之上。预算组织应当由财务预算组织和预算执行组织两个层面组成。财务预算组织与预算执行组织并非相互脱离的两个层面，它们之间存在着相互协调和配合的关系，财务预算组织机构和人员也必须承担相应的责任，因此它们又是预算执行组织中的一员。对于企业多数机构而言，它们都具有财务预算组织和预算执行组织双重身份。

1.财务预算组织的构建

财务预算组织指负责财务预算的编制、审定、协调、调整和反馈的组织机构和人员。财务预算组织机构是各项财务预算职能的执行主体，财务预算组织的设立与财务预算的循环密切相关。

（1）财务预算机构。设置财务预算机构是预算机制运行的首要环节，财务预算的组织与协调工作将由机构全面负责。设立的财务预算组织机构具有以下几种形式：

①专门的预算部门。专门的预算部门负责经营活动和财务状况的调查、预测、规划及预算的制定。有些企业还设立主管研究开发部门，以完成相关的工作。

②总参谋部。总参谋部是负责综合性规划的部门，或者是为全面经营管理服务的

部门。总参谋部无论如何设置，都要具备充分担负与协助最高层或全面经营管理层的功能。

③委员会组织。在制定和推行经营预算方面有时还采用委员会制度。比如，设立直属公司总经理或常务董事会的下级机构长期预算委员会，以便征求有关部门的意见，促进各个部门之间的意见交流，在预算实施阶段保证更好地完成预算。此外，由于委员会由各个有关部门推选出来的委员构成，委员都代表各个部门的利益，委员会就容易流于形式。因此，在大型公司还需要在委员会内部再设置专门或专题委员会开展具体的活动。

④机动组织。为弥补部门组织或委员会的缺陷，有的企业设立了机动组织，如专项小组或特别工作组。这是针对有关课题由专家临时组成的组织，课题完成之后工作组随即解散。

通常，预算目标的确定、预算审批和下达、预算调整、内部仲裁等需要"集权"的预算决策和调控职能，这些均由财务预算机构承担。具体而言，其主要职责与权限有：一是审议并确定预算目标、政策和程序；二是审定、下达正式预算；三是根据需要调整甚至修订预算；四是收集、研究及分析有关预算与执行业绩报告，制定相关控制政策和奖罚制度；五是仲裁有关预算的冲突。

财务预算委员会是企业内部财务预算的最高权力机构。当然，其审定后的预算最后还要呈请董事会批准。

（2）预算编制机构。预算编制机构包括与预算编制基础资料的供给和预算编制相关的机构。

①编制预算基础资料供给机构及其相互关系。预算涉及供、产、销各个方面，编制预算需要的各项基础资料也需要由各个有关部门分别提供。由于这些基础资料属于各个部门的分内之事，不要专门设置机构或人员，而是责成各个部门按时按照要求提供即可。然而，企业各项业务预算之间具有密切的联系，其中，至少有一项业务预算制约着其他业务预算。在市场经济环境中，绝大多数企业的制约因素都是销售数量。因此，销售预算制约着其他预算，其准确与否决定整个预算内容体系的质量好坏，也关系到财务预算的成败。因而，各个预算资料供给机构也应当相互联系、相互配合，并具有不同的层次。

首先，应当由营销部门提供编制销售预算的各项资料，并提供销售预算的初稿。某些大型企业设有专门的市场调研部，或者至少在营销部门下设市场调研组，专门负责市场调研及销售预测，并由该机构提供销售预算的有关资料。财务预算委员会将其与目标销售比较，并将经过讨论后初步认定的销售预算分发给各个部门，使之成为其他部门提供预算初稿的参考依据。随后，生产部门结合销售需要及各项资源许可，提供生产预算及相关成本预算初稿及其编制依据。供应部门根据生产需要，提供原材料采购及相关现金流出的预算初稿及其编制依据。其他部门根据与供、产、销之间的关系，提供本部门相关费用预算及其编制依据。如果是受原材料供给制约的企业，其预算资料的供给程序首先由供应部门提供原材料供给预算，生产部门据以提供生产预算，销售部门根据生产预算编制销售预算。

②编制预算机构。预算资料由各个相关部门分别提供，但正式预算的编制还需要由专门的机构承担。因为预算编制并非对各个部门预算的简单汇总，而是将各项预算与企业目标进行磨合，最终编制全面预算，并且将其分解落实为责任预算。其中，还涉及各项预算之间的汇总、协调及综合平衡等问题，工作量大而且需要专业技能，因此最好由专门预算编制机构负责。通常，预算编制机构可以由财务和计划部门兼任，以财务部门为主，但应当由专人负责，以保证预算编制的速度和质量。

（3）预算监控机构。预算监控机构是实施预算监控职能的机构。由于预算监控的对象是预算的执行，而预算执行单位是整个企业各个环节、各个部门，所以预算监控应该全面、系统。有效的监控应该借助各个部门、各个成员的共同努力，它是预算执行者之间的自我监控和相互监控的结合。所以，预算监控机构应当是各项职能及各个专业所对应的纵横交错的监控网。

（4）预算协调机构。协调是预算的重要职能。预算协调既体现在预算编制过程中，而且还应该在预算执行过程中发挥日常管理作用。预算协调也涉及各个方面：既有各项资源内部的协调，又有各项资源之间的协调；既有各个部门内部的行为协调，又有各个部门之间的行为协调等。因此，预算协调职能并非由专门设置的独立机构承担，各组织机构均应当在全局整体利益的驱动下，自觉承担预算协调机构的职责。比如，劳动人事部门应当配合财务预算进行人力资源的协调工作，力求各级、各类人员在各个部门内部和各个部门之间的有效搭配。

（5）预算反馈组织。预算规划和控制职能离不开反馈。财务预算委员会、预算编制机构、预算监控机构、预算协调机构发挥作用的前提是要有完善的反馈组织作为后盾。预算反馈组织即预算信息流组织，预算反馈信息流是预算下达过程的逆向信息流动，是预算执行情况自下而上层层汇集和向上报告的过程。

预算执行有赖于一个由若干不同层次的预算责任单位组成的预算责任网。由于各个预算责任单位具有各自不同的预算目标，在执行预算的过程中又必须将实际执行情况随时进行反馈，所以，预算信息流组织需要通过分级核算、逐级汇报的方式实施不同的预算计划。各级责任单位为了把握预算执行情况，都应该进行自我核算并及时进行信息反馈。由于预算信息的传递有赖于所有预算执行单位的共同作用，因而，信息反馈组织与预算执行组织有着十分密切的关系。

2.预算执行组织的构建

预算执行组织指各个层次责任预算的执行主体。高效运行的预算执行组织是实现高效率和高效益的保障，为此，预算执行组织的设置应该根据企业生产经营特点和企业组织形式，通过全面的分析，建立结构合理的预算责任网络。

预算责任网络中的组成成员即为责任中心，责任中心是组织内部具有一定权限，并能够承担相应经济责任的内部单位。一般而言，责任中心必须具备的条件为：具有承担经济责任的主体即责任人、具有确定经济责任的客体即资金运动、具有承担经济责任的基本条件即职权及具有考核经济责任的基本标准即经济绩效。

凡是具备以上条件的单位或个人均可以构成责任中心。预算责任网络与企业组织结构密切相关，在层阶制组织管理中，预算责任网络必然也是层阶制。当然，预算责任网络不应该仅仅根据传统职能式的组织结构设置，而应当围绕预算目标的实现，根据必要和高效的要求进行作业分析，然后建立同质作业型的责任中心。

根据各个责任中心的权责范围，预算责任网络可以归结为三个层次：投资中心、利润中心和成本费用中心。预算责任网络应该是一个包容、明确每一个部门、每一个人员职责的全方位网络。

（二）财务预算编制的模式

财务预算是一个循环过程，包括制定目标、计量实际业绩、比较实际与目标及采取纠正措施等一系列步骤。其中，制定目标是财务预算的起点。从制定财务预算的过程分析，财务预算目标的制定分为两种模式：

1. 自上而下模式

自上而下模式以两个最基本的假定为前提：一是假定企业与企业集团的主要目标是使利润最大化；二是企业各级管理层和员工都具有惰性。因此，其工作过程需要进行严密的控制。在这种假定下，企业集团总部将下属各个子公司或各级职能部门视为财务预算的被动主体，预算目标完全来自于上层管理者，下层只是被动的执行单位，没有独立决策权。这种模式适用于集权制企业集团。

2. 自下而上模式

自下而上模式深受现代管理理论的影响，该模式强调以下几点：

第一，管理者及职工的激励机制更多地在于参与与认同，并不完全是财务性目的。

第二，企业及集团的目标不是利润最大化，而是利润最优化。

第三，集团公司的目标与子公司或职能部门的目标并不总是一致，因此管理总部应当尽可能地设法使子公司或职能部门和个人目标与集团目标一致，因此管理的协调职能显得更加重要。而所有部门和人员共同参与制定财务预算，并对预算本身有着良好的认同，这一认同为管理上的协调提供了坚实的基础。

自下而上模式强调预算来自下属预算主体的预测，来自子公司自身；总部只设定目标，只监督目标执行的结果，而不过多地介入过程的控制。可见，该模式更多地适用于分权制集团公司。

自上而下模式最大的优点在于：能够发挥二级单位的积极性，强化其参与意识，并具有管理的认同感。其最大的缺点是难以避免二级预算单位在预算编制上的"宽打窄用"。解决问题的方法只能在预算制定过程中经过几下几上、讨价还价的回合，才使预算为各方所接受。事实上，任何可行的预算方案都离不开这一过程。

分权化趋势表现在企业财务预算上越来越重视子公司或职能部门自身的规划，总部只是在一些重要的控制环节上对预算起调控作用。

四、财务预算执行、控制与考核

财务预算管理是由财务预算的编制、执行、控制及预算考评组成的一个完整的控制系统。在实际工作中，财务预算的编制、调整、分析等技术性的工作并不困难，难的是涉及人们利益的决策和行为的控制。

（一）财务预算的执行

1.财务预算执行前的准备工作

财务预算执行之前需要经过几个准备步骤来保证预算的有序执行，保证预算体系运转良好。

（1）预算的审查通过。预算编制完成之后，需要经过专门的预算管理委员会或由董事会授权的机构审查通过才能够正式执行。

预算管理委员会一般由企业董事长或总经理担任主任委员，企业内部各相关部门的主管都作为成员，还包括预算管理委员会秘书长。委员会作为企业预算体系的最高管理机构，承担审阅财务预算和主要经营预算合理性和整体利益协调性的责任。在考虑企业的战略规划和远景目标的基础上，预算管理委员会对预算年度的主要预算进行认真讨论、分析，肯定企业主要预算中数据的合理性并批准执行。如果有不合理或与企业整体利益相悖的地方，预算管理委员会就会要求相关的业务或职能部门进行修改，否则不能批准其执行。

（2）分解下达预算具体包括以下内容。

①预算的分解。年度预算经过预算管理委员会批准后，为了在实际生产经营中得到顺利执行，需要把年度预算分解成更为具体的时间段，如分为季度、月份乃至旬，有条件的企业还可以分解到天。这样，企业才可以在日常的生产经营中随时将实际情况与预算对比，寻找差异，解决问题。

②预算的下达。预算经过分解之后，要针对不同部门传达各自需要的预算。通常关于企业整体完整的总预算仅限于分发给企业高层管理人员以及经高层管理人员授权的其他人员。分送给部门主管及中层管理人员的预算则不需要完整，但要保证跟他们

的权利和职责有关的总预算的部分和该部分的分解预算都能够传送到位。

需要特别注意的是，预算的分发下达要注意保密。一般来说，企业可以将各项预算连续编号并保留分送对象的编号记录，年度终了时收回，集中销毁。

（3）讲解预算。

企业员工只有充分了解预算编制的依据、原理，明确自己在预算执行中的任务，才能够保证预算执行的成功。而企业编制预算的时候虽然遵循全员参与的原则，但实际上主要的关键性步骤还是由管理人员和专业人员来完成，企业一般员工对于预算的理解并不一定完全正确，甚至还可能出现抵触情绪。因此，对预算的说明和讲解非常必要。预算分发下达以后，应该以部门、各小团队为单位，举行一连串的预算说明会议，专门讲解企业总体计划以及本部门、本团队的任务，使每个员工都能找到自己的位置。

2.财务预算执行结果的分析

财务预算执行结果分析的内容有：

（1）在占有信息的基础上，各责任单位要对预算完成情况进行动态跟踪控制，不断纠正偏差，确保预算目标的实现。

（2）按月对预算执行结果进行差异分析，分析差异产生原因，制定纠偏措施。

（3）纠偏要遵循重要性原则。

（二）财务预算的控制

1.财务预算控制的内容

财务预算控制主要是针对现金预算进行控制。良好的现金控制制度非常重要，因为现金多余和不足，特别是不足，给企业带来的潜在影响很难估计。

实际现金收支与预算收支的差异一定会存在，发生差异的原因可能有现金影响因素的变化、突发事件对生产经营的影响、现金控制不得力等。管理层为了缩小差异，避免出现现金不足，可以采取的方法有：加强应收款的催收力度；减少付现费用；延迟资本支出；推迟待付的款项；在不影响生产经营的基础上减少存货数量。

一般而言，对现金预算进行控制可以采用以下方法：

（1）对现金及未来可能的现金状况做出适当和连续的评价。这一程序涉及定期评估和截至报告期为止所发生的实际现金流动情况及对下一期间可能发生的现金流量的再预测。

（2）保存逐日（或更长间隔期间）的现金状况资料。为减少利息费用，确保现金充足，有条件的企业可以对现有现金状况每天进行评估。这一方法特别适用于现金需要量波动幅度较大、分支机构分散且有庞大现金流量的企业。在实际经济活动中，有很多企业都采用编制现金收支日报表的方式来控制现金流量。

2.财务预算控制的实现条件

财务预算控制的实现条件是环境，环境是影响财务预算控制的最主要因素。环境是指预算控制系统赖以运行的条件，它分为内部环境和外部环境。一般而言，企业的外部环境是指社会环境、政治环境、经济与法律环境、市场环境等，这些外部环境都具有相当大的不确定性。这些不确定性对企业而言是不可控因素，由于这些不确定性，使企业无论在会计计量上还是在分析上都存在相当大的难度。考虑到这一客观现实，我们暂不考虑企业的外部环境，但这不是说否定它对于企业预算控制所起的客观影响。企业的内部环境包括组织结构、责任分配与授权、组织信奉的诚信原则和道德观念、管理哲学和经营风格、人力资源政策与实务，以及企业的技术水平等。一个有效的预算控制系统总是由一个良好的环境来支撑。这里从内部环境中的三个层面来分析预算控制的实现条件。

（1）组织层面。组织层面是指企业的组织结构、预算控制的组织体系及企业权力和责任的分布。组织层面是预算控制系统运行的基础。

①企业组织结构。企业的组织结构在企业管理中起支撑作用，是实现企业经营战略目标的基础和保证，也是预算控制实施的载体。而管理过程犹如人体运动过程及各种状态，管理者通过种种运作方式，运用组织结构中不同部门的不同活动的组合，使企业中的人流、物流和信息流正常流动，并最终实现企业经营目标。要想使预算控制系统发挥最大的作用，组织结构的整合必不可少。组织结构的整合应以业务流程重组为基础，对业务流程的变化予以支持和配合。组织流程化整合应以顾客为中心，以企业战略为导向，以企业流程的系统优化为依据，进行作业分析并建立作业中心，进行流程分析并建立流程中心，最终形成战略层—经营层—作业层三层组织结构。

②预算控制的组织体系。以企业自身组织结构为基础的预算控制组织体系是预算机制运行的基础环境。预算控制组织体系包括预算管理组织和预算执行组织两个层面。预算管理组织是负责预算的编制、审定、协调、调整和反馈；预算执行组织是预算执行过程中的责任单位构架，即各层责任预算的执行主体（各责任中心）。预算管理组织层和预算执行组织层并不是相互脱离的两个层面，而是一种相互协调、配合的关系。预算编制需要各责任中心的参与，预算反馈组织就是预算的执行组织。对于企业的绝大多数机构而言，它们都具有预算管理和执行的双重身份，如此纵横交织的预算组织网才能有效地保证预算机制的良性运行。同时，预算执行组织即预算控制责任中心的结构与其组织结构相对应，组织结构的类型决定了预算责任网络的布局，经过战略整合之后的企业组织分为战略层、经营层和作业层，根据各层级的不同权责可以将战略层界定为一个投资中心，将经营层界定为利润中心，将作业层界定为成本费用中心。

③企业权力和责任的分布。在企业组织结构整合的过程中，伴随着企业权力和责任的分布。企业权力与责任的分布要坚持两条原则：一是各组织权责利对等原则；二

是不同组织在权限上立足于决策权、执行权、监督权三权分立的原则，以保证权力的相互制衡及预算系统的有序运转。在实际工作中，预算编制在经过自上而下和自下而上相互协调沟通之后，其决策权最终应落实在企业战略层，由这一权威组织进行决策、指挥与协调；预算的执行层则由各责任中心负责组织实施，辅以对等的权责利关系，监督权由更为独立的监督机构来行使，从而形成独立的权力间的制衡系统。这种制衡本质上就是运行机制，因此，预算控制不应简单地看成是企业内部管理的一种方法，而是一种新的管理机制。

（2）行为层面。行为层面是指预算控制系统中的各当事人都是受个人利益的驱使而行为。个人利益是预算控制体系运行的原动力，这里的个人利益不单指经济利益即公司奖赏，还包括对出色完成工作的满足感、表扬、责任、自尊心以及工作本身的性质等。一个有效的预算控制系统不可忽视这些调动个人积极性的复杂因素。行为层面是预算控制系统有效运行的关键，它具体包括预算过程的参与及货币性与非货币性奖励。

①预算过程的参与。单纯的自上而下或自下而上的预算过程都是无效的。"自上而下"即高层管理人员为低层管理人员制定预算，这种方式几乎不起作用，它导致预算者缺乏约束，而且使计划的成功遭受危险。"自下而上"的预算最可能达到预算目标的约束作用，然而，如果不仔细控制，它可能导致目标太容易实现或者与公司总体目标不相符。有效的预算过程应当是两种方法的结合。预算者为他们的责任区编制预算的第一稿，这是自下而上；但他们必须遵守公司高层制定的指导原则，高层管理人员复查和评论这些预算提案，这是自上而下。然而预算过程应当是公平的，如果上级修改预算数据，它必须使预算编制者相信这一修改是合理的。

研究表明，预算参与对管理者的激励有正面影响，理由在于：一是参与式预算更容易被接受。如果预算目标被看作是在自己控制下制定的，而不是外部强加的，那么预算更容易被接受，这会使对个人实现目标的约束更强。二是参与式预算使信息交换频率更高。批准的预算数据得益于最接近生产和销售环境的预算者的专长和个人知识。而且，通过在复查和批准阶段与上级相互交流，预算者对他们的工作有更清楚的认识。参与式预算对在不确定环境中经营的责任中心特别有利，因为这些责任中心的管理者会拥有关于影响他们的收入和支出变量的最佳信息。

然而，参与式预算也存在三个潜在的问题：一是将预算标准定得过高或过低。如果目标太容易实现，经理人员就可能失去兴趣，而业绩则可能下滑。挑战性对于奋发向上和富有创造性的经理人员来说相当重要。同样，预算制定得过紧，将无法实现这些标准并使经理人员遭受挫折，而这种挫折也会导致更差的业绩。因此理想的预算是既具有挑战性又具有达到目的的可能性。二是预算过于松弛。预算松弛会使经理人员更有可能达到预算目标并随之减少他所面临的风险；同时，虚报预算也不利于企业资源的有效配置。三是伪参与。这是指高层管理人员仅仅追求低层经理人员的表面性参与，而自身却承担了对整个预算编制过程的控制。高层管理人员只是得到低层经理人员对预算的正式认可，而不寻求其真正参与，因此参与式预算行为方面的利益也就无法实现。

②货币性与非货币性奖励。人的积极性受多种因素的影响，仅靠货币性的奖励不足以使经理人员的积极性达到预期水平。非货币性的奖励包括充实工作、增加责任与自主权，以及实施非货币性的表扬等，这些都可以用来加强预算控制制度。在调动当事人积极性的同时也要建立起与预算配套的职业道德、内控制度和惩罚措施。

在一个公司中推行预算控制意味着该公司的成员由一种行为方式转变为另一种行为方式，其中不可避免地要触动文化传统和积以成习的惯例，不可避免地要与利益和权力重新分配相交织，因而这个转变并非易事，我国还有很多公司没有实行预算控制，关键在于行为层面。

（3）技术层面具体包括以下内容。

技术层面是指为保证预算控制系统有效运行的技术支持。预算控制是由预算编制、执行、调控及考评所组成的一个完整的控制系统，其运行与协调需要有一定的技术支持。只有企业管理实现电算化，所有相关部门均处于同一信息系统中，才能实现信息资源共享，预算控制所需的资料才能及时、全面地取得。首先，在预算编制过程中，弹性预算、滚动预算及零基预算等预算编制方法的运用都需要有相关的技术支持；其次，在预算执行调控过程中，通过计算机网络技术可以使得企业随时跟踪预算的执行情况，各责任中心可以及时进行信息反馈，发现并纠正偏差，从而实现过程控制；最后，在预算考核过程中，通过计算机及网络技术，一方面可以随时进行动态考核；另一方面在最终进行静态考核时，将实际业绩与预算标准进行对比，计算差异并进行差异追踪，可发现差异产生的原因，从而有利于业绩评价及下一年预算的制定与执行。此外，技术层面还表明预算控制具有科学性，代表一种简洁、高效率的企业管理机制。

（三）财务预算考核

财务预算的编制仅仅是预算管理的开始。为发挥预算的作用、体现预算管理的权威性，必须对预算执行结果进行跟踪、分析和考核。没有考核，预算工作无法执行，预算管理变得毫无意义。

1.财务预算考核的作用

财务预算考核管理者对执行者实行的是一种有效的激励和约束形式。预算考核是预算控制过程的一部分。财务预算考核在整个利润预算管理循环过程中是一个承上启下的环节，具有以下一些作用：

（1）确保目标利润的实现。目标利润确定并细化分解以后，预算目标就成为企业一切工作的核心，具有较强的约束作用。在预算执行中，管理者对预算执行情况与预算的差异适时进行确认，及时纠正资源管理上的浪费与执行中的偏差，可以为预算目标的顺利实现提供可靠的保障。

（2）可以衡量有关预算目标的实现程度。预算考核可以帮助管理者了解企业所处的环境及发展趋势，进而衡量有关预算目标的实现程度，评估预算完成后的效益。

（3）作为管理者完善并优化整个利润预算管理系统的资料依据。对利润预算执行结果的考核，可以反映整个企业的经营业绩，它是编制下期预算的有价值的资料，是管理者完善并优化整个利润预算管理系统的资料依据。

（4）作为对执行者业绩评价的重要依据。利润目标的层层分解和延伸细化，使企业全员都有相应的预算目标，这种预算目标与执行中的经济活动在时间上相一致，其经营环境和条件也基本相同。以预算目标与执行者的实际业绩相比较，评价执行者的业绩，确定责任归属，比较公正、合理、客观，尤其是对企业人才的业绩评价具有较强的说服力。

（5）增强了管理者的成就感与组织归属感。预算考核具有较强的激励作用，通过预算考核肯定了作为预算责任主体的管理者的工作业绩，这是企业对管理者工作业绩的认可。将工作业绩与奖惩制度挂钩，势必增强管理者的成就感与组织归属感，从而进一步激发管理者的工作能动性。

2. 财务预算考核的内容

预算考核应以企业各级预算执行主体为考核对象，以预算目标为考核标准，以预算完成状况的考察为考核核心。通过预算实际执行情况与预算目标的比较，确定差异并查明产生差异的原因，进而据以评价各级责任单位和个人的工作业绩，并与其相应的激励制度挂钩，使其利益与相应的工作业绩紧密相关，以充分调动各级责任单位和个人的工作积极性，促进企业整体效益的提高。

预算考核包括期中及期末预算考核两种形式。期中预算考核是指在预算执行过程中进行的、依照企业全面预算内容对预算实际执行情况和预算指标进行考核、比较，发现其间的差异及造成差异的原因，为企业生产经营过程中的纠偏和事中控制提供及时可靠的依据。而期末考核是指在预算期末对各预算执行主体的预算完成情况进行的分析评价。目前，企业的预算考核多以期末预算考核为主（期中预算考核更多地体现在预算控制过程中），期末预算考核又多以成本费用、利润及投资报酬率等财务指标的考核为主。

3. 财务预算考核的程序

财务预算考核工作通常按照以下程序进行：

（1）广泛收集相关的信息资料。在进行预算考核之前，首先要收集到考核所需要的全部相关资料，包括各种财务和非财务数据指标。准确、齐备的关于预算执行情况的相关资料是科学进行预算考核工作的基础和先决条件。

（2）比较预算与实际执行情况，合理确定预算差异。根据实际情况与预算差异的性质不同，可以将其区分为不利差异和有利差异。有利差异是指实际情况优于预算目标的差异额，如实际收入大于预算收入，或者实际成本费用低于预算成本费用等；而不利差异是指实际收入低于预算收入，或者实际成本费用高于预算成本费用等实际情况不如预算目标的差异额。而预算考核的目的之一，正是消除不利差异，确保预算目标的实现（或扩大有利差异）。

比较、确定成本差异是预算考核工作中的一项重要工作，它可以具体掌握差异形成的原因和责任，以便采取相应的措施，消除不利差异，发展有利差异，实现对成本的有效控制，不断降低成本，提高企业经济效益。

（3）分析差异形成的原因，明确相关经济责任。对预算执行结果实际差异的分析，应侧重于对重点差异的分析，遵循重要性原则。分别针对不利差异和有利差异分析其产生原因，采取应对措施。在分析过程中，一定要特别注意那些名为有利差异、实为隐性不利差异的现象，以防止盲目乐观，忽视潜在的隐患，如销售部门为降低本部门的销售费用而削减了必要的广告费支出，使得企业市场份额减少。从长远看，这样做将会影响企业的销售收入和利润。对这种差异的分析一定要细致，尽量做到防患于未然，及早指出其危害，使之对企业全面预算整体目标实现所产生的危害降到最低。

第四节　财务控制

一、财务控制的理论基础

（一）系统论与财务控制

按照"系统论"的定义，"系统是由一组相互联系或相互依赖的事物组成的复杂整体""系统是由一个被计划控制或调节的功能整体""系统是由通信的信息流所构成，通过信息输入而产生相应的输出"等。无论从组织结构还是运营过程，都不难看出财务管理本身就是一项系统工程。它通过财务人员、信息载体、处理手段、方法、相关环节和程序等对信息进行收集、确认、加工、传输、存储、报告等处理活动，利用信息来源、信息反馈和协调措施对资金、成本、利润、价格、贷款、税收等进行控制，通过控制使生产要素与资金达到合理安排和利用，以实现整体预期的目标。因此，按照系统论的原理，财务控制应具有以下特性：①集合性。即财务控制本身具有一般系统的集合性，而且可以作为一个完善的系统在实际运营中发挥其不可替代的整体作用。财务以信息为依据，利用预测、决策确立财务总体目标，为实现总体目标，通过编制计划进行组织和实施，并对过程进行控制。这种控制是通过协调会计各环节及要素之间的量度完成的，不但将各要素有机地组合起来对总体目标发挥作用，而且都是在财会工作环节相互配合、共同管理下完善的。② 相关性。财务控制各环节、各部分为完成总体目标，相互联系，相互制约，形成财务管理系统有机的整体。根据不同的经营特点和管理要求，财务管理系统可划分为不同的子系统，如资金子系统、成本子系统、利润子系统等，各子系统之间密切相关，为完成总体目标各自发挥自身的作用。也就是说，财务控制应重视系统各部分之间、部分与整体之间、系统与环境之间的普遍联系。③ 最优性。财务控制系统的最终目的是要完成企业的最优化管理和控制。但因为企业是一个复杂的系统，财务控制在对资金运动的不断记录监督和控制的过程中，对自身机制进行调整和修正，如对信息载体、操作手段，甚至观念及方法的改进，使系统的运营达到最佳状态。④ 有序性。对于企业来说，资金是贯穿整个系统运营过程的主要对象，财务控制也应该以资金控制为主线，对资金的投入、运用、流转、耗费和增值等环节按步骤有秩序地实施控制。

（二）控制论与财务控制

1948 年前，你如果在字典里查找 "cybernetics"（控制科学）这个词，那必定是一无所获，因为那时它才刚刚被创造出来，创造者就是著名的数学家——诺伯特·维纳（Norbert Wiener）。1948 年，维纳出版了著名的《控制论》。控制论主要是关于动态系统控制调节的机理和一般规律的科学，其基本观点是：一切控制系统所共有的基本特征是信息的交换和反馈过程，利用这些特征可以达到对系统的认识、分析和控制的目的。控制论与系统论有着密切的关系，其中心主要是从系统功能、对系统的改造和系统优化方案的实施等方面去研究系统的控制问题。维纳的控制论不仅应用在工程上，而且广泛应用于经验控制和社会控制。从维纳创立控制论以来，控制论主要经历了经典控制论时期（20 世纪 40 年代末到 50 年代的单机自动化、局部自动化）、现代控制论时期（从单变量控制到多变量控制，从自动调节到最优控制）和大系统理论时期（70年代至今，使工程控制领域深入到生物、社会、思维等领域）三个发展阶段。至今，现代控制论早已超越了物理学和生物学的交叉点范围，而与数学、数理逻辑、神经生理学、无线电通信、自动控制、电子计算机、经济学、统计力学等学科相互渗透，形成了生物控制论、工程控制论、智能控制论、社会控制论、经济控制论、环境控制论等大量的分支学科。控制理论尤其在生产、经营管理等领域得到了广泛的应用。

按照控制论的原理，控制可以表现为通过在"输入"（外界对系统的影响）和"输出"（系统对外界的影响）两方面流程中对信息加工的基础上，采取决策以影响系统，改善系统的行为。这种控制主要表现为两方面：一是决定系统状态变化的轨道（即确定目标及达到目标的途径）；二是通过不断调整，使系统保持在原定的轨道上。控制系统输出信息作用于被控对象，产生结果输出，再送回控制系统并对再输出发生影响的过程叫反馈。如果给定信息与真实信息之间的差异越来越大，即被控系统的行为更加偏离原来设定的目标，使系统处于不稳定状态，叫正反馈；如果差异越来越小，即被控的行为越来越接近目标，使系统处于稳定状态，则为负反馈。构成反馈控制系统也称为闭环控制系统，而靠前馈信息的控制则是开环控制。内部财务控制正是利用这些原理，采用开环控制与闭环控制结合的组合控制。

根据控制论中调节与控制的原理，内部财务控制的总体调节方式是平衡偏差调节，也就是说应采取闭环调节。而对于许多具体因素的控制则应该采用补偿干扰调节和排除干扰调节，即采用开环控制和预防控制。

所谓闭环控制也称"反馈控制"，即用受控系统的输出量的反馈信息来产生控制力，它构成一个闭合回路，在反馈控制中，既有正反馈也有负反馈，正反馈能提高输入的灵敏度，增强传输系数和输出效应；负反馈则能削弱外界对于系统的干扰作用。例如，财务控制里的依据业绩给予员工奖励而提高员工积极性的激励制度就是一项正反馈控制，而强调业绩考核与惩罚的这一制度则属于负反馈控制。反馈控制法作用的机理是：以前一个过程的信息输出作为这个过程的输入，并由它触发过程控制所需的操作。通过对过程控制进行计量，当发现过程偏离计划时，就对过程进行调节。可以说，责任控制系统就是一个典型的反馈控制系统。某受控责任单位的活动即为操作过程，通过责任会计对其进行计量，然后同责任预算标准对比，再经过调节器进行调整。反馈控制法中，计量、控制标准和调节器是比较重要的部分。计量部分要求能够及时报告过程与标准的偏离状况，这对于尽快触发校正操作、恢复会计控制系统所要求的过程状态是必需的。因此，在会计控制系统中一些控制部分需要实时信息反馈控制。调节器通常是指有权指挥并实施变革的经理人员。反馈控制法一般说来易于实行，而且对于一个失去控制的过程恢复正常控制是有效的；其主要的缺点是其允许发生错误或与计划出现偏离，并且由于发现到纠正的时间延迟而付出较高的代价。

开环控制的控制过程不用被控结果的信息，只用外来控制信息起控制作用。由于这些信息流刚好与反馈相反，因此也称为前馈控制。也就是说，前馈控制是通过对过程操作和输入同时进行监测，设法预测可能出现的偏离，在问题尚未出现之前就做出调整。这种控制方法可以阻止错误或偏离的发生。企业内部控制中对货币资金的控制就是前馈控制。例如，某单位要保持一定的银行存款数额，财会部门可以通过对影响存款的各种因素进行预测，以月末存款余额是否达到预定数额作为控制信号，企业管理部门则根据这个信号采取相应的控制措施，如增加销售、压缩开支、催收欠款等，以保证月末存款余额达到预期目标。

预防控制是在被控制过程中设置约束机制，排除干扰，防止影响。如要防止会计工作过程中的差错，事先可以对产生差错的可能性与原因加以分析，并设计各种防范和控制措施，并将之纳入会计工作程序。只要会计人员按照规定的程序处理业务，所预知的差错就能够得到防止，预防控制就发挥了预期的作用。在实务工作中，应该根据实际情况对这些控制加以综合运用，如预算的审批、资产的领用、内部稽核等都属于预防控制。

二、财务控制的定义

从管理的角度理解，财务控制的本质就是从财务管理的角度实施管理控制。这是因为，内部控制所设计的企业活动都是与企业的财务资源相关的，而且在内部控制的过程中，计划的制定、控制标准的设定以及对控制效果的评价等都离不开财务活动。所以，财务控制是内部控制的重要组成部分。

按照 COSO 报告，内部控制整体框架是由控制环境、风险评估、控制活动、信息与沟通、监督五个要素组成的。作为内部控制重要组成部分的财务控制，其理论发展经过了一个漫长的时期。随着控制理论在财务管理中的运用，企业对财务控制的需求不断增加，财务控制概念在企业经营管理理论和实践中已经被常使用，许多权威词典都对财务控制进行了阐述，对财务控制的解释也逐渐趋同。

按照《会计辞海》的解释，财务控制是指以政策、制度、计划（或目标）为依据，对财务活动进行约束、指导和干预，使之符合原定要求的管理过程。

根据《新会计大辞典》的解释，财务控制一般是指对企业、事业、行政单位各项财务活动，按照财务计划的要求进行严格的监督，把财务活动限制在计划规定的范围之内。发现偏差，及时进行纠正，不断总结经验，改进工作，从而保证财务计划的实现。

根据《现代会计百科全书》的解释，财务控制是利用财务反馈信息影响与调节财务活动，使之按照预定目标运行的过程。

从以上对财务控制概念的解释可以看出，财务控制主要是对财务活动的一项控制过程。但这些解释都侧重于对财务控制的过程和现象的描述，并没有提及财务控制的本质，即财务控制是内部控制的重要组成部分、财务管理的重要环节这一特征。

综上所述，财务控制可定义为：财务控制是指财务控制主体以法律、法规、制度、财务目标为依据，通过对财务活动进行约束、指导和干预，使之按既定的计划进行，确保企业战略目标实现的过程。它是内部控制的重要组成部分，是财务管理的重要环节，并与财务预测、财务决策、财务分析等一起构成财务管理系统。

从以上定义可以看出，财务控制是内部控制的重要组成部分，也是财务管理体系的重要环节。可以说，财务控制是内部控制的核心，是财务管理的重要环节。从财务管理的环节上看，财务管理主要分为财务预测、财务决策、财务计划、财务控制与财务分析，而财务控制在整个财务管理环节中起到了承前启后的作用。以财务预测和决策为基础的财务计划最终需要通过执行来完成，而要使实际执行情况能达到预期的计划或目标，必须要有相应的财务控制为保障；对于财务分析，其分析的对象就是财务活动的实际执行情况，是对财务控制效果好坏的评价，并为下一轮财务控制反馈相关信息。

因此，健全和完善财务控制是提高企业财务管理水平的关键。首先，财务控制是一种价值控制，它主要是借助价值手段进行的控制。各项财务控制方法，不论是责任预算、责任报告、业绩考核、风险管理，还是企业内部各机构和人员之间的相互制约关系，都需要借助价值指标和价值手段。其次，财务控制是一种综合控制。由于财务控制以价值为手段，将各种性质不同的业务综合在一起，因而财务控制并不是针对某一具体业务活动的分散控制，它不仅可以将各种性质不同的业务综合起来进行控制，也可以将不同岗位、不同部门、不同层次的业务活动综合起来进行控制。财务控制的综合性最终表现为其控制内容都归结到各种综合价值指标上。因此，财务控制较内部控制的其他方面而言，具有涉及面广、综合性强、灵敏度高的特点，从而成为内部控制的核心和切入点。

三、财务控制的特征

财务控制具有以下几方面的特征：

（1）财务控制的范围主要限于单位中那些能够用价值形式（即货币）计量的经济活动，不能用货币计量的经济活动一般属于管理控制的范畴。

（2）财务控制的基本手段是会计处理程序及其他会计控制标准，而管理控制主要通过制度和方针政策来实施。因此，要求财务控制必须谨慎认真，来不得半点马虎。

（3）财务控制的主要目的是保证经济业务的执行符合管理者的要求，保证单位资产的安全、完整，并向有关方面保证单位的工作目标或经营目标的实现。

（4）从财务控制与审计的关系看，财务审计所要评审的主要是会计控制制度，而在经营审计、经济效益审计中，除了评审会计控制制度外，还必须更多地评审管理控制制度。

（5）财务控制具有动态性特点。财务控制要求准确，但不是说企业的经营活动必须严格与战略或预算保持一致，而是应该随着企业环境、经营重心的变化而变化，这样才能提高财务控制的适应性和有效性。

（6）财务控制具有系统性特点。财务控制不是某个或某种状况，而是散布在企业经营中的一系列行动，并且与企业经营过程结合在一起，促使经营过程正常运转和持续进行。

四、财务控制的主体与客体

（一）财务控制的主体

财务控制的主体，是指对财务控制起决定作用的参与者，即财务控制的主动实施者。过去传统的认识认为，财务控制的实施者是财会人员，因此，财务控制的主体就是财会人员。然而在现代企业制度和公司治理结构下，财务控制的内容和范围已经有了很大变化，再将财会人员作为财务控制活动的主体已经不恰当了。

按照委托代理理论，公司的股东、管理者、员工之间都存在着委托代理关系，因此，财务控制主体并不是简单的一个部门或者一个人的事情，而应该是一个综合的多层次的系统。首先，财务控制主体系统中的核心是公司的董事会。在现代企业制度下，公司法人治理结构框架中一个重要的特点就是董事会对经营管理者财务约束和控制的强化。根据我国《公司法》有关规定，董事会由创立大会或者股东大会选举产生。从董事会的职权来看，很容易得出这样的结论：公司治理结构以董事会为中心而构建，董事会对外代表公司进行各种主要活动，对内管理公司的财务和经营，只有董事会才能全方位负责财务决策与控制，董事会从本质上决定公司的财务状况。也就是说，以董事会为主体的财务控制是整体财务控制活动的第一层次。其次，位于财务控制主体系统第二层次的是公司各级经营管理者。由于公司规模的扩大和业务活动的复杂化，公司经营管理者会将一部分财产交给下级经营管理者进行经营管理，即出现了内部多层次经营管理的分权，这就出现了上级管理者与下级管理者之间、管理者与员工之间的委托代理关系。因此，公司各级经营管理者有必要对下级进行约束和控制，以确保公司财产安全完整、财务信息真实可靠以及公司战略目标的实现，而这些活动均是公司整体财务控制活动的一部分。在那些内部人控制现象比较严重的企业，经营管理者实际上是在财务控制中处于主导地位的。

因此，财务控制不仅仅是财务部门的工作，也不仅仅是企业经营管理者的责任，更不能说是股东们自己的事情。财务控制的主体是以公司董事会为中心，各级经营管理者为补充的一个综合的多层次的系统。

（二）财务控制的客体

财务控制的客体是指财务控制的对象或要素。概括地说，财务控制的对象是企业的财务活动，具体来讲则是与企业财务活动相关的利益主体和利益关系。首先，财务活动的执行者是人（经营管理者、员工等）；其次，财务活动的载体是各种不同的财务资源（资金、技术、信息、人力等）；再次，财务活动过程会发生很多财务关系。因此，财务控制的客体具体应该包括人力资源、财务资源以及各种财务关系。

1. 人力资源

财务控制是控制者对受控制对象的制约过程，这个受控制的一般对象就是企业的财务活动。由于财务活动的执行者是包括管理者和员工等在内的利益关系人，因此，财务控制的客体具体来说首先是包括管理者和员工等在内的利益关系人以及由此形成的企业内外各方面的利益关系。

（1）管理者主要包括企业总经理层和财务经理层。管理者是财务控制主体实施控制措施的第一执行者，因此，管理者的素质和品行会直接影响财务控制目标实现的程度。其中，管理者的素质包括管理的知识水平、技能与管理理念等方面。管理者的素质不同，对企业发展所产生的影响也就完全不同。管理者的素质直接影响到企业的行为，进而影响到财务控制的效率和效果。管理者的品行包括操守、道德观、价值观。企业制定的任何制度都不可能超越设立这些制度的人，企业财务控制的有效性同样也无法超越那些创造、管理与监控制度的人的操守、道德和价值观。管理者的品行不仅对于企业财务控制的效率和效果会产生深远的影响，而且还会直接影响到下级员工的道德行为和品行。如果管理者有良好的品行，企业内部必然会形成一种凝聚力而积极向上；反之，如果管理者品行不正，则很可能造成企业内部腐败成风的局面，那么，企业财务控制的目标则很难得以实现。企业管理者对内部财务控制的影响常常表现为两个方面：一方面是保障作用。管理者将内部财务控制作为一种重要的管理手段，在尽力用权力维护其有效运行的同时，对控制的遗漏和功能缺陷进行弥补和完善，使内部财务控制为实现经营目标服务。从这个意义上说，强化内部财务控制是管理者应尽的责任。如果企业内部财务控制疏漏造成职工舞弊，管理者就要承担相应责任。另一方面是抑制作用。管理者支配内部财务控制的权力，如果被不当行使，或者在既定的制度环境下，自设特例绕过制度或变通处理有关业务，就会使制度的执行随人的主观意志而存在不应有的弹性，这样势必导致内部财务控制的功能大大削弱，严重的将会引起"群体越轨"现象，使财务控制制度形同虚设。从某种意义上说，管理者违反制度比没有制度更可怕。所以，企业管理者的素质决定了内部财务控制的方向、效率，决定了财务控制目标的实现程度。

（2）员工是财务控制政策的最终和具体执行者。在企业内部控制中，无论是对财的控制，还是对物的控制，其基准点都在于人的控制。这是因为任何完美的内部控制系统，都会因设计人经验和知识水平的限制而带有缺陷。此外，执行人员的粗心大意、精力分散、判断失误以及对指令的误解等，也可能使内部控制系统陷于瘫痪。因此，内部财务控制的成效，关键在于职工的素质高低。员工素质对财务控制的影响因素主要有员工的诚实性和道德观、员工的胜任能力等。因此，企业必须建立这样一种机制，使每一个员工的行为意愿都与财务控制实施主体的意图一致，并且能够积极主动地朝着财务控制主体的意图去执行。那么，企业就应该正确处理好员工和控制的关系，建立科学完善的聘用、培训、轮岗、晋升、淘汰等人事管理制度和操作程序，制定严格的个人收入和工作业绩挂钩的薪酬制度和分配制度。对新员工进行企业文化和道德价值观的导向培训，对违反行为规范的任何事项，制定纪律约束与处罚措施，对业绩良好的员工，制定具有奖励和激励作用的报酬计划，根据阶段性的业绩评估及其结果，对员工予以奖励、晋升或提拔。这是保证企业组织中的所有成员都具有一定水准的诚信、道德观和职业能力的人力资源政策、方针与实践，也是内部控制有效执行的关键因素之一。

2. 财务资源

财务资源通常指企业的资本（包括人力资本和财务资本）以及与其相对应的资产。

（1）人力资本所强调的是人力资源在生产过程中的使用。当人力资源用以作为获取利润的手段时，即被赋予了人力资本的内涵。人力资本的载体是人力资本的真正所有者——劳动力。作为资本的人力资本的价值与财务资本有着截然不同的区别，即人力资本的使用是其知识和技能的运用，在使用过程中可以创造出其自身价值的价值，而且还会通过劳动经验的积累，或通过自身的建设而增加其价值。由于人力资本是依附于其所有者的，两者不能严格分离出来，所以对人力资本的控制，重要的是对人力资本所有者的控制，也就是对"人"的控制。对"人"控制好了，人力资本就得到了控制。

（2）财务资本是指企业各类有形或无形资产用货币表现的价值。财务资本按其来源可以分为债务资本和权益资本。作为财务控制客体的财务资本包含了资本运动全过程中所体现的各种形态的资本。财务资本是企业基本的财务资源。在企业生产三要素中，劳动对象和劳动手段都可以用价值形式表现为财务资本，即通常意义上的资本。财务资本是指能够在运动中不断增值的价值，这种价值表现为企业为开展生产经营活动所流出的现金。资本的最初形态是货币，通过货币购买各种生产经营要素，通过生产实现价值的转移和增值，通过销售完成价值的实现，从而使资本在再生产过程中不断地循环和周转。

（3）财务关系。财务关系是指企业在组织资本运动过程中形成的与各方面利益关系人之间的经济关系，包括企业与投资者之间、企业与其投资对象之间、企业与债权人之间、企业与债务人之间、企业与政府各管理部门之间、企业与员工之间等各方面的经济利益关系。这些财务关系也是财务控制的客体，财务控制活动只有把这些财务关系作为重要的控制内容和控制对象（即控制的客体），才能使财务控制活动趋于完整和充实。

五、财务控制的分类

财务控制可以按控制的内容、控制权的集中度、控制层次以及控制时间进行分类：

（1）按控制的内容分，财务控制包括货币资金控制、应收款项控制、存货控制、投资控制、固定资产控制、无形资产及其他资产控制、负债控制、所有者权益控制、收入控制、成本费用控制、利润控制以及财务风险控制等。

（2）按控制权的集中程度分，财务控制分为集中控制、分散控制和分级控制三种。集中控制是指由一个控制中心对所有子系统的信息进行集中加工、处理，集中做出指令，操纵所有子系统的财务活动的一种控制方式。分散控制是指由多个控制中心分别控制一定数量子系统的一种控制方式。分级控制则是在一个最高控制中心的领导下，按照整个系统内在结构层次，设立若干不同级别的控制中心，层层控制。

（3）按控制主体的层次划分，可分为高层控制、中层控制和基层控制。高层控制是由公司管理高层（如董事会、总经理等）通过审议决定公司的财务发展规划及重大财务方案，制定和分解财务预算指标，拟定和颁布财务管理制度，决定重大财务偏差的调整等形式对公司财务所实施的控制。中层控制是由受公司管理高层领导的中层管理人员，根据高层控制的目标和指令，进行分解落实与执行控制。基层控制则是由基层业务人员在日常的工作活动中，根据上级分解下来的财务控制目标和指令，执行具体的预算、分析、考核等控制活动。上述三个层次的控制之间相互联系、相辅相成，上层控制为下层控制提供控制的目标和依据，下层控制则是上层控制的深化和具体。

（4）按控制的时间划分，可分为事前控制、事中控制和事后控制。事前控制是在实际财务活动发生之前所实施的控制。这种控制的目的在于防止问题的发生。这种控制的职能作用在于通过制定和分解财务计划、预算，拟订和颁布控制制度等为后期的财务活动提供约束标准和行为规范。事中控制是在实际财务活动过程中所实施的控制。这种控制在问题发生时能及时予以纠正，以免发生重大的损失。事后控制是在财务活动结束后采取的控制。这种控制虽无法弥补前一过程已经产生的损失，但可以向管理当局提供了关于计划和预算实施效果的信息，同时也可以通过业绩评价、风险评价等来为财务管理提供信息。

六、财务控制的基本原则

（一）合法合规性原则

财务控制制度应当符合国家有关法律法规以及企业的实际情况。合法合规性原则是指企业财务控制制度的建立必须符合国家的法律、法规和政策，必须把国家的法律法规和政策体现到财务控制制度中。这一原则是任何一个企业建立财务控制制度的前提条件。我国现在正在发展社会主义市场经济，众多企业生产的目的就是以尽量少的物化劳动和活劳动消耗，生产出尽可能多的、符合社会需要的产品，以满足人民日益增长的物质文化和生活水平的需要。国家机关制定的法律法规，体现了广大人民群众的根本利益，并对企业的生产经营活动起到了强制性和指导性作用。因此，企业在建立、维护和修订其财务控制制度时，要以国家的法律法规和政策为依据。

由于每个企业的实际情况各不相同，因此，现实中不存在一个完全固定的财务控制模式。各企业在制定本企业的财务控制制度时，必须要结合自身的具体情况，切勿照抄照搬其他企业的财务控制制度，或不顾企业的实际情况，好高骛远，使制定出来的财务控制制度无法与企业进行有效匹配，难以发挥企业财务控制制度的作用。

（二）全面性和系统性原则

财务控制制度应当涵盖企业内部涉及财务工作的各项经济业务及相关岗位，并针对业务处理过程中的关键控制点，将控制活动落实到决策、执行、监督、反馈等各个环节中去，即企业财务控制应当坚持全面性和系统性原则。

全面性原则是指财务控制必须从会计核算、会计监督以及财务管理的角度，将触角渗透到企业各项业务过程和各个操作环节，覆盖所有的部门和岗位，不能有所遗漏。财务控制的全面性包括了全过程性和全员性。财务控制是对企业的整个经营管理活动进行监督和控制，它贯穿于企业经营活动的各个方面，不仅包括了企业最高管理者授权购货、生产等经营活动的各种方式、方法，也包括了核算、审核、分析各种信息资料及报告的程序与步骤，还包括为企业经济活动进行综合计划、控制和评价而制定或设置的各项规章制度。也就是说，只要存在企业经济业务活动和经营管理，就需要有相应的财务控制制度。企业管理层应针对人、财、物、信息各要素及各业务活动领域，在综合考虑自身的行业背景、经营规模等的基础上，制定出相对全面的财务控制制度。此外，由于企业中的所有部门和全体员工既是财务控制的主体，又是财务控制的客体；既要对其负责的活动实施控制，又受到其他人员或制度的监督与制约。因此，在制定财务控制制度时，必须充分调动各个部门及员工的积极性，这样才有利于做到人人、事事、时时都能遵循财务控制制度，才能充分发挥财务控制制度的作用。

系统性原则是指企业在设计财务控制制度时，必须按照系统论的观点，使各部门和各岗位形成既相互制约又具有纵横交错关系的统一整体，以保证各部门和各岗位均能按特定的目标相互协调地发挥作用，从而发挥财务控制系统的总体功能，实现财务控制的总体目标。系统是一组有联系的元素的组合，各元素之间相互联系、相互制约，从而形成一个有机统一体。每个企业都是由相互联系的一组元素（如人、财、物、信息等）组成的，在进行财务控制制度设计时，应遵循系统性原则，运用系统论观点与系统方法的整体性、全面性、层次性、相关性和动态平稳性等特征，设计出纵横交错的财务控制网络与点面结合的控制系统。

（三）内部牵制原则

财务控制制度应当保证企业内部涉及财务工作的机构、岗位的合理设置及其职责权限的合理划分，坚持不相容职务相互分离，确保不同机构和岗位之间权责分明、相互制约、相互监督。这也就是说，财务控制制度的核心在于实行权责明确、相互制衡的内部牵制制度。内部牵制是指在部门与部门、员工与员工及各岗位间所建立的互相验证、互相制约的关系，它属于企业财务控制制度的一个重要组成部分，其主要特征是将有关责任进行分配，使单独的一个人或一个部门对任何一项或多项经济业务活动没有完全的处理权，必须经过其他部门或人员的查证核对。从纵向来说，至少要经过上下两级，使下级受上级的监督，上级受下级的牵制，各有顾忌，不敢随意妄为；从横向来说，至少要经过两个互不相隶属的部门或岗位，使一个部门的工作或记录受另一个部门工作或记录的牵制，借以相互制约，防止或及早发现错弊。一般而言，坚持内部牵制原则可以使每项业务的处理既不会被某一个人所包办，也不会因为由于多人经手而没有相互牵制，从而确保每项经济业务都经过两个或两个以上的部门或人员的处理，达到相互监督、相互制约、纠错防弊的目的。

（四）成本效益原则

财务控制制度应当遵循成本效益原则，以合理控制成本达到最佳的控制效果。这是企业进行财务控制所应遵循的一个重要原则。

企业作为一个经济实体，最关心的就是其经济效益问题。成本效益原则是任何企业进行经济活动所必须遵循的一项原则。企业制定财务控制制度，目的在于能有效地防止错误与舞弊，提高企业的经济效益。就财务控制本身而言，财务控制的环节、措施等各方面越复杂、越严密，控制的效果就可能越好。但是，与此相对应，建立、维护和修订这套财务控制制度的成本也相应提高。而且，企业财务控制制度并不以完全消除错误与舞弊为目的，实际上也不可能完全消除错误与舞弊。财务控制制度主要是创造一种为防范滥用职权而投入的成本与因滥用职权而造成的累计损失数（一般指直接损失额）之比呈合理状态的机制。因此，各种控制程序和方法的成本不应超过错误或潜在风险可能造成的损失和浪费。企业在制定财务控制制度时，必须运用科学的经营管理方法以降低成本、提高经济效益，力争以最小的控制或管理成本获取最大的经济效益。

坚持成本与效益原则要求企业在设计财务控制制度时要注意两点：一是实行有选择的控制，即应正确地选择控制点，以避免控制点过多而造成不经济，或控制点过少而使控制制度无效果；二是要努力降低控制的各种耗费，应尽量精简机构和人员，改进控制方法和手段，减少过于复杂的手续和程序，避免重复劳动，使企业能因工作简化、效率提高而节省费用。

（五）信息反馈原则

坚持信息反馈原则就是企业在设计财务控制制度时，应根据信息反馈过程及各阶段的特征，在企业内部设置严密的记录和报告等信息反馈系统，使各控制主体能够及时了解控制措施的执行情况，不失时机地行使权力，履行责任，调整生产经营活动，有效实现内部控制的目标。例如，在企业内部实行职责分工、职务分离，保证提供信息的准确性与可靠性；建立严格的账务处理和凭证传递程序，确保反馈渠道及时、通畅；在反馈过程的关键点或平衡点建立严格的控制手续，并建立经常性的核对制度，减少并能及时发现错误与舞弊；建立报告、分析制度，便于及时采取纠正措施，避免或减少可能造成的损失；等等。

（六）权责明确、奖惩结合原则

坚持权责明确、奖惩结合原则是指企业在建立财务控制制度过程中，应根据各岗位和部门的职能与性质，明确各部门及人员应承担的责任范围，赋予其相应的权限，规定操作程序和处理手续，确定追究、查处责任的措施与奖惩办法等。做到事事有人管，事事有人做，办事有标准，权有所属，责有所归，利有所享，避免发生越权行为或争权夺利、互相推诿现象。

任何企业要实现其既定的组织目标，必须要制定一整套符合企业管理需要和生产实际的组织方案，建立健全企业岗位责任制，明确各自的责任。企业员工的职责与权利必须相互匹配，要履行一定的职责，就应该赋予其相应的权利。只履行职责而无权利或权限太小，则其职责承担者的积极性和主动性必然受到束缚，最终也不可能承担起应有的责任；反之，只拥有权利而不负责任或责任太小，必将导致滥用权利，产生官僚主义等。因此，坚持权责明确、奖惩结合原则，就是贯彻以责任为中心、权利为保证、利益为手段，这也是确保企业财务控制制度发挥有效作用的前提。

七、财务控制的基本内容

（一）货币资金控制

货币资金包括库存现金、银行存款和其他货币资金。货币资金控制的内容主要是库存现金、银行存款和其他货币资金的收入、支出、结存等环节发生的经济业务。此外，由于货币资金的收支需要办理各种结算票据的填写和签章，因此，货币资金控制的内容还包括票据和印鉴的使用和保管环节。

（二）应收款项控制

应收款项是指企业在日常生产经营过程中发生的各种债权，包括应收账款、应收票据、其他应收款和预付账款等。应收款项控制的内容主要包括应收账款控制，如应收账款信用控制、应收账款核算控制、应收账款余额控制、应收账款坏账控制、应收账款收账控制、应收账款成本控制、应收账款业务流程控制、应收账款变现控制等；应收票据控制，如应收票据确认控制、应收票据贴现控制、应收票据抵押控制、应收票据转让控制、应收票据保管控制、应收票据注销控制等；其他应收款控制，如其他应收款增减变动控制、其他应收款坏账损失控制、其他应收款余额控制、其他应收款清理控制等。

（三）存货控制

存货是指企业在日常生产经营过程中持有以备出售，或者仍然处在生产过程，或者在生产或提供劳务过程中将消耗的材料或物料等，包括各类材料、商品、在产品、半成品、产成品等。存货控制主要是对上述各类材料、商品、在产品、半成品、产成品等的采购、生产、入库、出库、耗用、销售、盘点、处置、保管等环节进行控制。

（四）投资控制

这里所说的投资仅指对外投资，它是指企业期望通过分配来增加财富，或为谋求其他利益，将资产让渡给其他单位而获得另一项资产的活动。按照投资目的和持有期限的不同，投资可以分为短期投资和长期投资；按照投资方式的不同，投资可以分为直接投资和间接投资；按照投资形式的不同，投资可以分为股权投资、债权投资和其他投资；按照投资出资方式的不同，投资可以分为现金投资、实物资产投资和无形资产投资。投资控制的内容就是上述各种投资的发生、持有、减值、转让、处置、损益确认等环节发生的各种经济业务。

（五）固定资产控制

固定资产是指企业使用期限超过 1 年的房屋、建筑物、机器、机械、运输工具以及其他与生产、经营有关的设备、器具、工具等。不属于生产经营主要设备的物品，单位价值在 2000 元以上，并且使用年限超过 2 年的，也应当作为固定资产。固定资产控制就是对各种固定资产的增加、使用、减少等环节实施控制。其中，固定资产增加环节的控制主要包括外购固定资产的审批、计价、付款、安装、验收、交付使用、入账等环节的控制，以及自制固定资产的立项审批、建造、验收、交付使用、入账等环节的控制。固定资产使用环节的控制主要包括折旧、维修、减值、保全等环节的控制。固定资产减少环节的控制主要包括正常报废、非正常报废、转售等环节的控制。

（六）无形资产及其他资产控制

无形资产是指企业为生产商品或者提供劳务、出租给他人，或为管理目的而持有的、没有实物形态的非货币性长期资产。无形资产分为可辨认无形资产和不可辨认无形资产。可辨认无形资产包括专利权、非专利技术、商标权、著作权、土地使用权等；不可辨认无形资产是指商誉。其他资产是指除了流动资产、长期投资、固定资产、无形资产以外的其他资产，如长期待摊费用等。无形资产及其他资产控制的内容主要是指对无形资产的取得、使用、摊销、减值、处置等环节进行控制以及对其他资产的发生、摊销等环节进行控制。

（七）负债控制

负债是指企业过去的交易、事项形成的现时义务，履行该义务预期会导致经济利益流出企业。负债按照其流动性大小分为流动负债和长期负债。其中，流动负债主要包括短期借款、应付账款、应付票据、应付工资、其他应付款、应交税金、其他应交款等；长期负债主要包括长期借款、应付债券和长期应付款等。负债控制就是对负债总额、负债结构进行控制以及对负债的发生、还本付息、债务重组等环节进行控制。

（八）所有者权益控制

所有者权益是指所有者在企业资产中享有的经济利益，其金额为资产减去负债后的余额。所有者权益包括实收资本（股本）、资本公积、盈余公积和未分配利润等。所有者权益控制的内容主要是实收资本（股本）的增加、减少等环节，资本公积的形成、使用等环节，盈余公积的计提、使用等环节，以及未分配利润的再分配等环节所发生的经济业务。

（九）收入控制

收入是指企业在销售商品、提供劳务及他人使用本企业资产（或让渡资产使用权）等日常活动中所形成的经济利益的总流入。收入包括主营业务收入和其他业务收入；收入不包括为第三方或客户代收的款项。收入控制的内容就是收入实现过程中所发生的各项经济业务，以及这些经济业务所涉及的各种单证，包括销售定价控制、销售合同控制、销售发货控制、销售收款控制、销售发票控制、销售收入确认与计量控制、销售成本结转控制等。

（十）费用成本控制

费用是指企业为销售商品、提供劳务等日常活动中所发生的经济利益的流出，包括生产费用和期间费用，其中生产费用主要包括直接材料费、直接人工费和制造费用，期间费用主要包括营业费用、管理费用和财务费用。成本是指企业为生产产品、提供劳务而发生的各种耗费，各种耗费按照特定的产品或劳务进行归集后就构成了产品生产成本或劳务成本。费用成本控制的内容主要是上述各种费用成本在发生、确认、计量、记录等过程中所涉及的经济业务。

（十一）利润控制

利润是指企业在一定会计期间的经营成果，包括营业利润、利润总额和净利润。其中，营业利润是指主营业务收入减去主营业务成本和主营业务税金及附加，加上其他业务利润，减去营业费用、管理费用和财务费用后的金额。利润总额是指营业利润加上投资净收益、补贴收入、营业外收入，减去营业外支出后的金额。净利润是指利润总额减去所得税后的金额。利润控制主要就是对利润的形成过程和分配过程进行控制，包括利润总额控制、利润构成控制、净利润控制和利润分配控制等。

（十二）财务风险控制

风险是指企业在其经营活动过程中，由于各种事先无法预料的不确定因素带来的，使企业蒙受损失或获得额外收益的可能性。财务风险有广义和狭义之分。狭义的财务风险是指由于企业负债筹资所引起的到期不能偿还债务的可能性。根据狭义的财务风险定义，财务风险只与负债筹资有关，如果一个企业没有负债，就不会有财务风险。广义的财务风险是指企业财务活动中由于各种不确定性因素的影响，导致企业价值增加或减少的可能性，从而使各利益相关者的财务收益与期望收益发生偏离。财务风险控制主要是从广义财务风险的角度对企业投资活动风险、筹资活动风险、营业活动风险、分配活动风险和企业综合风险进行控制。

八、财务控制的基本方法

（一）不相容职务相互分离控制法

不相容职务相互分离控制法要求企业按照不相容职务分离的原则，合理设置会计及相关工作岗位，明确职责权限，形成相互制衡机制。不相容职务主要包括：授权批准与业务经办、业务经办与会计记录、会计记录与财产保管、业务经办与稽核检查、授权批准与监督检查等。

根据财务控制的要求，企业在确定和完善组织结构的过程中，应当遵循不相容职务分离的原则。所谓不相容职务，是指那些如果由一个人担任，既可能发生错误和舞弊行为，又可能掩盖其错误和弊端行为的职务。换言之，对不相容职务，如果不实行相互分离的措施，就容易发生舞弊等行为。企业的经济活动主要由以下几个步骤：授权、签发、核准、执行和记录。一般情况下，如果上述每一个步骤都由相对独立的人员或部门来实施，就是遵循了不相容职务相互分离原则，从而有利于企业财务控制制度发挥作用。应当加以分离的职务通常有：授权与执行某项经济业务的职务要分离；执行某项经济业务的职务与审核该项业务的职务要分离；执行某项经济业务的职务与记录该项业务的职务要分离；保管某项财产的职务与记录该项财产的职务要分离；等等。

不相容职务分离是基于这样的假设，即两个人无意中同犯一个错误的可能很小，而一个人舞弊的可能性要大于两个人。如果突破这个假设，不相容职务的分离就不能起到控制作用。

不相容职务分离的核心是"内部牵制"，企业在设计、建立财务控制制度时，首先应确定哪些岗位和职务是不相容的，其次要明确规定各个机构和岗位的职责权限，使不相容岗位和职务之间能够相互监督、相互制约，形成有效的制衡机制。

（二）授权批准控制法

授权批准控制要求企业明确规定涉及会计及相关工作的授权批准的范围、权限、程序、责任等内容，企业内部的各级管理层必须在授权范围内行使职权和承担责任，经办人员也必须在授权范围内办理业务。

授权批准是指企业在办理各项经济业务时，必须经过规定程序的授权批准，否则就是越权审批。授权批准控制可以保证企业按既定方针执行业务，防止出现滥用职权行为。

1.授权批准的形式

授权批准按其形式可分为一般授权和特别授权两种形式。

（1）一般授权。一般授权是对办理常规性的经济业务的权利、条件和有关责任者做出的规定，这些规定在管理部门中采用文件形式或在经济业务中规定一般性交易办理的条件、范围和对该项交易的责任关系。例如，管理层规定某些赊销政策，当符合这些政策的客户申请赊销时，业务人员就可按这些政策的授权办理赊销业务；企业在日常业务处理中，可以按照规定的权限范围（包括制定产品销售价格的权利、购买固定资产的权利以及招聘员工的权利等）和有关职责自行办理相关业务。

（2）特别授权。与一般授权不同，特别授权指授权处理非常规性交易事件，它只涉及特定的经济业务处理的具体条件及有关具体人员。如企业的重大筹资行为、投资决策、资本支出和股票发行等。特别授权也可以用于超过一般授权限制的常规交易。

2.授权批准的控制

财务控制要求在执行每一项经济业务时都经过授权，或是一般授权，或是特别授权。每一项经济业务的处理都与其批准条件相符合。为了实现这些目标，企业必须对授权批准进行控制。

（1）明确一般授权和特别授权的责任。企业要规定一般授权的管理层次、范围，每个管理层次一般授权的内容标准；同时也要规定特别授权要求以及各管理层次特别授权限度。

（2）明确每类经济业务的授权批准程序。企业的经济业务既包括企业与外企业之间资产与劳务的交换，也包括在企业内部资产和劳务的转移和使用。因此，每类经济业务会有一系列内部相互联系的授权批准程序。例如，在销售业务中，管理层授权销售经理确定销售价格，以便由推销员向其顾客开价和开出订货单；同时还要授权赊销部门决定是否要予以赊销。一份销售价目表和既定的销售政策就是向推销员提供了就某一产品向某一客户开价和开订单的一般授权。信用部门经理对订单审查批准后予以赊销，经过审查批准的订单则成为开票的员工提供了编制装运单据的授权证明，装运单据又成为发货部门运送货物的授权证明。当销售经理审查有关销售凭证时，就是以一种事后检查的形式对交易做出最后的批准。

（三）会计系统控制法

会计系统控制法要求企业依据我国《会计法》和国家统一的会计制度，制定适合本企业的会计制度，明确会计凭证、会计账簿和财务会计报告的处理程序，建立和完善会计档案保管和会计工作交接办法，实行会计人员岗位责任制，充分发挥会计的监督职能。

会计系统建立的目的就是以货币为计量单位，对企业经济活动进行记录、计算、反映和控制。会计系统对内能够向管理层提供经营管理活动的诸多信息，对外可以向投资者、债权人等提供用于投资等决策的信息，是企业内部控制的组成部分。会计系统控制的主要内容包括：① 建立会计工作的岗位责任制，对会计人员进行科学合理的分工，使之相互监督和制约；② 按规定取得和填制原始凭证；③ 设计良好的凭证格式；④ 对凭证进行连续编号；⑤ 规定合理的凭证传递程序；⑥ 明确凭证的装订和保管手续责任；⑦ 合理设置账户，登记会计账簿，进行复式记账；⑧ 按照《会计法》和国家统一会计制度的要求编制、报送、保管财务会计报告。

（四）预算控制法

预算控制法要求企业加强预算编制、执行、分析、考核等环节的管理，明确预算项目，建立预算标准，规范预算的编制、审定、下达和执行程序，及时分析和控制预算差异，采取改进措施，确保预算的执行。预算内资金实行责任人限额审批，限额以上资金实行集体审批。严格控制无预算的资金支出。

预算是以金额、数量、其他价值形式或几种形式的综合方式反映企业未来（通常是1年）业务的详细计划。预算控制也称为全面预算控制，是内部控制的重要组成部分，其内容可以涵盖企业经营活动的全过程，包括筹资、采购、生产、销售、投资等多方面。通过预算的编制和检查预算的执行情况，比较分析内部各单位未完成预算的原因，并对未完成预算的不良后果采取改进措施，确保各项预算的严格执行。预算既可控制各项业务的支出，又能控制整个业务的处理。

预算控制的作用主要有以下几个方面：① 确定企业的整体目标，制定为达到这一目标所应有的各类业务计划和为配合业务计划而应有的财务收支计划；② 在业务执行和收支执行的过程中，随时注意不与原计划脱节，并在必要时对计划进行调整，以确保计划的可执行性；③及时和定期做出反映实际和预算的业绩报告，以公正考核工作成果，并及时纠正偏差，确保预定目标的实现；④通过预算划分权责，使企业高层管理当局保持集中控制的效力，同时对各级管理人员赋予一定的责任。

在实际工作中，预算编制不论采用自上而下或自下而上的方法，其决策权都应落实到企业内部管理的最高层，由这一权威层次进行决策、指挥和协调。预算的执行层由各预算单位组织实施，并与对等的权、责、利相匹配，由内部审计部门负责监督预算的执行。

（五）财产保全控制法

财产保全控制法要求企业限制未经授权的人员对财产的直接接触，采取定期盘点、财产记录、账实核对、财产保险等措施，确保各种财产的安全完整。财产保全控制主要包括以下四个方面的内容：

1. 接近控制

接近控制就是严格限制无关人员对实物资产的接触，只有经过授权批准的人员才可接触资产。接近控制既包括对资产本身的直接接触，又包括通过文件批准对资产使用或分配的直接接触。一般情况下，对货币资金、有价证券、存货等变现能力强的资产必须限制无关人员的直接接触，间接接触的限制可通过保管、批准、记录及不相容职务的分离和授权批准来实现。

2. 定期盘点控制

定期盘点控制是指定期对实物资产进行盘点，并将盘点结果与会计记录进行比较，盘点结果与会计记录如不一致，可能说明资产管理上出现错误、浪费、损失或其他不正常现象，应当及时采取相应的措施加强管理。企业内部控制中保管职责与记录职责的划分，只有通过定期盘点控制才有意义。

3. 会计记录要妥善保管

首先，应该严格限制接近会计记录的人员，以保持保管、批准和记录职务分离的有效性；其次，会计记录应妥善保存，以便尽可以减少受损、被盗或被毁的机会；再次，对某些重要资料（如定期的财务报告）应留有备份记录，以便在遭受意外损失或毁坏时重新恢复，在运用计算机处理账务时，备份记录更为重要。

4. 保险

通过对资产投保火灾险、盗窃险、责任险及其他途径来减少实物资产受损的程度和机会，从而保护企业实物的安全。企业高级管理人员应根据企业经营水平和业务性质的变化，做出保险覆盖率水平决策，并应定期检查该项覆盖率水平的决策是否正确。

（六）风险控制法

风险控制法要求企业树立风险意识，针对各个风险控制点，建立有效的风险管理系统，通过风险预警、风险识别、风险评估、风险分析、风险报告等措施，对财务风险和经营风险进行全面防范和控制。

风险按其形成原因一般可分为经营风险和财务风险两大类。经营风险是指因生产经营方面的原因给企业盈利带来的不确定性。企业外部和内部的诸多因素，具有很大的不确定性，对企业的生产经营活动产生不可估量的影响，如原材料的供应状况、产品的市场销售情况等。财务风险又称为筹资风险，是指由于举债而给企业财务状况带来的不确定性。企业取得借款，需要还本付息，一旦债务到期，企业无力偿还，便会陷入财务困境甚至破产。因此，企业应通过建立有效的风险管理系统，加强对经营风险和财务风险的控制。

风险控制一般包括以下内容：

（1）实施风险权限管理。直接操作人员的经济业务活动必须严格限制在规定的风险权限之内。为防范和化解市场风险，管理层必须要制定严密的风险防范措施。

（2）建立风险控制责任制度。在企业中建立风险控制责任制度，有利于增强有关人员的责任感，降低经济业务发生风险的可能性。同时，应对风险责任进行进一步的细分，明确各当事人在事前、事中和事后各自不同的风险控制责任。

（3）建立风险预警系统。风险预警就是对潜在的风险进行预先警示，以防患于未然。企业应充分利用现有的各种渠道，加强对企业的内外部环境分析，特别是市场环境的分析研究，及时了解这些环境变化给企业的经济活动带来的影响，以及可能带来的风险，以便企业能及时采取有效的措施进行风险防范。

（4）开展风险识别。风险识别就是要求企业对各类风险有清醒的认识和正确的鉴别力，分清什么是主要风险，什么是重大风险，从而为风险控制提供依据。

（5）进行风险评估。进行风险评估的关键是制定项目风险评估和项目责任控制制度，通过制定项目操作流程和作业标准等措施，以便企业能针对性不同的项目进行风险防范。尤其要注意的是，由于资金在企业中的重要地位，企业应重视资金的风险评估与监测，建立和完善相关制度，以确保资金使用的安全。如严格控制资金的流动性风险，对每笔资金的使用进行授权控制，对较大的资金项目在使用前必须进行严格的风险收益评估，各项资金保持合理的比例，同时必须控制在企业可承受的风险范围内。

（6）实行风险分析。风险分析就是运用专门的方法，从定性和定量的角度对企业的经营风险和财务风险的存在原因进行分析，对企业防范风险的能力、条件进行评估，对企业外部环境变化可以对全企业的优势和机会产生影响的程度进行全面、综合考虑，为今后的风险防范提供重要的信息资料和有效的依据。

（7）建立风险报告制度。风险报告，就是要将风险分析、风险评估、风险识别的结果向企业的风险管理部门和企业领导提交专门报告，并表明自己的意见和看法，此举有利于企业高层管理者确定如何抵御风险，确保企业的安全平稳运作。

（七）内部报告控制法

内部报告控制法要求企业建立和完善内部报告制度，全面反映经济活动情况，及时提供业务活动中的重要信息，增强内部管理的时效性和针对性。

企业的经营管理方针政策是否得到贯彻落实、管理层的各项决策是否得到了有效执行、企业经营管理中存在哪些需要改进和完善的方面等，这些都需要及时反馈到企业高层管理当局，以便其做出正确的判断和决策，而企业的内部报告则能提供这些信息，起到"下情上传"的作用。

1. 企业内部报告的编制要求

（1）内部报告的编制必须与企业的组织结构相结合，以明确各部门主管人员的责任。

（2）内部报告的内容，应符合"例外管理"原则，凡属不正常或在不可控范围之内的事项，应予以反映或加以强调。

（3）内部报告的格式和内容必须简明易懂，避免烦琐难学。

（4）报告的编制必须及时。

（5）内部报告的种类由各企业根据各自的实际情况自行设计，可以由财会人员负责，也可由财会、业务和管理人员共同完成。内部报告可以是日报、周报、月报、年报等。

2. 内部报告的内容

任何管理形式和程序都要有对管理行为负有责任的授权记录；在正式说明经营状况和经营成果时，应有记录报告制度；涉及管理者的控制和决策的相关经济业务，必须及时记录。编制内部报告时应考虑的因素主要有：报告责任的划分；可控制与不可控制项目的划分；报告的时间范围；报告与计划的差异；报告建议或说明。

（八）电子信息技术控制法

电子信息技术控制法要求企业运用电子信息技术建立财务控制系统，减少和消除人为操纵因素，确保财务控制的有效实施；同时要加强对财务会计电子信息系统开发与维护、数据输入与输出、文件储存与保管、网络安全等方面的控制。

电子信息控制的内容包括两个方面：一是实现内部控制手段的电子信息化，尽可能地减少和消除人为操纵的因素，变人工管理、人工控制为计算机、网络管理和控制，财务控制手段的变化给内部控制带来了新内容和新活力，这将有利于财务控制发挥更大的作用；二是对电子信息系统的控制，具体包括规划控制、组织控制、系统开发与维护控制、系统的安全控制、应用控制等。

第五节 财务分析

一、财务分析的概念

（一）财务分析的本质

财务分析是以企、事业单位财务报告所提供的财务指标及有关其他经济信息为主要依据，对企业的财务状况、经营成果及现金流量等进行剖析、解释和评价的一种经济管理。分析是人们观察、了解、把握客观事物的最根本方法之一，财务分析则是人们认识、了解、观察、把握财务活动的最根本方法之一。任何经济管理都是基于人们对管理对象的认识、了解，并以其掌握客观经济活动规律而展开的。因而，财务分析是企业经济管理的重要内容和环节。企业财务分析作为分析过去、预示未来的一种基本方法，它既是企业财务管理的重要组成部分，又是企业会计核算的延续和扩展，更是会计监督的必要内容，因此，财务分析或会计报表分析是会计监管的重要内容和方法之一。

长期以来，人们从不同的侧面对财务分析的本质进行考察，从而将其表述为不同的认识和观点。常见的表述主要有：

财务分析是企业财务管理的重要环节。认为财务分析既是对已完成的财务活动的总结，又是财务预测的前提，在财务管理循环中起着承上启下的重要作用。

财务分析是财务报表分析的简称。财务分析是对财务报表数据进一步加工而进行比较、评价和解释的一种方法。记账、编表属于会计的核算功能，财务报表分析属于解释和评价的功能。财务报表分析是会计工作不可缺少的一个组成部分，企业会计人员的任务，不仅是记账、编表，而且在记账、编表的任务以外，还应当在用账、用表上发挥作用。

财务分析是指通过对会计报表间相关项目、同一会计报表各项目间的依存关系及各项目在总体中的比重进行对比分析，以深入了解企业财务状况和经营状况，发现其存在的问题，预测其发展趋势的一种经济活动分析。财务分析是企业经济活动分析的一项重要内容。

财务分析是一门经济管理科学。这种观点认为财务分析是解释、评价和指导财务活动的知识体系，是一门学科。

财务报表分析是对财务报表数据的利用和再加工，是信息分析在会计领域的应用。会计报表分析实际上就是财务利益关系者利用企业会计报表评估企业的现在和未来的一个重要工具。

据上述各种观点，财务分析的本质应从以下几方面加以认识：

（1）财务分析是会计和经济考核的一种基本方式。它是一种经济管理，表述了财务分析的本质。

（2）财务分析是财务管理的重要环节。通过财务分析，为企业内部管理者以及其他经济利害关系人评估企业财务状况、经营业绩和现金流量等，制定投资决策或授信决策，或为政府管理部门制定宏观经济政策、财政政策、税收政策等提供重要参考。

（3）财务分析又是企业会计监管的重要内容与方法之一。它是会计核算的深入和延续，是会计人员用账、用表，发挥其经济管理职能的重要方面；财务分析是会计考核的重要工作之一；财务分析还是会计监督职能的重要组成部分。分析就是察看、督促，财务分析就是财务与会计检查、财务与会计督促。

（4）财务分析的主要依据是企业的财务报表或财务信息披露资料，但是又不仅仅局限于财务报表或财务信息披露的信息资料。财务分析的基本内容是企业的财务状况和经营状况及现金流量；财务分析的基本方法是比较、鉴别和解释。

综合上述认识，财务分析是对企、事业单位的财务状况、经营成果及现金流量等进行剖析、解释和评价的一种经济管理。财务管理需要进行财务分析，强化会计监管职能也需要进行财务分析，只是在某些情况或不同时期两者的分析目的、分析角度、分析范围以及分析方法上可能有所不同而已。所以，财务分析既是财务管理的研究内容，又是会计学的研究内容。财务分析既是财务管理学科体系的内容，又是会计学科体系的内容。

（二）财务分析与证券市场分析及经营分析

证券市场分析或证券投资分析的主要方法有基本分析法、技术分析法等。基本分析又称基本面分析，是指证券投资分析人员根据经济学、金融学、财务管理学及投资学等基本原理，对决定证券价值及价格的基本要素，如宏观经济指标、经济政策走势、行业发展状况、产品市场状况、企业销售和财务状况等进行分析，评估证券的投资价值，判断证券的合理价位，提出相应的投资建议的一种分析方法。它主要适用于周期相对较长的证券价格预测、相对成熟的证券市场以及预测精确度要求不高的证券分析领域。技术分析是仅从证券的市场行为来分析证券价格未来变化趋势的一种方法。所谓证券市场行为主要指证券市场价格、成交量、价和量的变化以及完成这些变化所经历的时间等。技术分析通常将其分析结果以概率的形式表示，它既可以用于短期证券市场行情预测，也可用于长期证券市场行情预测。短期证券市场分析更适用于目前我国的证券市场。

由此可以看出，财务分析的内容较全面、适用范围也较广泛；证券投资的基本分析与技术分析适用面仅限于证券市场价格分析，并且基本分析与技术分析常常还应用到财务分析。证券市场分析有时也需要进行财务分析。财务分析既可以进行单个企业的财务分析，又可以进行行业或整体分析，但多用于单个企业的分析。技术分析主要用于证券市场价格分析。

经营分析是主要针对企业的经营内容的分析，包括用数字表示的部分（如销售额、毛利、经营费用等）和难以用数字表示的部分（如经营者能力、技术、工作人员素质等），其中财务报表分析属于能够用数字表示的部分中的主要部分。可见，财务分析是经营分析的一个重要组成部分。同时，进行财务分析时也不可能完全脱离经营分析，二者相辅相成且紧密结合，才能够全面分析企业的财务状况及经营状况。

二、财务分析的目的

企业财务分析按分析主体，可分为内部分析和外部分析。内部分析是由企业内部有关经营管理人员所进行的财务分析，外部分析是由企业投资者、债权人或其他与企业有利害关系的人以及代表公众利益的社会咨询等中介服务机构等所进行的财务分析。

由于上述各财务分析主体的性质和地位不同，与企业所处的经济利益关系不同，在进行财务分析时，他们所要达到的目的也就不尽相同。

（一）企业内部管理者的分析目的

企业内部管理者包括企业管理人员（如董事长、厂长、经理、财会人员等）和企业内部职工及其代表。企业管理人员通过财务分析，可以全面、系统、详细地了解企业的生产经营活动，检查、分析、考核企业计划或预算的执行情况及管理效率高低，为企业进行预测、决策、计划、控制、评价生产经营情况提供依据。企业内部职工、职工代表大会及工会组织，他们时刻关心企业生产经营活动的稳定性及财务成果好坏，要求财务公开，因而也需要通过分析企业管理当局所提供的财务数据资料了解情况，以使他们更好地参与企业的生产经营管理活动。企业内部管理者从这些分析目的出发，他们最终要全面了解和掌握企业所掌握的经济资源有多少，这些资源运用的合理性、有效性如何；企业拥有多少现金及现金流量状况；企业负债是多少，这些负债及其结构的合理性、有效性如何；企业资金周转或营运能力的合理性和有效性如何；企业盈利的合理性和趋势如何。在此基础上全面把握企业的综合科技开发能力、偿债能力、资本完整与保全能力、市场竞争能力以及在市场竞争中的稳健能力和盈利能力等情况。此外，企业内部管理者的财务分析目的还在于对成本、费用以及劳动力资源的详细分析，寻找节约或降低成本费用的途径与方法。可见，企业内部的财务分析是一种全面的分析。企业管理者通过分析，可以掌握企业经营管理，特别是在理财中的缺陷，预测未来变动趋势，并据以审慎地配置企业的资源，形成合理的资源及权益结构，使资源得到最有效的利用。当然，企业内部财务分析还是企业会计监管的基本方法之一。通过企业财务分析可以发现会计核算政策选择、会计核算模式选择、会计监管效率等会计自身可能存在的问题及适用性等多方面情况，为改进企业会计监管提供依据。

（二）企业资本投资者的分析目的

企业资本投资者包括：①国有资产管理部门，它们是国有企业的主要投资者（代表），其基本职责是代表国家管理国有资产；②金融机构，各级金融机构特别是各种基金公司、投资公司等除向企业贷款外，有时还可以以投资者的身份参与对企业的直接投资；③参股、控股企业法人，即以参股、控股等方式形成的企业法人投资者；④持有股份或其他产权的个人、职工；⑤外商投资者等。

投资者对企业投资的目的在于获取投资收益，也就是要在资本保值的基础上进一步实现资本的不断增值。因此，投资者利益与企业的财务状况和财务成果及现金流量等有着密切的联系，与企业的盛衰休戚与共。投资者通过财务分析，全面准确地评价、考核企业资本的盈利能力、企业偿债能力，分析并预测对企业各种投资的发展前景、投资的风险程度等，作为进行股票定价、投资决策的依据。此外，投资者对企业投资后，享有与投资额相适应的权益，可以通过一定的组织形式参与企业的决策，这也需要通过对企业财务活动的分析来评价企业经营管理人员的业绩，考核其是否称职。总之，投资者进行财务分析的主要目的在于，详细了解企业资金运用情况，评价经营者受托责任的履行情况，并做出相应的投资与管理决策，同时也是对选择与聘任管理者合约的检查与评价。财务分析还可以弥补或丰富投资者进行证券市场价格分析的内容与不足。

（三）企业债权人的分析目的

企业债权人是指向企业提供商品或劳务的供应单位、拥有债权的客户和职工、企业债券持有人以及金融机构。作为债权人，其要求权是对企业资产及其变现能力、偿债能力的要求，他们最为关心的是企业能否按期支付债务本金及债务利息。因此，他们进行财务分析的目的是全面、准确地掌握企业的支付能力和偿债能力，特别是短期偿债能力，从而对提供信贷资金的风险进行评价，以便做出正确的授信决策。当然企业偿债能力强弱受企业获利能力及成长能力的影响较大，因而债权人通过财务分析，详细了解企业的盈利能力也是分析的目的之一。财务分析也是债权人进行证券市场债权投资价格分析的补充和基础，对于债权投资决策提供依据。

（四）业务关联企业进行财务分析的目的

业务关联企业是指与企业存在业务往来的企业，或称为客户。他们也极为关心该企业的财务状况和经营状况，其主要目的是通过财务分析揭示业务往来企业的信用状况。信用包括商业上的信用和财务上的信用。前者是指企业按时、按质诚实地完成各种交易行为，而后者则是及时清算各种往来款项。通过财务状况及现金流量状况可以分析、判断企业的支付能力和清偿债务能力，以评价企业财务上的信用状况；通过损益状况及主营业务明细状况等分析，可以评价、判断企业各类交易的完成情况并分析企业商业上的信用情况。

（五）国家有关宏观管理部门的分析目的

国家有关宏观管理部门包括立法与司法部门、财政部门、税务部门、银行以及市场监管机构等。立法、司法部门主要检查经济管理、会计、审计等方面的法治建设情况与执行情况；财政、税务和银行等部门和单位，需要从制定国家财政方针、实施税收征管及信贷监督等方面对企业财务状况及经营成果进行分析，对国家整个经济形势或发展趋势做出评价与预测，以便取得宏观调控所需要的信息资料；市场监管机构（如证监会等）的主要任务是维持市场秩序、防止欺诈及各种不正当竞争行为，通过财务分析可以揭示会计报表中的漏洞、伪造财务信息等现象，从而为投资者和有关单位提供真实可靠的财务会计信息资料。

（六）市场中介组织进行财务分析的目的

注册会计师和会计师事务所进行财务分析的目的是，财务会计报表分析及其相关技术是审计程序的重要组成部分，审计过程中可以通过财务分析来发现被审计对象在经济活动及财务工作中的错误或不规范的会计处理，揭示其错误或不规范会计处理的潜在内涵，从而提高审计服务质量，维护资本市场秩序。

证券分析师、兼并与收购分析师进行财务分析的目的是，财务分析对于确定企业经济价值、评估企业市值、评估兼并与收购预案及其利弊等，通常有重要作用，进而可以提高证券分析师、兼并与收购分析师的市场服务水准。

三、财务分析的种类

由于进行财务分析的目的、范围以及所采用分析方法的不同，财务分析有多种，其中常见的财务分析有以下几种。

（一）内部分析与外部分析

内部分析是指企业内部有关部门或人员对本企业财务状况及经营成果所进行的分析。分析目的主要是为企业进行经营管理决策提供依据。外部分析是指企业以外的有关部门（如社会咨询机构、会计师事务所等）或人员（如股东、债权人、政府、潜在投资者等）对企业所做的财务分析。分析目的主要是提供中介服务和进行投资、信贷决策等。

（二）投资分析、授信分析和经营分析

投资分析是指投资者在进行投资决策时所进行的财务分析，或者是有关财务咨询等中介机构受投资者委托等所进行的财务分析，主要是为了测定和评估投资价值及其可行性所作的财务分析。

授信分析或信用分析是指债权人或受其委托的受托人而对债务人的财务状况及经营状况所进行的财务分析，主要是为了测定和评估债务人企业的偿债能力而进行的财务分析。

经营分析是企业经营者等利害关系者测定企业经营效率和财务管理质量等所作的财务分析，经营分析又称为管理分析或事业分析。

（三）垂直分析和水平分析

垂直分析又称结构分析，是指通过各项财务指标间的依存关系以及各项目在总体中的比重进行对比分析从而达到分析目的的一种方法。水平分析又称横向分析，是指对同一项目的多期资料进行的分析。通过垂直分析可以观察、判断各项财务指标在总体中的比重及其结构是否合理；而通过水平分析则可以观察、判断企业的财务趋势。

（四）事前分析、事中分析和事后分析

事前分析是指在财务活动发生以前的预测分析。事中分析是指在财务活动过程之中所进行的控制分析、跟踪分析。事后分析是指在财务活动结束后所进行的总结性分析。

（五）单项分析与综合分析

单项分析是指对某项财务指标进行的分析。综合分析是从财务状况及经营状况总体出发，对一定时期的财务活动过程及其结果等所进行的分析。

此外还有诸如流动性分析、稳健性分析、风险分析、公允性分析等多种，这里不再一一说明。

四、财务分析的内容

（一）财务分析内容概述

财务分析的内容也就是财务分析的对象。财务分析的内容概括讲就是企业的财务活动及其结果，也就是企业一定时期的资金运动及其结果。由于企业的资金运动通常表现为企业的某一时点的财务状况和某一时期的财务成果及现金流量，因而财务分析的基本内容是企业的财务状况、财务成果和现金流量。所谓财务状况是指一个企业的资产、负债、所有者权益结构及其相互关系；财务成果是指一个企业在一定时期的营业收入和营业费用以及经过配比而计算出来的净收益；现金流量就是指企业在一定会

计期间的现金流入量、流出量及净流量。从财务会计报表分析的角度来看，由于企业财务状况的资料主要存在于企业的资产负债表中，故又称资产负债表分析；同样，财务成果或经营情况分析又称为利润表分析，现金流量分析又可称为现金流量表分析。进行财务分析是一项十分复杂而细致的工作。在进行财务分析过程中，除了依据上述财务报告外，有时还会用到日常会计核算资料（如会计凭证、会计账簿、财产清查、成本计算等）、计划或预算资料、生产技术方面的资料、产品（或商品）销售的情况、同行业其他企业发布的财务报告、调查研究所收集到的资料等等。

由于企业财务分析以企业财务会计报告资料为主要内容，因此，影响企业财务会计报告的诸多因素也是企业财务分析不可缺少的内容，具体包括会计准则、会计制度、会计技术方法、管理当局的会计政策选择、会计信息质量监管、相应审计报告、企业在分析期内发生的交易或事项的实质、企业购并、重组、关联方交易、合并会计报表等。

（二）财务分析的具体内容

企业财务状况、财务成果和现金流量的具体内容决定了企业财务分析的具体内容。

1. 资源状况及其构成分析

经济资源是企业进行生产经营活动所必不可少的基础条件。企业经济资源在企业报告中主要表现为资产负债表的资产，资产总额说明企业拥有的经济资源的总量，是企业利害关系人交付于企业管理当局的经管责任。企业拥有的经济资源的量通常用来说明一个企业的经济实力。企业经济资源的构成说明企业资源的分布及其结构状况，资源结构通常能够说明或代表着企业资源的质量。资产质量不仅能够说明企业资产的变现能力、偿债能力、盈利能力，而且还能够揭示企业资产的风险及企业成长能力等多种情况。因此，通过对企业经济资源状况及其构成的分析，可以了解一个企业经济实力的强弱，可以了解一个企业运用资源的能力和潜力，同时还能分析管理者及其企业内部各管理层经管责任的落实情况，分析管理当局是否已认真履行其应尽的经管责任，最终达到评价企业资产的营运能力、获利能力，分析企业资产的分布情况和周转使用情况，测算企业未来的资金需要量。

2. 权益状况及其构成分析

权益状况说明企业权益总额以及企业负债总额和所有者权益总额各为多少，说明企业资源所需资金的来源。权益构成则说明：①企业权益总额中负债和所有者权益的相对比例；②各种负债在负债总额中的相对比例，如流动负债与长期负债的比例，以及各种所有者权益在所有者权益总额中的相对比例，如注册或实收资本与留存收益的比例等；③企业权益所有者享有权益及所承担风险的不同，在权益总额中所有者权益占的比例较高，表明企业经营的风险主要由企业所有者承担，长期债务的清偿能力较强；反之，权益总额中负债比例较多，表明企业经营风险主要由债权人承担，长期债务的清偿能力较弱，等等。

3.资源结构与经济利益分割情况分析

资源结构既指资产结构，又指权益结构，更指资产结构与权益结构的内在关系，也就是说某一项资产的风险及收益能力，不仅要看该项资产的自身风险及收益能力，还要看用在该项资产上的资金是通过何种渠道取得的。通过长期负债方式取得的资金的成本及风险是应由占用该项资金的资产来承担的；期末与期初资源结构的不同变化，不仅反映了资源的变化方向与趋势，而且反映了管理当局对经济利益的不同分割的具体态度及具体状况，说明企业经营及其成果最终增加或减少了谁的净福利。

4.偿债能力分析

偿债能力实质是指资产与权益的相互关系。偿债能力要求企业资产与权益成比例分布。因此，偿债能力分析包括资产与权益的对比关系、资产质量及其结构、权益质量及其结构等。一般可分为短期偿债能力分析和长期偿债能力分析两种。如流动资产与流动负债的比率表明企业的短期偿债能力，全部资产与全部负债的比率表明企业长期偿债能力等。企业偿债能力分析还需要分析企业一定时期的现金流量状况和现金的质量等内容。

5.盈利能力分析

盈利能力实质是企业利用其资源获取利润的能力，包括直接的盈利能力和企业营运能力。具体包括：通过损益表中利润指标及利润额与业务量、与资产等关系可以分析企业的盈利能力，分析企业利润目标的完成情况；通过企业运用资源的能力反映企业在创利过程中如何不断提高资源利用效率，节约费用开支，进而提高企业盈利能力。

6.财务趋向和盈利趋势分析

分析过去是为了预测未来。财务趋向和盈利趋势分析也是企业财务分析的重要内容。将不同时期的财务状况指标、盈利指标及现金流量指标进行对比分析，可以把握企业未来财务状况的趋向和盈利趋势，挖掘企业财务及盈利潜力，进而分析企业成长能力和发展潜力。

五、财务分析的主要方法

进行财务分析可以了解企业的偿债能力、营运能力和盈利能力。揭示这三个方面能力的主要手段就是运用一些有效的分析方法来寻找直接的原因。

财务分析的主要方法有：

（一）比较分析法

比较分析法是通过经济指标的对比分析确定指标之间的差异或趋势的方法。比较分析法是财务分析中最基本、最主要的方法。

1. 比较分析法种类

比较分析法又可以做出多种分类。

（1）按照财务分析的要求与目的分类。

比较分析法按照要求与目的又分为以下比较方法：

①实际指标与本企业以前多期历史指标的比较。这种分析可以把握企业前后不同历史时期有关指标的变动情况，了解企业财务活动的发展趋势和管理水平的提高情况。在实际工作中，最典型的形式是本期实际与上期实际或历史最高水平的比较。

②实际指标与计划或预算指标的比较。这种分析主要揭示实际与计划或预算之间的差异，掌握该项指标的计划或预算的完成情况。

③本企业指标与国内外行业先进企业指标或同行业平均水平的比较。这种分析能够找出本企业与国内外先进企业、行业平均水平的差距，明确本企业财务管理水平或财务效益在行业中的地位，推动本企业财务管理水平的提高。

（2）按照指标数据形式的不同分类。

比较分析法按照指标数据形式的不同又可以分为以下种类：

①绝对数指标比较。绝对数指标比较指利用两个或两个以上的总量指标进行对比，以揭示这些绝对指标之间的数量差异。比如，去年企业的净利润 100 万元，今年实现的净利润 110 万元，则今年与去年的利润差异是 10 万元。

②相对数指标比较。相对数指标比较指利用两个或两个以上的相对数指标进行对比，以揭示这些相对数指标之间的数量差异。比如，去年企业的销售利润率 15%，今年的销售利润率 14%，则今年与去年的利润率差异是— 1%。

③平均数指标比较。平均数指标比较指利用两个或两个以上的平均数指标进行对比，以揭示这些平均数指标之间的数量差异。

在财务分析中最为常用的比较分析法是借助于比较财务报表进行的一种分析方法。比较财务报表是将最近两三期或数期的报表并列在一起编制而成的报表。为了便于分析，易于掌握变化的动向，比较财务报表除了列示各期报表的金额外，通常还列示增减金额及增减的百分比栏目。

2. 运用比较分析法应当注意的问题

在运用比较分析法进行分析对比时，必须注意对比指标之间的可比性。如果对本来就不可比的指标进行分析比较，肯定会得出错误的结论。指标的可比性指所对比的同类指标之间在指标内容、计算方法、计价标准及时间长度等方面完全一致。如果在不同企业之间进行对比，还必须注意企业的行业归类、财务规模的一致性。在实际财务分析中应当特别注意以下几点：

（1）价格水平的不同会导致数据的差异。财务数据多数采用货币计量，这就必然受到价格水平的影响。由于不同地区的价格水平存在差异，各个企业业务关系在区域上又不尽相同，必然导致不同企业价格水平的差异，从而使价格缺乏可比性。而价格水平的波动尤其会削弱不同时期数据之间的可比性。

（2）不同会计处理与计价方法会导致数据的不可比。比如，固定资产折旧方法的不同必然导致企业资产价值、成本费用大小和利润高低的不同，使相关指标不可比。存货计价有加权平均法、先进先出法、后进先出法等多种方法可供选择。两个企业或同一企业在不同时期即使实际情况完全相同，因为采用不同的计价方法，就会对期末存货等产生重大的影响。

（3）其他因素导致财务数据的不可比。比如，企业经济类型不同、财务规模的变动、财务品种的增减变动，甚至企业财务方针及方式的调整，都会影响财务信息数据的可比性。

（二）比率分析法

比率分析法是通过计算、对比同一时期内有关经济指标的比率，反映财务报表所列各有关项目的相互关系，借以判断企业财务和经营状况的好坏。

比率可以通过一对数字计算出来。由于财务报表中有大量的可变量，因此，可以计算出一系列对企业财务报表使用者有用的比率。统一标准的比率目标或标准的计算方法并不存在。不同的报表使用者和信息提供者在进行财务报表分析时，可能运用不同的比率指标。这里介绍的只是那些最为常用和为大多数财务报告分析者所用的比率。进行比率分析时，应注意一对数字的相关性和可比性。当一个财务比率涉及的两个数字都来自资产负债表时，这两个数字要么都使用期末数，要么都使用期初数。

1. 比率分析法种类

比率分析法大体可以分为五大类指标。

（1）短期偿债能力分析指标。短期偿债能力分析指标是评价企业短期偿债能力的财务比率，主要有流动比率和速动比率。这两种指标反映流动性资产偿付流动负债的保证程度。比率越高，表明企业偿债能力越大。一般认为，流动资产超过流动负债1倍，即流动比率为200%时，企业偿还短期债务才有可靠的保证，而速动比率达到或超过100%时，流动负债的偿还就比较有保证。

（2）营运能力分析指标。营运能力是企业运用资产进行生产经营活动的能力，它与企业对流动资产的营运与管理密切相关。企业只有合理采购存货，积极推销产品，及时收付款项，加强资产管理，才能加快流动资产周转变现的速度。流动资产中对资金周转、利用程度影响较大的是应收账款和存货，所以营运能力分析主要有应收账款周转率和存货周转率两个指标。

（3）资本结构和长期偿债能力分析指标。资本结构和长期偿债能力是从企业资本结构角度分析企业的财务状况和长期偿债能力，预测企业未来的财务和经营趋势。反映资本结构和长期偿债能力的分析指标主要有资产负债比率、流动资产比率、固定资产比率、权益比率和长期负债比率。

（4）获利能力分析指标。获利能力又称盈利能力，是企业进行生产经营活动获取利润的能力大小。反映获利能力的指标主要有资产总额收益率、净资产利润率、成本费用利润率、销售利润率、资本金利润率、普通股每股收益和市盈率等。获利能力指标是评价企业经营管理水平和财务状况最重要的指标。

（5）社会贡献率指标。社会贡献率是企业资产总额同企业社会贡献总额之间的比率，用它来衡量企业运用全部资产为国家或社会创造或支付价值的能力。其中，企业社会贡献总额包括工资性收入、劳保退休统筹及其他社会福利支出、利息支出净额、应交增值税、应交产品销售税金及附加、应交所得税及其他税收、净利润等。

2.比率分析法的局限性

比率分析虽然在反映企业财务状况和经营成果、为报表使用者提供财务信息等方面有一定的作用，但它本身也存在一定的局限性，并且在实践中有关财务比率的分析和解释的方法也不尽如人意，不能够对企业财务状况和盈利能力做出合理的判断分析。比率分析法的局限性主要表现在：

（1）财务比率资料不能够及时满足决策的需要。外部使用者取得各种财务报表时，有些数据已经过时，以此资料计算分析企业的财务比率，结果就不够准确，从而影响外部报表使用者判断的正确性；而事实上，比率资料也难以及时满足决策的需要。

（2）分析结果只具有参考价值。财务比率分析使用的数据均是历史数据，对于预测企业未来只有参考价值，不一定合理可靠。

（3）财务比率缺乏可比性。在各个企业的会计资料不能够加以标准化时，财务比率则缺乏可比性。因为不同的企业有可能采用不同的会计处理方法进行会计核算，有些会计资料本身就没有可比性，因而通过比率分析进行企业之间的比较就没有多大的意义。

（4）不适应通货膨胀情况。财务比率采用的各种数据一般都没有做出物价变动的记录，在物价变动特别是通货膨胀较为严重时，比率分析的结果就会失去应有的意义。

（5）忽视了资源流向的动态方面。资源流向的动态是评价管理效能非常重要的资料。不仅如此，在实际当中还存在对比率分析解释深度不够、以理论和行业值解释比率过于宽泛等现象。

为了弥补比率分析的局限性，具体分析时还应与现金流量分析、比较分析等结合起来，才能保证分析的准确性。

（三）因素分析法

因素分析法是利用各种因素之间的数量依存关系，通过因素替换，从数额上测定各个因素变动对某项综合性经济指标影响程度的一种分析方法。企业经济活动过程中的财务指标具有高度的综合性，一种财务指标的变动往往是由多种因素共同影响的结果，在财务分析过程中需要经常了解某项财务指标受到哪些因素的共同影响，并且需要了解各有关因素的影响程度大小，这些都可以通过因素分析法获得解决。因素分析法可以分为以下形式：

1. 连环替代法

连环替代法是在几个相互联系的经济因素中，按顺序把其中一个因素当作可变因素，而暂时把其他因素当作不变因素进行替换，分析各个因素对被分析指标影响程度的一种分析方法。

（1）连环替代法计算程序。以下以分析实际指标与计划指标之间的变动为例，说明采用连环替代法测算各个因素对分析对象影响程度时的一般程序。

首先，按照计划数列出所要分析的经济指标与影响这一指标变动的各个有关因素之间相互关系的公式，并以此作为替换计算的基础。其次，以每项因素的实际数依次替换原来的计划数，每替换一个因素就要计算出这一变动所得到的结果。有几个因素就替换几次。然后，将逐次替换后得到的结果与上一次替换的结果相比较，两者的差额就是由于两个算式中某个因素的计划数变为实际数所造成的影响。最后，将各个因素变动影响程度的数值相加，验证它们的合计数是否等于所要分析的经济指标的实际数与计划数之间的差额。

（2）连环替代法优缺点。连环替代法的优点在于：通过这一方法计算所得到的各因素变动影响程度的合计数与财务指标变动的总差额一致。这样，用这些数据来论证分析的结论就较有说服力。

连环替代法的缺点在于：各因素在关系公式中的排列顺序和替换因素时的替换顺序具有可变性，只要改变各因素的排序和替换顺序，尽管得出的各因素影响程序的合计数与财务指标变动的总差异相符合，但各个因素的影响程度可完全不同。

（3）运用连环替代法应当注意的问题。

①确定构成经济指标的因素必须是客观上存在因果联系，不可以任意凑合。

②在确定替代顺序时，在数量因素与质量因素同时存在的情况下，应当是数量因素在先，质量因素在后；在只有数量因素或只有质量因素的情况下，应当是正面（有利）因素在先，反面（不利）因素在后；在因素较多并且数量指标和质量指标同时存在的情况下，应当是主导因素在先，派生因素在后。

③替换因素时必须按照各个因素的依存关系，排列一定的顺序并依次替代。

连环替代法只是测算各个因素对某项经济指标影响程度的一种数量分析方法，计算的结果只能从数量上说明影响程度，至于影响该项指标变动的具体原因还需要结合实际情况进一步加以查明。

2. 差额分析法

差额分析法是连环替代法的一种简化形式，它是先计算出各因素的实际数和标准数的差额，然后仍然按照一定的替换程序直接计算出各因素脱离标准对分析对象的影响。差额分析法计算的结果与上述连环替代法计算的结果完全相同，但差额分析法在计算上较为简便。由于差额分析法是连环替代法的一种简化形式，所以，采用差额分析法时也必须按照各因素的依存关系确定测算各个因素影响的先后顺序。

（四）趋势分析法

企业财务分析如果只分析 1 年的财务报表往往不够全面，可能有较多的非常或偶然事项使其不能代表企业的过去，也不能说明企业的未来。如果对企业若干年的财务报表按照时间序列进行分析，就可以看出其发展趋势，有助于规划未来。通过时间序列分析也能够看出本年度是否具有代表性。

趋势分析又称为水平分析，即统计学中的时间数列分析。趋势分析法是将连续数年财务报表中的某些重要项目进行比较，计算该项目前后期的增减方向和幅度，以此说明企业财务状况或财务成果变动趋势的方法。

趋势分析法主要分为以下三种：

1. 多期比较分析法

多期比较分析是对连续几个会计年度的财务报表进行研究，对报表中的各个项目逐一比较。比较的目的是查明变化的项目、项目变化的原因及这些变化对企业未来产生的影响。

进行多期比较时，可以使用前后各年每个项目金额的差额进行比较，也可以使用百分率的变化进行比较，还可以计算出各期财务比率进行多期比较。比较的年度数一般为 5 年，有时甚至要列出 10 年的数据。

2. 结构百分比分析法

结构百分比分析就是把财务报表换算成结构百分比报表，然后逐项比较不同年度的报表，找出某一特定项目在不同年度百分比的差额。同一报表中不同项目结构分析的计算公式为：

结构百分比或比重＝部分 ÷ 总体

通常，利润表中的"总体"指"销售收入"。资产负债表中的"总体"指"总资产"。

3. 定基百分比趋势分析法

定基百分比趋势分析法，首先要选取一个基期，将基期报表上各项数额的指数均定为 100，其他各年度财务报表上的数字也均用指数表示，由此得出定基百分比报表，可以查明各个项目的变化趋势。不同时期同类报表项目的对比，其计算公式为：

考查期指数＝考查期数值 ÷ 基期数值

采用多期比较趋势分析法应当注意两个问题：一是当绝对数的值很小时，计算百分比应当特别注意。因为，小的绝对数的变化使百分比的值变化很大。比如，一个小商店去年利润是 200 元，今年上升到 600 元，在绝对数上利润只增加了 400 元，但如果用百分比（相对数）表示，增加幅度为 200%。这种大幅度的增长速度虽然不能说是错误，但给人有故弄玄虚的感觉。因此，在绝对数的值很小的情况下，要同时列出绝对值和百分比。二是进行定基百分比趋势分析时，要注意计算该时期发展速度的基期选择必须具有代表性，否则将影响分析结果的准确性。

（五）综合分析法

综合分析法是指为了全面了解企业的财务状况，把企业各项财务指标之间的相互关系进行综合分析的一种财务报表分析方法。综合分析法主要有杜邦分析法和沃尔比重评分法。

1. 杜邦分析法

杜邦分析法是利用各项主要财务比率之间的关系综合分析企业财务状况的分析方法，该方法由美国杜邦公司的经理创造出来，又称为杜邦系统。

杜邦系统的核心是权益利润率，它是最具代表性的财务比率，其计算公式为：

权益利润率＝净利润 ÷ 所有者权益 ×100%

＝（净利润 ÷ 资产总额）×（资产总额 ÷ 所有者权益）×100%

＝总资产利润率 × 权益乘数 ×100%

由以上公式可以看出，财务管理的一个重要目标是使企业价值最大化，权益利润率正是反映了所有者投入企业资金的获利能力。这一比率不仅反映了投资者投资总体效益的高低，也反映了投资者财富增长的速率。

杜邦系统分析了影响企业投资者收益的各种因素。首先，它反映了企业生产经营业务获利能力及资产运用获利能力情况。销售利润率是企业利润总额与销售收入之间的比率。企业要想提高销售利润率，必须提高销售收入同时还要降低各项成本费用。资产周转率是企业一定时期所使用的资产与所取得的产品销售收入之间的比率，它综合反映了企业利用资金进行营运活动的能力。资产周转率除了取决于资产的各个组成部分占用量是否合理外，还取决于各项资产的使用效率即流动资产周转率、存货周转率和应收账款周转率的高低。其次，它反映了企业各项成本费用的情况。从以上公式可以看出，降低各项成本、节约各项费用支出是提高利润的关键。因此，分析成本费用的结构是否合理，有利于企业进行成本费用分析，加强成本费用管理与控制。再次，它反映了企业流动资产与非流动资产的结构。各项流动资产增减变化都会引起流动资产的结构变动。如果企业货币资金比重下降较多，而应收账款和积压待售的产成品比重明显增加，则说明企业产销不对路；如果应收账款又未能及时收回，这种结构变化趋势显然对企业有效利用流动资产，提高短期偿债能力不利，为此应进一步找出原因，寻找合理使用流动资产与保持合理结构的途径。

2. 沃尔比重评分法

沃尔比重评分法是对比率分析法的引申，它由亚历山大·沃尔最提出。该方法是选取七种财务比率，分别给定了其在总评价中所占的比重，总和为 100 分。然后，确定标准比率并与实际比率比较评出每项指标得分，最后求出总得分。

在对企业进行财务分析时，分别计算上述基本比率的实际值，并与标准作比较，计算其相对比率，按其在总体中的应占比重折算成实际权数，作为该部分的评分。然后，将各比率实际权数汇总与总和 100 分相比较，从而确定其偏高或偏低的情况。

第四章　我国中小企业财务会计管理的内容

第一节　财务会计货币资金管理

一、货币资金

（一）货币资金的内容

货币资金是企业经营过程中以货币形态存在的资产，是企业资产的重要组成部分，也是企业资产中流动性较强的一种资产。任何企业要进行生产经营活动都必须拥有货币资金，持有货币资金是进行生产经营活动的基本条件。货币资金作为支付手段。可用于支付各项费用、清偿各种债务及购买其他资产，因而具有普遍的可接受性。根据货币资金的存放地点及其用途的不同，货币资金分为现金、银行存款、其他货币资金。就会计核算而言，货币资金的核算并不复杂，但由于货币资金具有高度的流动性，因而在组织会计核算过程中，加强货币资金的管理和控制是至关重要的。

（二）货币资金的控制

货币资金是企业资产中流动性较强的资产，加强对其管理和控制，对于保障企业资产安全完整、提高货币资金周转和使用效益具有重要的意义。加强对货币资金的控制，应当结合企业生产经营特点，制定相应的控制制度并监督实施。一般说来，货币资金的管理和控制应当遵循如下原则：

（1）严格职责分工。将涉及货币资金不相容的职责分由不同的人员担任，形成严密的内部牵制制度，以减少和降低货币资金管理上舞弊的可能性。

（2）实行交易分开。将现金支出业务和现金收入业务分开进行处理，防止将现金收入直接用于现金支出的坐支行为。

（3）实行内部稽核。设置内部稽核单位和人员，建立内部稽核制度，以加强对货币资金管理的监督，及时发现货币资金管理中存在的问题，改进对货币资金的管理控制。

（4）实施定期轮岗制度。对涉及货币资金管理和控制的业务人员实行定期轮换岗位。通过轮换岗位，减少货币资金管理和控制中产生舞弊的可能性，并及时发现有关人员的舞弊行为。

二、现金

（一）现金的概念及范围

现金是货币资金的重要组成部分，作为通用的支付手段，也是对其他资产进行计量的一般尺度和会计处理的基础。它具有不受任何契约的限制、可以随时使用的特点。可以随时用其购买所需的物资，支付有关的费用，偿还债务，也可以随时存入银行。由于现金是流动性最强的一种货币资金，企业必须对现金进行严格的管理和控制，使现金能在经营过程中合理通畅地流转，提高现金使用效益，保护现金安全。

现金有狭义的概念和广义的概念之分。狭义的现金仅指库存现金，包括人民币现金和外币现金。我国会计实务中定义的现金即为狭义的现金，而很多西方国家较多地采用了广义的现金概念。广义的现金除库存现金外，还包括银行存款，也包括其他符合现金定义、可以普遍接受的流通中的票证，如个人支票、旅行支票、银行汇票、银行本票、邮政汇票等。但下列各项不应列为现金：

（1）企业为取得更高收益而持有的金融市场的各种基金、存款证以及其他类似的短期有价证券，这些项目应列为短期投资。

（2）企业出纳手中持有的邮票、远期支票、被退回或止付的支票、职工借条等。其中，邮票应作为库存办公用品或待摊费用；欠款客户出具的远期支票应作为应收票据；因出票人存款不足而被银行退回或出票人通知银行停止付款的支票，应转为应收账款；职工借条应作为其他应收款。

（3）其他不受企业控制、非日常经营使用的现金。例如，公司债券偿债基金、受托人的存款、专款专储等供特殊用途使用的现金。

（二）现金的内部控制

由于现金是交换和流通手段，又可以当作财富来储蓄，其流动性又最强，因而最容易被挪用或侵占。因此，任何企业都应特别重视现金的管理。现金流动是否合理和恰当，对企业的资金周转和经营成败至关重要。为确保现金的安全与完整，企业必须建立健全现金内部控制制度。而且，由于现金是一项非生产性资产，除存款利息外不能为企业创造任何价值，因此企业的现金在保证日常开支需要的前提下不应持有过多，健全现金内部控制制度有助于企业保持合理的现金存量。

当然，现金内部控制的目的并不是发现差错，而是要减少发生差错、舞弊、欺诈的机会。一个有效的内部控制制度，不允许由单独一个人自始至终地操纵和处理一笔业务的全过程。必须在各自独立的部门之间有明确合理的分工，不允许一个人兼管现金的收入和支付，不允许经管现金的人员兼管现金的账册。内部控制制度在一定程度上起到保护现金资产安全的作用。此外，也可以利用电子计算机监管各项记录的正确性和提高现金收付的工作效率。

健全的现金内部控制制度包括：现金收入控制、现金支出控制和库存现金控制三个部分。

1. 现金收入的内部控制

现金收入主要与销售产品或提供劳务的活动有关，所以应健全销售和应收账款的内部控制制度，作为现金收入内部控制制度的基础。

现金收入控制的目的是要保证全部现金收入都无一遗漏地入账。其基本内容有：

（1）签发现金收款凭证（即收据）与收款应由不同的经办人员负责办理。一般由销售部经办销售业务的人员填制销货发票和收款收据，会计部门出纳员据以收款，其他会计人员据以入账。处理现金收入业务的全过程由不同人员办理，可以确保销货发票金额、收据金额和入账金额完全一致，能达到防止由单独一个人经办可能发生弊端的目的，起到相互牵制的作用。

（2）一切现金收入必须当天入账，尽可能在当天存入银行，不能在当天存入银行的，应该于次日上午送存银行，防止将现金收入直接用于现金支出的"坐支"行为。

（3）一切现金收入都应无一例外地开具收款收据。对收入款有付款单位开给的凭证，会计部门在收到时，仍应开收据给交款人，以分清彼此责任。

（4）建立"收据销号"制度，监督收入款项的入账。即根据开出收据的存根与已入账的收据联，按编号、金额逐张核对，核对无误后予以注销。作废的收据应全联粘贴在存根上。"收据销号"的目的是确保已开出的收据无一遗漏地收到了款项，且现金收入全部入账。

（5）控制收款收据和销货发票的数量和编号。领用收据应由领用人签收领用数量和起讫编号。收据存根由收据保管人收回，回收时要签收，并负责保管。要定期查对尚未使用的空白收据，防止短缺遗失。已使用过的收据和发票应清点、登记、封存和保管，并按规定手续审批后销毁。

（6）对于邮政汇款，在收到时应由两人共同拆封，并专门登记有关来源、金额和收据情况。

（7）企业从开户银行提取现金，应当写明用途，加盖预留银行印鉴，经开户银行审核后，予以支付现金。

2. 现金支出的内部控制

现金支出控制的目的是要保证不支付任何未经有关主管认可批准付款的款项。现金支出要遵守国家规定的结算制度和现金管理办法。其基本内容有：

（1）支付现金要符合国家规定的现金使用范围。根据国务院颁发的《现金管理暂行条例》的规定，下列几种情况允许企业使用现金结算：①支付职工的工资、津贴；②个人劳务报酬；③支付给个人的科学技术、文化艺术、体育等各项奖金；④向个人收购农副产品或其他物资而支付的款项；⑤各种劳保、福利费用以及国家规定的对个人的其他支出，如支付的各种抚恤金、退休金、社会保险和社会救济支出；⑥出差人员必须随身携带的差旅费；⑦转账结算起点以下（1000元）的零星开支；⑧中国人民银行规定的其他使用现金的范围。

（2）与付款相关的授权、采购、出纳、记账工作应由不同的经办人员负责，不能职责不分，一人兼管。

（3）支票的签发至少要由两人签字或盖章，以相互牵制、互相监督。

（4）任何款项的支付都必须以原始凭证作为依据，由经办人员签字证明，分管主管人员审批，并经有关会计人员审核后，出纳人员方能据以办理付款。

（5）付讫的凭证要盖销"银行付讫"或"现金付讫"章，并定期装订成册，由专人保管，以防付款凭证遭盗窃、窜改和重复报销等情况的发生。

按照上述内部控制的内容，处理现金支出业务应遵照规定的程序进行。

3.库存现金的内部控制

库存现金控制的目的是要确定合理的库存现金限额，并保证库存现金的安全、完整。其基本内容有：

（1）正确核定库存现金限额，超过限额的现金应及时送存银行。库存现金限额应由开户银行和企业共同根据企业的日常零星开支的数额及距离银行远近等因素确定。企业一般保留三到五天的零用现金，最多不得保留超过15天的零用现金。库存现金限额一经确定，超过部分必须在当天或次日上午由企业解缴银行。未经银行许可，企业不得擅自坐支现金。确实情况特殊，需坐支现金的，应由企业向银行提交坐支申请，在银行批准的坐支额度内坐支，并按期向银行报告坐支情况。库存现金低于限额时企业可向银行提取现金，补充限额。

（2）出纳人员必须及时登记现金记账，做到日清月结，不得以不符合财务制度和会计凭证手续的"白条"和单据抵充库存现金；不准谎报用途套取现金；不准用银行账户代其他单位和个人存入或支取现金；不准将单位收入的现金以个人名义存储，即"公款私存"；不准保留账外公款，不得设置小金库等。每天营业终了后要核对库存现金和现金日记账的账面余额，发现账实不符，要及时查明原因并予以处理。

（3）内部审计或稽核人员要定期对库存现金进行核查，也可根据需要进行临时抽查。

在实务中，不同企业由于其业务性质、经营规模、人员数量、现金的来源渠道和支出用途等因素不同，其现金控制制度也不尽相同。然而，不同条件下设立内部控制制度应遵循的基本原则是相同的。其基本原则主要体现在两个方面：第一，实施处理现金业务的合理分工，即现金收支业务包括授权、付款、收款和记录等各个环节，应由不同的人员来完成，以便形成严密的内部牵制制度。第二，加强银行对现金收支的控制和监督，即企业应尽可能保持最少量的库存现金，绝大部分现金应存入银行，主要的现金支出都使用支票通过银行办理。这样，不仅可以减少保存大量库存现金的成本和风险，而且银行提供的对账单也为检查现金收支记录的正确性提供了依据。

（三）现金业务的会计处理

为加强对现金的核算，企业应设置"现金"账。"现金"账户借方反映由于现销、提现等而增加的现金，贷方反映由于现购、现金送存银行、发放工资、支付其他费用等而减少的现金。该账户期末借方余额反映企业实际持有的库存现金。

另外，为随时掌握现金收付的动态和库存余额，保证现金的安全，企业必须设置"现金日记账"，按照业务发生的先后顺序逐笔序时登记。每日终了，应根据登记的"现金日记账"结余数与实际库存数进行核对，做到账实相符。月份终了，"现金日记账"的余额必须与"现金"总账的余额核对相符。有外币现金收支业务的单位，应当按照人民币现金、外币现金的币种设置现金账户进行明细核算。

三、银行存款

银行存款是企业存放在银行或其他金融机构的货币资金。依国家有关规定，凡是独立核算的单位都必须在当地银行开设账户。企业在银行开设账户以后，超过限额的现金必须存入银行；除按规定限额保留库存现金外，除了在规定的范围内可以用现金直接支付的款项外，在经营过程中所发生的一切货币收支业务，都必须通过银行存款账户进行结算。

（一）银行存款账户的管理

1. 银行存款账户的类型

正确开立和使用银行账户是做好资金结算工作的基础，企业只有在银行开立了存款账户，才能通过银行同其他单位进行结算，办理资金的收付。

《银行账户管理办法》将企事业单位的存款账户划分为四类，即基本存款账户、一般存款账户、临时存款账户和专用存款账户。

一般企事业单位只能选择一家银行的一个营业机构开立一个基本存款账户，主要用于办理日常的转账结算和现金收付，企事业单位的工资、奖金等现金的支取只能通过该账户办理；企事业单位可在其他银行的一个营业机构开立一个一般存款户，该账户可办理转账结算和存入现金，但不能支取现金；临时存款账户是存款人因临时经营活动需要开立的账户，如临时采购资金等；专用存款账户是企事业单位因特定用途需要开立的账户，如基本建设项目专项资金。

2. 银行存款账户的管理

为了加强对基本存款账户的管理，企事业单位开立基本存款账户实行开户许可证制度，必须凭中国人民银行当地分支机构核发的开户许可证办理。对银行存款账户的管理规定如下：

（1）企事业单位不得为还贷、还债和套取现金而多头开立基本存款账户；

（2）不得出租、出借银行账户；

（3）不得违反规定在异地存款和贷款而开立账户；

（4）任何单位和个人不得将单位的资金以个人名义开立账户存储。

（二）银行结算方式的种类

在我国，企业日常与其他企业或个人的大量的经济业务往来，都是通过银行结算的，银行是社会经济活动中各项资金流转结算的中心。为了保证银行结算业务的正常开展，使社会经济活动中各项资金得以通畅流转，根据《中华人民共和国票据法》《票据管理实施办法》，中国人民银行总行对银行结算办法进行了全面的修改和完善，形成了《支付结算办法》，并于 1997 年 12 月 1 日正式施行。

《支付结算办法》规定，企业目前可以选择使用的票据结算工具主要包括银行汇票、商业汇票、银行本票和支票，可以选择使用的结算方式主要包括汇兑、托收承付和委托收款三种结算方式以及信用卡，另外还有一种国际贸易采用的结算方式，即信用证结算方式。

1. 银行汇票

银行汇票是由出票银行签发的，由其在见票时按照实际结算金额无条件支付给收款人或持票人的票据。银行汇票具有使用灵活、票随人到、兑现性强等特点，适用于先收款后发货或钱货两清的商品交易。单位和个人各种款项结算，均可使用银行汇票。

银行汇票可以用于转账，填明"现金"字样的银行汇票也可以用于支取现金。银行汇票的付款期为 1 个月。超过付款期限提示付款不获付款的，持票人需在票据权利时效内向出票银行做出说明，并提供本人身份证件或单位证明，持银行汇票和解讫通知向出票银行请求付款。丧失的银行汇票，失票人可凭人民法院出具的其享有票据权利的证明向出票银行请示付款或退款。

企业支付购货款等款项时，应向出票银行填写"银行汇票申请书"，填明收款人名称、支付人、申请人、申请日期等事项并签章，签章为其预留银行的印鉴。银行受理银行汇票申请书，收妥款项后签发银行汇票，并用压数机压印出票金额，然后将银行汇票和解讫通知一并交给汇款人。

申请人取得银行汇票后即可持银行汇票向填明的收款单位办理结算。银行汇票的收款人可以将银行汇票背书转让给他人。背书转让以不超过出票金额的实际结算金额为限，未填写实际结算金额或实际结算金额超过出票金额的银行汇票不得背书转让。

收款企业在收到付款单位送来的银行汇票时，应在出票金额以内，根据实际需要的款项办理结算，并将实际结算金额和多余金额准确清晰地填入银行汇票和解讫通知的有关栏内。银行汇票的实际结算金额低于出票金额的，其多余金额由出票银行退交申请人。收款企业还应填写进账单并在汇票背面"持票人向银行提示付款签章"处签章，签章应与预留银行的印鉴相同，然后，将银行汇票和解讫通知、进账单一并交开户银行办理结算，银行审核无误后，办理转账。

2. 银行本票

银行本票是由银行签发的、承诺自己在见票时无条件支付确定的金额给收款人或者持票人的票据。银行本票由银行签发并保证兑付，而且见票即付，具有信誉高、支付功能强等特点。用银行本票购买材料物资，销货方可以见票付货，购货方可以凭票提货，债权债务双方可以凭票清偿。收款人将本票交存银行，银行即可为其入账。无论单位或个人，在同一票据交换区域都可以使用银行本票支付各种款项。

银行本票分为定额本票和不定额本票：定额本票面值分别为 1000 元、5000 元、10000 元、50000 元。在票面划去转账字样的为现金本票。

银行本票的付款期限为自出票日起最长不超过 2 个月，在付款期内银行本票见票即付；超过提示付款期限不获付款的，在票据权利时效内向出票银行做出说明，并提供本人身份证或单位证明，可持银行本票向银行请求付款。企业支付购货款等款项时，应向银行提交"银行本票申请书"，填明收款人名称、申请人名称、支付金额、申请日期等事项并签章。申请人或收款人为单位的，银行不予签发现金银行本票。出票银行受理银行本票申请书后，收妥款项签发银行本票。不定额银行本票用压数机压印出票金额，出票银行在银行本票上签章后交给申请人。

申请人取得银行本票后，即可向填明的收款单位办理结算。收款单位可以根据需要在票据交换区域内背书转让银行本票。

收款企业在收到银行本票时，应该在提示付款时在本票背面"持票人向银行提示付款签章"处加盖预留银行印鉴，同时填写进账单，连同银行本票一并交开户银行转账。

3. 商业汇票

商业汇票是出票人签发的、委托付款人在指定日期无条件支付确定的金额给收款人或者持票人的票据。在银行开立存款账户的法人以及其他组织之间需具有真实的交易关系或债权债务关系，才能使用商业汇票。商业汇票的付款期限由交易双方商定，但最长不得超过 6 个月。商业发票的提示付款期限自汇票到期日起 10 日内。

存款人领购商业汇票，必须填写"票据和结算凭证领用单"并加盖预留银行印鉴；存款账户结清时，必须将全部剩余空白商业汇票交回银行注销。

商业汇票可以由付款人签发并承兑，也可以由收款人签发交由付款人承兑。定日付款或者出票后定期付款的商业汇票，持票人应当在汇票到期日前向付款人提示承兑；见票后定期付款的汇票，持票人应当自出票日起 1 个月内向付款人提示承兑。汇票未按规定期限提示承兑的，持票人即丧失对其前手的追索权。付款人应当自收到提示承兑的汇票之日起 3 日内承兑或者拒绝承兑。付款人拒绝承兑的，必须出具拒绝承兑的证明。商业汇票可以背书转让。符合条件的商业承兑汇票的持票人可持未到期的商业承兑汇票连同贴现凭证，向银行申请贴现。商业汇票按承兑人不同分为商业承兑汇票和银行承兑汇票两种。

（1）商业承兑汇票。商业承兑汇票是由银行以外的付款人承兑。商业承兑汇票按交易双方约定，由销货企业或购货企业签发，但由购货企业承兑。承兑时，购货企业应在汇票正面记载"承兑"字样和承兑日期并签章。承兑不得附有条件，否则视为拒绝承兑。汇票到期时，购货企业的开户银行凭票将票款划给销货企业或贴现银行。销货企业应在提示付款期限内通过开户银行委托收款或直接向付款人提示付款。对异地委托收款的，销货企业可匡算邮程，提前通过开户银行委托收款。汇票到期时，如果购货企业的存款不足支付票款，开户银行应将汇票退还销货企业，银行不负责付款，由购销双方自行处理。

（2）银行承兑汇票。银行承兑汇票由银行承兑，由在承兑银行开立存款账户的存款人签发。承兑银行按票面金额向出票人收取万分之五的手续费。

购货企业应于汇票到期前将票款足额交存其开户银行，以备由承兑银行在汇票到期日或到期日后的见票当日支付票款。销货企业应在汇票到期时将汇票连同进账单送交开户银行以便转账收款。承兑银行凭汇票将承兑款项无条件转给销货企业，如果购货企业于汇票到期日未能足额交存票款时，承兑银行除凭票向持票人无条件付款外，对出票人尚未支付的汇票金额按照每天万分之五计收罚息。

采用商业汇票结算方式，可以使企业之间的债权债务关系表现为外在的票据，使商业信用票据化，加强约束力，有利于维护和发展社会主义市场经济。对于购货企业来说，由于可以延期付款，可以在资金暂时不足的情况下及时购进材料物资，保证生产经营顺利进行。对于销货企业来说，可以疏通商品渠道，扩大销售，促进生产。汇票经过承兑，信用较高，可以按期收回货款，防止拖欠，在急需资金时，还可以向银行申请贴现，融通资金，比较灵活。销货企业应根据购货企业的资金和信用情况不同，选用商业承兑汇票或银行承兑汇票；购货企业应加强资金的计划管理，调度好货币资金，在汇票到期以前，将票款送存开户银行，保证按期承付。

4. 支票

支票是单位或个人签发的、委托办理支票存款业务的银行在见票时无条件支付确定的金额给收款人或者持票人的票据。

支票结算方式是同城结算中应用比较广泛的一种结算方式。单位和个人在同一票据交换区域的各种款项结算，均可以使用支票。支票由银行统一印制，支票上印有"现金"字样的为现金支票。支票上印有"转账"字样的为转账支票，转账支票只能用于转账。未印有"现金"或"转账"字样的为普通支票，普通支票可以用于支取现金，也可以用于转账。在普通支票左上角划两条平行线的，为划线支票，划线支票只能用于转账，不得支取现金。

支票的提示付款期限为自出票日起 10 日内，中国人民银行另有规定的除外。超过提示付款期限的，持票人开户银行不予受理，付款人不予付款。转账支票可以根据需要在票据交换区域内背书转让。

存款人领购支票，必须填写"票据和结算凭证领用单"并加盖预留银行印鉴。存款账户结清时，必须将全部剩余空白支票交回银行注销。

企业财会部门在签发支票之前，出纳人员应该认真查明银行存款的账面结余数额，防止签发超过存款余额的空头支票。签发空头支票，银行除退票外，还按票面金额处以 5% 但不低于 1000 元的罚款。持票人有权要求出票人赔偿支票金额 2% 的赔偿金。签发支票时，应使用蓝黑墨水或碳素墨水，将支票上的各要素填写齐全，并在支票上加盖其预留的银行印鉴。出票人预留银行的印鉴是银行审核支票付款的依据。银行也可以与出票人约定使用支付密码，作为银行审核支付支票金额的条件。

5. 信用卡

信用卡是指商业银行向个人和单位发行的，凭以向特约单位购物、消费和向银行存取现金且具有消费信用的特制载体卡片。

信用卡按使用对象分为单位卡和个人卡；按信誉等级分为金卡和普通卡。凡在中国境内金融机构开立基本存款账户的单位可申领单位卡。单位卡可申领若干张，持卡人资格由申领单位法定代表人或其委托的代理人书面指定和注销，持卡人不得出租或转借信用卡。单位卡账户的资金一律从其基本存款账户转账存入，在使用过程中，需要向其账户续存资金的，也一律从其基本存款账户转账存入，不得交存现金，不得将销货收入的款项存入其账户。单位卡一律不得用于 10 万元以上的商品交易、劳务供应款项的结算，不得支取现金。

信用卡在规定的限额和期限内允许善意透支，关于透支额，金卡最高不得超过 10000 元，普通卡最高不得超过 5000 元。透支期限最长为 60 天。透支利息，自签单日或银行记账日起 15 日内按日息万分之五计算；超过 15 日，则按日息万分之十计算；超过 30 日或透支金额超过规定限额的，按日息万分之十五计算。透支计算不分段，按最后期限或者最高透支额的最高利率档次计息。超过规定限额或规定期限，并且经发卡银行催收无效的透支行为称为恶意透支，持卡人使用信用卡不得发生恶意透支。严禁将单位的款项存入个人卡账户中。单位或个人申领信用卡，应按规定填制申请表，连同有关资料一并送交发卡银行。符合条件并按银行要求交存一定金额的备用金后，银行为申领人开立信用卡存款账户，并发给信用卡。

6. 汇兑

汇兑是汇款人委托银行将其款项支付给收款人的结算方式。单位和个人的各种款项的结算，均可使用汇兑结算方式。

汇兑分为信汇、电汇两种。信汇是指汇款人委托银行通过邮寄方式将款项划转给收款人。电汇是指汇款人委托银行通过电报将款项划给收款人。这两种汇兑方式由汇款人根据需要选择使用。汇兑结算方式适用于异地之间的各种款项结算。这种结算方式划拨款项简便、灵活。

企业采用这一结算方式，付款单位汇出款项时，应填写银行印发的汇款凭证，列明收款单位名称、汇款金额及汇款的用途等项目，送达开户银行，委托银行将款项汇往收汇银行。收汇银行将汇款收进单位存款户后，向收款单位发出收款通知。

7. 委托收款

委托收款是收款人委托银行向付款人收取款项的结算方式。无论单位还是个人都可凭已承兑商业汇票、债券、存单等付款人债务证明办理同城或异地款项收取。委托收款还适用于收取电费、电话费等付款人众多且分散的公用事业费等有关款项。

委托收款结算款项划回的方式分为邮寄和电报两种。

企业委托开户银行收款时，应填写银行印制的委托收款凭证和有关的债务证明。在委托收款凭证中写明付款单位名称、收款单位名称、账号及开户银行，委托收款金额的大小写，款项内容，委托收款凭据名称及附寄单证张数等。企业的开户银行受理委托收款后，将委托收款凭证寄交付款单位开户银行，由付款单位开户银行审核，并通知付款单位。

付款单位收到银行交给的委托收款凭证及债务证明，应签收并在3天之内审查债务证明是否真实，是否是本单位的债务，确认之后通知银行付款。

付款单位应在收到委托收款通知的次日起3日内，主动通知银行是否付款。如果不通知银行，银行视同企业同意付款并在第4日，从单位账户中付出此笔委托收款款项。

付款人在3日内审查有关债务证明后，认为债务证明或与此有关的事项符合拒绝付款的规定，应出具拒绝付款理由书和委托收款凭证第五联及持有的债务证明，向银行提出拒绝付款。

8. 托收承付

托收承付是根据购销合同由收款人发货后委托银行向异地付款人收取款项，由付款人向银行承认付款的结算方式。使用托收承付结算方式的收款单位和付款单位，必须是国有企业、供销合作社以及经营管理较好，并经开户银行审查同意的城乡集体所有制工业企业。办理托收承付结算的款项，必须是商品交易，以及因商品交易而产生的劳务供应的款项。代销、寄销、赊销商品的款项，不得办理托收承付结算。

托收承付款项划回方式分为邮寄和电报两种，由收款人根据需要选择使用；收款单位办理托收承付，必须具有商品发出的证件或其他证明。托收承付结算每笔的金额起点为 10000 元，新华书店系统每笔金额起点为 1000 元。

采用托收承付结算方式时，购销双方必须签有符合《经济合同法》的购销合同，并在合同上订明使用托收承付结算方式。销货企业按照购销合同发货后，填写托收承付凭证，盖章后连同发运证件（包括铁路、航运、公路等运输部门签发的运单、运单副本和邮局包裹回执）或其他符合托收承付结算的有关证明和交易单证送交开户银行办理托收手续。

销货企业开户银行接受委托后，将托收结算凭证回联退给企业，作为企业进行账务处理的依据，并将其他结算凭证寄往购货单位开户银行，由购货单位开户银行通知购货单位承认付款。

购货企业收到托收承付结算凭证和所附单据后，应立即审核是否符合订货合同的规定。按照《支付结算办法》的规定，承付货款分为验单付款与验货付款两种，这在双方签订合同时约定。验单付款是购货企业根据经济合同对银行转来的托收结算凭证、发票账单、托运单及代垫运杂费等单据进行审查无误后，即可承认付款。为了便于购货企业对凭证的审核和筹措资金，结算办法规定承付期为 3 天，从付款人开户银行发出承付通知的次日算起（承付期内遇法定休假日顺延）。购货企业在承付期内，未向银行表示拒绝付款，银行即视作承付，并在承付期满的次日（法定休假日顺延）上午银行开始营业时，将款项主动从付款人的账户内付出，按照销货企业指定的划款方式，划给销货企业。验货付款是购货企业待货物运达企业，对其进行检验与合同完全相符后才承认付款。为了满足购货企业组织验货的需要，结算办法规定承付期为 10 天，从运输部门向购货企业发出提货通知的次日算起。承付期内购货企业未表示拒绝付款的，银行视为同意承付，于 10 天期满的次日上午银行开始营业时，将款项划给收款人。为满足购货企业组织验货的需要，对收付双方在合同中明确规定，并在托收凭证上注明验货付款期限的，银行从其规定。

对于下列情况，付款人可以在承付期内向银行提出全部或部分拒绝付款：①没有签订购销合同或购销合同未订明托收承付结算方式的款项；②未经双方事先达成协议，收款人提前交货或因逾期交货付款人不再需要该项货物的款项；③未按合同规定的到货地址发货的款项；④代销、寄销、赊销商品的款项；⑤验单付款，发现所列货物的品种、规格、数量、价格与合同规定不符。或货物已到，经查验货物与合同规定或发货清单不符的款项；⑥验货付款，经查验货物与合同规定或与发货清单不符的款项；⑦货款已经支付或计算错误的款项。

不属于上述情况的，购货企业不得提出拒付。

购货企业提出拒绝付款时，必须填写"拒绝付款理由书"，注明拒绝付款理由，涉及合同的应引证合同上的有关条款。属于商品质量问题，需要提出质量问题的证明；属于外贸部门进口商品，应当提出国家商品检验或运输等部门出具的证明，向开户银行办理拒付手续。

银行同意部分或全部拒绝付款的，应在拒绝付款理由书上签注意见，并将拒绝付款理由书、拒付证明、拒付商品清单和有关单证邮寄收款人开户银行转交销货企业。

付款人开户银行对付款人逾期支付的款项，根据逾期付款金额和逾期天数，按每天万分之五计算逾期付款赔偿金。逾期付款天数从承付期满日算起。银行审查拒绝付款期间不算做付款人逾期付款，但对无理拒绝付款而增加银行审查时间的，从承付期满日起计算逾期付款赔偿金。赔偿金实行定期扣付，每月计算一次，于次月3日内单独划给收款人。赔偿金的扣付列为企业销货收入扣款顺序的首位。付款人账户余额不足支付时，应排列在工资之前，并对该账户采取"只收不付"的控制办法，直至足额扣付赔偿金后才准予办理其他款项的支付，由此产生的经济后果由付款人自负。

9. 信用证

信用证结算方式是国际结算的一种主要方式。经中国人民银行批准经营结算业务的商业银行总行以及经商业银行总行批准开办信用证结算业务的分支机构，也可以办理国内企业之间商品交易的信用证结算业务。

采用信用证结算方式的，收款单位收到信用证后，即备货装运，签发有关发票账单，连同运输单据和信用证，送交银行，根据退还的信用证等有关凭证编制收款凭证；付款单位在接到开证行的通知时，根据付款的有关单据编制付款凭证。

企业通过银行办理支付结算时应当认真执行国家各项管理办法和结算制度。中国人民银行颁布的《支付结算办法》规定：

（1）单位和个人办理结算，不准签发没有资金保证的票据或远期支票，套取银行信用；

（2）不得签发、取得或转让没有真实交易和债权债务的票据，套取银行和他人的资金；

（3）不准无理拒绝付款，任意占用他人资金；

（4）不准违反规定开立和使用账户。

（三）银行存款业务的会计处理

为正确核算银行存款，企业应按开户银行和其他金融机构、存款种类等，分别设置"银行存款日记账"，由出纳人员根据收付款凭证，按照业务的发生顺序逐笔登记，每日终了应结出余额。该账户借方反映由于销售、收回款项、现金送存银行等而增加的银行存款，贷方反映由于购货、支付款项、提现等而减少的银行存款；期末借方余额，反映企业实际存在银行或其他金融机构的款项。月末"银行存款日记账"账面余额应与"银行存款"总账余额核对相符。有外币存款的企业，应分别为人民币和各种外币设置"银行存款日记账"进行明细核算。

"银行存款日记账"应定期与"银行对账单"核对。至少每月核对一次。月度终了，企业银行存款日记账账面余额与银行对账单余额之间如有差额，必须逐笔查明原因进行处理。并按月编制"银行存款余额调节表"调节相符。企业应加强对银行存款的管理，并定期对银行存款进行检查。如果有确凿证据表明存在银行或其他金融机构的款项已经部分不能收回，或者全部不能收回，如吸收存款的单位已宣告破产，其破产财产不足以清偿的部分，或者全部不能清偿的，应当作为当期损失，记入"营业外支出"科目。

（四）银行存款余额的调节

企业每月应将银行存款日记账余额与银行对账单余额进行核对，以检查企业银行存款记录的正确性。

1. 银行存款余额差异的原因

企业银行存款日记账余额与银行对账单余额往往不一致，造成差异的原因是多方面的，主要有：

（1）银行或企业的某一方或双方漏记某一项或几项交易；

（2）银行或企业的某一方或双方记账错误；

（3）存在未达账项。

未达账项是指由于企业与银行取得凭证的时间不同，导致记账时间不一致发生的一方已取得结算凭证且登记入账，而另一方由于尚未取得结算凭证尚未入账的款项。未达账项一般有四种情况：

①企业已收款入账而银行尚未入账的款项，即企业已收，银行未收。如企业销售产品收到支票，送存银行后即可根据银行盖章退回的"进账单"回单联登记银行存款的增加，但由于银行尚未办妥兑收手续而未入账。在这种情况下，若不考虑其他因素，则企业"银行日记账"余额要大于"银行对账单"余额。

②企业已付款入账而银行尚未入账的款项，即企业已付，银行未付。如企业开出支票支付购料款，企业根据支票存根、发票等凭证登记银行存款的减少，而银行由于收款人尚未持票向银行兑取而未入账。在这种情况下，若不考虑其他因素，则企业"银行存款日记账"余额要小于"银行对账单"余额。

③银行已收款入账而企业尚未入账的款项，即银行已收，企业未收。如银行已收妥企业托收的款项，已登记企业银行存款增加，企业由于尚未收到银行的收款通知而未入账，或已收到银行的收账通知但未及时入账。在这种情况下，若不考虑其他因素，则企业"银行存款日记账"余额小于"银行对账单"余额。

④银行已付款入账而企业尚未入账的款项，即银行已付，企业未付。如银行代企业直接支付的各种费用，银行已作为企业存款的减少入账，但企业尚未接到凭证而未入账，或已收到凭证但尚未及时入账。在这种情况下，若不考虑其他因素，则企业"银行存款日记账"余额要大于"银行对账单"余额。

2. 银行存款余额调节表的编制

企业银行存款日记账余额与银行对账单余额的差异，可通过编制银行存款余额调节表进行调节，并通过核对调节后余额是否一致，进一步检查企业银行存款记录的正确性，保证账实相符。

银行存款余额调节表有两种格式：一种格式是以企业银行存款日记账余额（或银行对账单余额）为起点，加减调整项目，调整到银行对账单余额（或企业银行存款日记账余额）；另一种格式是分别以企业银行存款日记账余额和银行对账单余额为起点。加减各自的调整项目，分别得出两个调节后的余额。在会计实务中较多地采用了后一种格式。

如果调节后的银行存款日记账余额与银行对账单余额相符，一般表明双方记账正确（但也不排除存在差错的可能性，如两个差错刚好互相抵消，对余额没有影响）。如果调节后的余额还是有差异，则在已调整了全部未达账项情况下，表明记账有错误，应进一步查找并予以更正；否则，依然存在未调整的未达账项或记账错误。

3. 银行存款余额调节后的账务处理

对造成银行存款日记账与银行对账单余额差异的各项因素，应根据具体情况进行不同的处理。

（1）记账错误的处理。企业通过编制银行存款余额调节表发现的银行记账错误，应及时通知银行，予以更正；对于发现的自身记账错误，应根据错误类型采用划线更正法、红字更正法或补充登记法及时编制调整分录并登记入账。

（2）未达账项的处理。按照国际惯例，对于银行已入账，企业未入账的未达账项，应编制调整分录并登记入账。

我国现行会计实务对未达账项的处理与上述国际惯例完全不同。我国现行会计制度规定，对于未达账项不能以银行存款余额调节表作为原始凭证，据以调整银行存款账面记录。只有等到有关结算凭证到达企业时，才能据以进行相应的账务处理，且在下一月度应关注上月银行的未达账项是否及时入账。这一做法虽简化了会计核算，防止重复记账，但不利于财务状况的公允表达。因此，

参照国际惯例，我国会计实务对未达账项的处理可做如下适当调整：

（1）月末不做账务处理，但对其中重大未达账项应在报表附注中加以披露；

（2）月末先将企业未记录的未达账项登记入账，下月初再将其转回，等收到有关凭证后再做正常处理。

第二节　财务会计固定资产管理

一、固定资产概述

（一）固定资产的概念及特征

固定资产是指使用期限较长、单位价值较高，并且在使用过程中保持原有实物形态的资产。固定资产具有以下一些基本特征：①预计使用年限超过一年或长于一年的一个经营周期，且在使用过程中保持原来的物质形态不变；②用于生产经营活动而不是为了出售；③价值补偿与实物更新相分离。在固定资产的使用过程中，其价值通过折旧逐渐转移出去，但其物质实体却通常并不同时减损，只有在其不能或不宜继续使用时，才对其进行更新处置。

《国际会计准则第 16 号——不动产、厂场和设备》对固定资产做出定义：固定资产指符合下列各项规定的有形资产：①企业所有的用于生产或供应产品和劳务的有形资产，包括为了出租给他人，或为了管理上使用的，还包括为了维修这些资产而持有的其他项目；②为可连续使用而购置或建造的；③不打算在正常营业过程中出售的。对符合上述标准的资产的租用权，在某些情况下也可以作为固定资产处理。

新修订的《国际会计准则第 16 号》对固定资产的定义是：固定资产，指具有下列特征的有形资产：①预计用于生产、提供商品或劳务、出租或为了行政管理目的而拥有的；②预计使用期限超过一个会计期间。

我国的《企业会计准则——固定资产》对固定资产做出定义：固定资产是指同时具有以下特征的有形资产：①为生产商品、提供劳务、出租或经营管理而持有的；②使用年限超过一年；③单位价值较高。

企业中固定资产的判定标准通常有两项：①使用期限在一年以上；②单位价值在一定标准以上。我国企业会计制度规定："固定资产是指使用期限超过一年的房屋、建筑物、机器、机械、运输工具以及其他与生产、经营有关的设备、器具、工具等。不属于生产、经营主要设备的物品，单位价值在 2000 元以上，并且使用期限超过两年的，也应当作为固定资产。企业应当根据企业会计制度及有关规定，结合本单位的具体情况，如经营规模、业务范围的不同，制定适合于本企业的固定资产目录、分类方法、每类或每项固定资产的折旧年限、折旧方法，作为进行固定资产核算的依据。企业制定的固定资产目录、分类方法、每类或每项固定资产的预计使用年限、预计净残值、折旧方法等，应当编制成册，并按照管理权限，经股东大会或董事会，或经理（厂长）

会议或类似机构批准，按照法律、行政法规的规定报送有关各方备案，同时备置于企业所在地，以供投资者等有关各方查阅。

我国《企业会计准则——固定资产》规定：固定资产在同时满足以下两个条件时，才能加以确认：①该固定资产包含的经济利益很可能流入企业；②该固定资产的成本能够可靠地计量。企业在对固定资产进行确认时，应当按照固定资产的定义和确认条件，考虑企业的具体情形加以判断。企业的环保设备和安全设备等资产，虽然不能直接为企业带来经济利益，却有助于企业从相关资产获得经济利益，也应当确认为固定资产，但这类资产与相关资产的账面价值之和不能超过这两类资产可收回金额总额。固定资产的各组成部分，如果各自具有不同的使用寿命或者以不同的方式为企业提供经济利益，从而适用不同的折旧率或折旧方法的，应当单独确认为固定资产。

（二）固定资产的分类

企业的固定资产种类繁多，用途各异，在经营活动中起着不同的作用。对固定资产进行合理的分类，有利于加强对固定资产的管理，并提高其使用效率；有利于正确核算固定资产的价值，合理计算折旧及相关费用。

1. 按经济用途分类

生产经营用固定资产，指直接参与企业生产过程或直接为生产服务的固定资产，如机器、厂房、设备、工具、器具等。

非生产经营用固定资产，指不直接在生产中使用的固定资产，如食堂、宿舍、文教卫生等职工福利方面的建筑物、设备等。

按经济用途分类有利于反映和监督企业各类固定资产之间的组成和变化情况，便于考核固定资产的利用现状，更合理地进行固定资产的配备，充分发挥其效用。

2. 按所有权分类

自有固定资产：企业对该类固定资产享有占有权、处置权，可供长期使用，是企业全部资产的重要构成部分。

租入固定资产：企业通过支付租金取得使用权的固定资产，其租入方式又分为经营性租入和融资性租入两类。经营性租入的固定资产一般在备查簿中登记，而融资租入的固定资产应作为资产入账，在日常使用中为与自有资产相区别，需单独设立明细账进行核算。

3. 按使用情况分类

（1）使用中的固定资产，指处于使用过程中的经营性和非经营性固定资产，包括在使用或因季节性生产和修理等原因暂时停止使用的固定资产，以及供替换使用的机器设备等。

（2）未使用固定资产，指尚未使用的新增固定资产，调入尚待安装的固定资产，进行改建、扩建的固定资产以及批准停止使用的固定资产。

（3）不需用固定资产，指不适用于本企业，准备处理的固定资产。

（4）租出固定资产，指企业以收取租金的方式租给外单位使用的固定资产。租出固定资产也属于使用中的固定资产。

4.按固定资产的经济用途和使用情况综合分类

（1）生产经营用固定资产。

（2）非生产经营用固定资产。

（3）出租固定资产，指在经营性租赁方式下租给外单位使用的固定资产。

（4）不需用固定资产。

（5）未使用固定资产。

（6）土地，是指过去已经估价单独入账的土地。因征地而支付的补偿费，

应计入与土地有关的房屋、建筑物的价值内，不单独作为土地价值入账。企业取得的土地使用权不能作为固定资产管理。

（7）融资租入固定资产，指企业以融资租赁方式租入的固定资产，在租赁期内，应视同自有固定资产进行管理。

不同企业应根据实际需要选择适合本单位的分类标准，对固定资产进行分类，制定固定资产目录。

（三）固定资产的计价

1.固定资产的计价方法

固定资产的计价主要有以下三种方法：

（1）按原始价值计价，又称按历史成本计价，是指按购建某项固定资产达到可使用状态前所发生的一切合理必要的支出作为入账价值。由于这种计价方法有相应的凭证为依据，具有客观性和可验证性的特点，因此成为固定资产的基本计价标准。当然，这种方法具有不可避免的缺点，当会计环境尤其是通货膨胀率和资本成本率较大时，这种方法无法真实反映资产的价值。正因为如此，有人主张以现时重置成本来代替历史成本作为固定资产的计价依据。但是，由于现时重置成本也是经常变化的，具体操作也相当复杂，因此，我国会计制度仍然采用历史成本来对固定资产进行计价。

（2）按重置价值计价，又称按重置完全价值计价，按现时重置成本计价，即按现有的生产能力、技术标准，重新购置同样的固定资产所需要付出的代价作为资产的入账价值。

（3）按折余价值计价，是指按固定资产原始价值或重置完全价值减去已计提折旧后的净额作为入账价值。它可以反映企业占用在固定资产上的资金数量和固定资产的新旧程度。

2.固定资产价值的构成

固定资产在取得时，应按取得时的成本入账。取得时的成本包括买价、进口关税、运输和保险等相关费用，以及为使固定资产达到预定可使用状态前所必要的支出。《国际会计准则第 16 号——不动产、厂场和设备》规定：固定资产项目的成本包括其买价、进口关税和不能返还的购货税款以及为使这项资产达到预定使用状态所需要支付的直接可归属成本。计算买价时，应扣除一切商业折扣和回扣。直接可归属成本的项目有以下各项：①场地整理费；②初始运输和装卸费；③安装费用；④专业人员（如建筑师、工程师）服务费；⑤估计资产拆卸搬移费及场地清理费，这些费用的确认应以《国际会计准则第 23 号——准备，或有负债和或有资产》所确认的准备为限。

固定资产取得时的成本应当根据具体情况分别确定：

（1）购入的不需要经过建造过程即可使用的固定资产，按实际支付的买价、包装费、运输费、安装成本、交纳的有关税金等，作为入账价值。从国外进口的固定资产，其原始成本还应包括按规定支付的关税等。

（2）自行建造的固定资产，按建造该项资产达到预定可使用状态前所发生的全部支出作为入账价值，包括资本化的借款费用。

（3）投资者投入的固定资产，按投资各方确认的价值，作为入账价值。

（4）融资租入的固定资产，按租赁开始日租赁资产的原账面价值与最低租赁付款额的现值两者中较低者作为入账价值。如果融资租赁资产占企业资产总额比例等于或小于 30% 的，在租赁开始日，企业也可按最低租赁付款额，作为固定资产的入账价值。最低租赁付款额，是指在租赁期内，承租人应支付或可能要求支付的各种款项（不包括或有租金和履约成本），加上由承租人或与其有关的第三方担保的资产余值；若预计承租人将会在租赁期满以某价格购买此固定资产，则还包括该买价。

（5）在原有固定资产的基础上进行改建、扩建的，按原固定资产的账面价值，加上由于改建、扩建而使该项资产达到预定可使用状态前发生的支出，减去改建、扩建过程中发生的变价收入，作为入账价值。

（6）企业接受的债务人以非现金资产抵偿债务方式取得的固定资产，或以应收债权换入固定资产的，按应收债权的账面价值加上应支付的相关税费作为入账价值。涉及补价的，按以下规定确定受让的固定资产的入账价值：

①收到补价的，按应收债权的账面价值减去补价，加上应支付的相关税费，作为入账价值。

②支付补价的，按应收债权的账面价值加上支付的补价和应支付的相关税费，作为入账价值。

（7）以非货币性交易换入的固定资产，按换出资产的账面价值加上应支付的相关税费，作为入账价值。涉及补价的，按以下规定确定换入固定资产的入账价值：

①收到补价的，按换出资产的账面价值加上应确认的收益和应支付的相关税费减去补价后的余额，作为入账价值；

应确认的收益＝补价 ×（换出资产的公允价值－换出资产的账面价值）÷ 换出资产的公允价值

②支付补价的，按换出资产的账面价值加上应支付的相关税费和补价，作为入账价值。

（8）接受捐赠的固定资产，应按以下规定确定其入账价值：

①捐赠方提供了有关凭据的，按凭据上标明的金额加上应支付的相关税费，作为入账价值。

②捐赠方没有提供有关凭据的，按如下顺序确定其入账价值：同类或类似固定资产存在活跃市场的，按同类或类似固定资产的市场价格估计的金额，加上应支付的相关税费，作为入账价值；同类或类似固定资产不存在活跃市场的，按该接受捐赠的固定资产的预计未来现金流量现值，作为入账价值。

③如受赠的系旧的固定资产，按照上述方法确定的价值，减去按该项资产的新旧程度估计的价值损耗后的余额，作为入账价值。

（9）盘盈的固定资产，按同类或类似固定资产的市场价格，减去按该项资产的新旧程度估计的价值损耗后的余额，作为入账价值。

（10）经批准无偿调入的固定资产，按调出单位的账面价值加上发生的运输费、安装费等相关费用，作为入账价值。

此外，还要注意以下四点：

①在固定资产的入账价值中，应当包括企业为取得固定资产而缴纳的契税、耕地占用税、车辆购置税等相关税费；

②企业为购进固定资产所支付的增值税不能作为进项税额予以抵扣，应将所支付的增值税额计入所购进固定资产的成本之中；

③企业购置计算机硬件所附带的、未单独计价的软件，与所购置的计算机硬件一并作为固定资产管理；

④已达到预定可使用状态但尚未办理竣工决算手续的固定资产，可先按估计价值记账，待确定实际价值后，再进行调整。

3.有关固定资产计价的两个问题

（1）关于固定资产借款费用的处理。专为购建固定资产而借入的款项所发生的借款费用（包括利息、折价或溢价的摊销和辅助费用以及因外币借款而发生的汇兑差额）是否应计入固定资产成本，是固定资产计价的重要问题。《企业会计准则——借款费用》做了如下规定：

①以下三个条件同时具备时，因专门借款而发生的利息折价或溢价的摊销和汇兑

差额应当开始资本化：①资本支出已经发生；②借款费用已经发生；③为使资产达到预定可使用状态所必要的构建活动已经开始。

资本支出只包括购建固定资产而以支付现金、转移非现金资产或者承担带息债务形式发生的支出。

②如果固定资产的购建活动发生正常中断，并且中断时间连续超过3个月，应当暂停借款费用的资本化，将其确认为当期费用，直至资产的购建活动重新开始。但如果中断是使购建的固定资产达到预定可使用状态所必要的程序，则借款费用的资本化应当继续进行。

③当所购建固定资产达到预定可使用状态时，应当停止其借款费用的资本化；以后发生的借款费用应当于发生当期确认为费用。

（2）关于固定资产价值的调整：固定资产的价值确定并入账以后，一般不得进行调整，但是在一些特殊情况下对已入账的固定资产的价值也可进行调整。这些情况包括：

①根据国家规定对固定资产价值重新估价；

②增加补充设备或改良装置；

③将固定资产的一部分拆除；

④根据实际价值调整原来的暂估价值；

⑤发现原记固定资产价值有错误。

二、固定资产的取得

企业拥有固定资产规模的大小和质量高低，直接影响其生产能力及盈利能力。固定资产所占用的资金在企业总资金中占有的比例较大，且周转期长，合理有效地控制固定资产占用的资金对整个企业资金的周转、使用具有重要意义。企业对固定资产的需求量，取决于现有的生产规模、生产能力、企业产品在市场上的竞争能力和现代化程度等因素，特别是直接参与生产的机器设备，更应随生产任务、使用效率等的变化而做相应的调整。所以，企业是否要新增固定资产，采用何种方式增加，应权衡投资效益再做选择，以确保固定资产发挥最佳的效用。企业一旦决定增加固定资产投资，就面临选择何种投资方法的问题。

固定资产增加的方式多种多样，主要有购入、自建自制、接受投资、无偿调入、接受捐赠、融资租入、接受抵债、非货币性交易换入、盘盈、改建扩建等方式。

为核算企业的固定资产，设置"固定资产"账户，该账户反映企业固定资产的原价。其借方发生额，反映企业增加的固定资产的原价；其贷方发生额，反映企业减少的固定资产的原价；期末借方余额，反映企业期末固定资产的账面原价。企业应当设置"固定资产登记簿"和"固定资产卡片",按固定资产类别、使用部门和每项固定资产进行明细核算。临时租入的固定资产。应当另设备查簿进行登记,不在本科目核算。

(一)购入固定资产

购入不需要安装的固定资产,借记"固定资产",按实际支付(含应支付,下同)的价款,贷记"银行存款"等;购入需要安装的固定资产,先记入"在建工程",安装完毕交付使用时再转入"固定资产"科目。

(二)投资者投入固定资产

企业对接受投资者作价投入的固定资产,按投资各方确认的价值,借记"固定资产"科目;按投资方拥有被投资方的股权,贷记"实收资本"科目;按其差额,贷记"资本公积"科目。

(三)无偿调入固定资产

企业按照有关规定并报经有关部门批准无偿调入的固定资产,按调出单位的账面价值加上新的安装成本、包装费、运杂费等,作为调入固定资产的入账价值。企业调入需要安装的固定资产,按调入固定资产的原账面价值以及发生的包装费、运杂费等,借记"在建工程"等科目;按调入固定资产的原账面价值,贷记"资本公积——无偿调入固定资产"科目;按所发生的支出,贷记"银行存款"等科目;发生的安装费用,借记"在建工程"等科目,贷记"银行存款""应付工资"等科目。工程达到可使用状态时,按工程的实际成本,借记"固定资产"科目,贷记"在建工程"科目。

(四)接受捐赠固定资产

接受捐赠的固定资产,按确定的入账价值,借记"固定资产"科目;按未来应交的所得税,贷记"递延税款"科目;按确定的入账价值减去未来应交所得税后的余额,贷记"资本公积"科目;按应支付的相关税费,贷记"银行存款"等科目。

外商投资企业接受捐赠的固定资产,按确定的入账价值,借记"固定资产"科目;按应计入待转资产价值的金额,贷记"待转资产价值"科目;按应支付的相关税费,贷记"银行存款"等科目。

(五)租入固定资产

企业在生产经营过程中,由于生产经营的临时性或季节性需要,或出于融资等方面的考虑,对于生产经营所需的固定资产可以采用租赁的方式取得。租赁按其性质和形式的不同可分为经营租赁和融资租赁两种。融资租赁,是指实质上转移与资产所有权有关的全部风险和报酬的租赁。经营租赁,是指融资租赁以外的租赁。

1.以经营租赁方式租入

采用经营租赁方式租入的资产,主要是为了解决生产经营的季节性、临时性的需要，并不是长期拥有，租赁期限相对较短；资产的所有权与租赁资产相关的风险和报酬仍归属出租方，企业只是在租赁期内拥有资产的使用权；租赁期满，企业将资产退还给出租方。

企业对以经营租赁方式租入的固定资产，不作为本企业的资产入账，当然也无须计提折旧。

2. 融资租入

融资租入的固定资产，应当单设明细科目进行核算。企业应在租赁开始日，按租赁开始日租赁资产的原账面价值与最低租赁付款额的现值两者中较低者作为入账价值，借记"固定资产"科目；按最低租赁付款额，贷记"长期应付款——应付融资租赁款"科目；按其差额，借记"未确认融资费用"科目。租赁期满，如合同规定将设备所有权转归承租企业，应进行转账，将固定资产从"融资租入固定资产"明细科目转入有关明细科目。

（六）接受抵债固定资产

企业接受的债务人以非现金资产抵偿债务方式取得的固定资产，或以应收债权换入固定资产的，按应收债权的账面余额，贷记"应收账款"等科目，按该项应收债权已计提的坏账准备，借记"坏账准备"科目，按应支付的相关税费，贷记"银行存款""应交税金"等科目，按下式计算的固定资产入账价值，借记"固定资产"科目：

收到补价的，固定资产入账价值 = 应收债权的账面价值 + 应支付的相关税费 — 补价

支付补价的，固定资产入账价值 = 应收债权的账面价值 + 应支付的相关税费 + 补价

三、按固定资产的自建与自制

自建、自制固定资产，是指企业自己建造房屋、其他建筑物及各种机器设备等。当企业有能力建造，或者当某项资产的建造成本明显低于其外购成本时，企业往往会选择自己施工筹建的方式取得该资产，以减少相应的费用开支，如自行建造房屋、自制特殊需要的车床等。自行建造固定资产按是否由本企业组织施工人员施工，分为自营工程和出包工程；前者由本企业组织施工人员进行施工，而后者则是将工程项目发包给建造商，由建造商组织施工。

（一）自营工程

1. 自行建造固定资产入账价值的确定

企业自行建造的固定资产（亦称在建工程），应按建造过程中所发生的全部支出确定其价值，包括所消耗的材料、人工、其他费用和缴纳的有关税金等，作为入账价值。设备安装工程，应把设备的价值包括在内。

工程达到预定可使用状态前因进行试运转所发生的净支出，计入工程成本。企业

的在建工程项目在达到预定可使用状态前所取得的试运转过程中形成的能够对外销售的产品，其发生的成本，计入在建工程成本，销售或转为库存商品时，按实际销售收入或按预计售价冲减工程成本。

盘盈、盘亏、报废、毁损的工程物资，减去保险公司过失人赔偿部分后的差额，工程项目尚未完工的，计入或冲减所建工程项目的成本；工程已经完工的，计入当期营业外收支。在建工程发生单项或单位工程报废或毁损，减去残料价值和过失人或保险公司等赔款后的净损失，计入继续施工的工程成本；如为非常原因造成的报废或毁损，或在建工程项目全部报废或毁损，应将净损失直接计入当期营业外支出。

企业应当定期或者至少于每年年度终了，对在建工程进行全面检查，如果有证据表明在建工程已经发生了减值，应当计提减值准备。存在下列一项或若干项情况的，应当计提在建工程减值准备：①长期停建并且预计在未来 3 年内不会重新开工的在建工程；②所建项目无论在性能上，还是在技术上已经落后，并且给企业带来的经济利益具有很大的不确定性；③其他足以证明在建工程已经发生减值的情形。

所建造的固定资产已达到预定可使用状态，但尚未办理竣工决算的，应当自达到预定可使用状态之日起，根据工程预算造价或者工程实际成本等，按估计的价值转入固定资产，并按本制度关于计提固定资产折旧的规定，计提固定资产的折旧。待办理了竣工决算手续后再做调整。

2. 会计处理

为了对企业自行建造固定资产进行全面准确地核算，设置"工程物资""在建工程""在建工程减值准备"账户。

（1）工程物资。企业为在建工程准备的各种物资，应当按照实际支付的买价、增值税额、运输费、保险费等相关费用，作为实际成本，并按照各种专项物资的种类进行明细核算。企业的工程物资，包括为工程准备的材料、尚未交付安装的需要安装设备的实际成本，以及预付大型设备款和基本建设期间根据项目概算购入为生产准备的工具及器具等的实际成本。企业购入不需要安装的设备，应当在"固定资产"科目核算，不在本科目核算。

本科目应当设置以下明细科目：①专用材料；②专用设备；③预付大型设备款；④为生产准备的工具及器具。

企业购入为工程准备的物资，应按实际成本和专用发票上注明的增值税额，借记本科目（专用材料、专用设备），贷记"银行存款""应付账款""应付票据"等。企业为购置大型设备而预付款时，借记本科目（预付大型设备款），贷记"银行存款"：收到设备并补付设备价款时，按设备的实际成本，借记本科目（专用设备），按预付的价款，贷记本科目（预付大型设备款），按补付的价款，贷记"银行存款"等。工程领用工程物资，借记"在建工程"，贷记本科目（专用材料等）；工程完工后对领出的剩余工程物资应当办理退库手续，并做相反的账务处理。工程完工，将为生产准备的工具及器具交付生产使用时，应按实际成本，借记"低值易耗品"，贷记本科目（为生产准备的工具及器具）。工程完工后剩余的工程物资，如转作本企业存货的，按原材料的实际成本或计划成本，借记"原材料"，按可抵扣的增值税进项税额，借记"应交税金——应交增值税（进项税额）"，按转入存货的剩余工程物资的账面余额，贷记本科目；如工程完工后剩余的工程物资对外出售的，应先结转工程物资的进项税额，借记"应交税金——应交增值税（进项税额）"，贷记本科目，出售时，应确认收入并结转相应的成本。

（2）在建工程。本科目核算企业进行基建工程、安装工程、技术改造工程、大修理工程等发生的实际支出，包括需要安装设备的价值。企业根据项目概算购入不需要安装的固定资产、为生产准备的工具器具、购入的无形资产及发生的不属于工程支出的其他费用等，不在本科目核算。本科目的期末借方余额，反映企业尚未完工的基建工程发生的各项实际支出。

本科目应当设置以下明细科目：①建筑工程；②安装工程；③在安装设备；④技术改造工程；⑤大修理工程；⑥其他支出。

企业自营的基建工程，领用工程用材料物资时，应按实际成本，借记本科目（建筑工程、安装工程等——××工程），贷记"工程物资"；基建工程领用本企业原材料的，应按原材料的实际成本加上不能抵扣的增值税进项税额，借记本科目（建筑工程、安装工程等——××工程），按原材料的实际成本或计划成本，贷记"原材料"，按不能抵扣的增值税进项税额，贷记"应交税金——应交增值税（进项税额转出）"。采用计划成本进行材料日常核算的企业，还应当分摊材料成本差异。基建工程领用本企业的商品产品时，按商品产品的实际成本（或进价）或计划成本（或售价）加上应交的相关税费，借记本科目（建筑工程、安装工程——××工程），按应交的相关税费，贷记"应交税金——应交增值税（销项税额）"等，按库存商品的实际成本（或进价）或计划成本（或售价），贷记"库存商品"。库存商品采用计划成本或售价的企业，还应当分摊成本差异或商品进销差价。基建工程应负担的职工工资，借记本科目（建筑工程、安装工程——××工程），贷记"应付工资"。企业的辅助生产部门为工程提供的水、电、设备安装、修理、运输等劳务，应按月根据实际成本，借记本科目（建筑工程、安装工程等——××工程），贷记"生产成本——辅助生产成本"等。

基建工程发生的工程管理费、征地费、可行性研究费、临时设施费、公证费、监理费等，借记本科目（其他支出），贷记"银行存款"等；基建工程应负担的税金，借记本科目（其他支出），贷记"银行存款"等。

由于自然灾害等原因造成的单项工程或单位工程报废或毁损，减去残料价值和过失人或保险公司等赔款后的净损失，报经批准后计入继续施工的工程成本，借记本科目（其他支出）科目，贷记本科目（建筑工程、安装工程等——××工程）；如为非正常原因造成的报废或毁损，或在建工程项目全部报废或毁损，应将其净损失直接计入当期营业外支出。工程物资在建设期间发生的盘亏、报废及毁损，其处置损失，报经批准后，借记本科目，贷记"工程物资"；盘盈的工程物资或处置收益，做相反的账务处理。

基建工程达到预定可使用状态前进行负荷联合试车发生的费用，借记本科目（其他支出），贷记"银行存款""库存商品"等；获得的试车收入或按预计售价将能对外销售的产品转为库存商品的，做相反账务处理。

基建工程完工后应当进行清理，已领出的剩余材料应当办理退库手续，借记"工程物资"，贷记本科目。

基建工程完工交付使用时，企业应当计算各项交付使用固定资产的成本，编制交付使用固定资产明细表。

企业应当设置"在建工程其他支出备查簿"，专门登记基建项目发生的构成项目概算内容但不通过"在建工程"科目核算的其他支出，包括按照建设项目概算内容购置的不需要安装设备、现成房屋、无形资产以及发生的递延费用等。企业在发生上述支出时，应当通过"固定资产""无形资产"和"长期待摊费用"科目核算。但同时应在"在建工程——其他支出备查簿"中进行登记。

（3）在建工程减值准备。为核算企业的在建工程减值准备，设置"在建工程减值准备"科目。企业发生在建工程减值时，借记"营业外支出——计提的在建工程减值准备"，贷记本科目；如已计提减值准备的在建工程价值又得以恢复，应在原已提减值准备的范围内转回，借记本科目，贷记"营业外支出——计提的在建工程减值准备"。本科目期末贷方余额，反映企业已提取的在建工程减值准备。

（二）出包工程

企业采用出包方式进行的自制、自建固定资产工程，"在建工程"账户实际上成为企业与承包单位的结算账户，企业将与承包单位结算的工程价款作为工程成本，通过"在建工程"账户进行核算。

企业发包的基建工程，应于按合同规定向承包企业预付工程款、备料款时，按实际支付的价款，借记"在建工程"科目（建筑工程、安装工程等——××工程），贷记"银行存款"科目；以拨付给承包企业的材料抵作预付备料款的，应按工程物资的实际成本，借记"在建工程"科目（建筑工程、安装工程等——×工程），贷记"工程物资"科目；将需要安装设备交付承包企业进行安装时，应按设备的成本，借记"在建工程"科目（在安装设备），贷记"工程物资"科目；与承包企业办理工程价款结算时，补付的工程款，借记"在建工程"科目（建筑工程、安装工程等——××工程），贷记"银行存款"等科目。

四、固定资产的折旧

固定资产折旧，是指固定资产在使用过程中，逐渐损耗而消失的那部分价值。固定资产损耗的这部分价值，应当在固定资产的有效使用年限内进行分摊，形成折旧费用，计入各期成本。

（一）折旧的性质及计提范围

1. 折旧的性质

固定资产在长期使用过程中，实物形态保持不变，但因使用、磨损及陈旧等原因会发生各种有形和无形的损耗。有形损耗对使用中的固定资产而言，产生于物质磨损；不使用的固定资产也可能发生损耗，如自然气候条件的侵蚀及意外毁损造成的损耗。无形损耗是因技术进步、市场变化、企业规模改变等原因引起的。有的资产因陈旧、不适应大规模生产发展的需要，而导致在其耐用年限届满前退废。

固定资产的服务能力随着时间的推移逐步消逝，其价值也随之发生损耗，企业应采用系统合理的方法，将其损耗分摊到各经营期，记做每期的费用，并与当期营业收入相配比。固定资产的成本随着逐期分摊，转移到它所生产的产品或提供的劳务中去，这个过程即为计提折旧，每期分摊的成本称为折旧费用。

企业应当根据固定资产的性质和消耗方式，合理地确定固定资产的预计使用年限和预计净残值，并根据科技发展、环境及其他因素，选择合理的固定资产折旧方法，按照管理权限，经股东大会或董事会，或经理（厂长）会议或类似机构批准，作为计提折旧的依据。按照法律、行政法规的规定报送有关各方备案，并备置于企业所在地，以供投资者等有关各方查阅。企业已经确定并报送，或备置于企业所在地的有关固定资产预计使用年限和预计净残值、折旧方法等，一经确定不得随意变更；如需变更，仍然应当按照上述程序，经批准后报送有关各方备案，并在会计报表附注中予以说明。

《国际会计准则第 16 号——不动产、厂场和设备》规定：固定资产项目的应折旧金额应当在其使用寿命内系统地摊销，所使用的折旧方法应能反映企业消耗该资产所含经济利益的方式。

我国《企业会计准则——固定资产》规定：折旧是指在固定资产的使用寿命内，按照确定的方法对应计折旧额进行的系统分摊。其中，应计折旧额，是指应当计提折旧的固定资产的原价扣除其预计净残值后的余额；如果已对固定资产计提减值准备，还应当扣除已计提的固定资产减值准备累计金额。使用寿命，是指固定资产预期使用的期限。有些固定资产的使用寿命也可以用该资产所能生产的产品或提供的服务的数量来表示。

2.折旧的范围

固定资产因使用会发生实物磨损，所以使用中的固定资产（如机器设备）均需计提折旧；考虑到无形损耗的原因，对一些未使用、不需用的固定资产，仍应计提折旧，房屋和建筑物不管是否使用均计提折旧；以融资租赁方式租入的固定资产，应当比照自有固定资产进行会计处理，故亦要计提折旧。具体来讲，企业的下列固定资产应当计提折旧：

（1）房屋和建筑物；

（2）在用的机器设备、仪器仪表、运输工具、工具器具；

（3）季节性停用、大修理停用的固定资产；

（4）融资租入和以经营租赁方式租出的固定资产。

下列固定资产不计提折旧：

（1）房屋、建筑物以外的未使用、不需用固定资产；

（2）以经营租赁方式租入的固定资产；

（3）已提足折旧继续使用的固定资产；

（4）按规定单独估价作为固定资产入账的土地。

已达到预定可使用状态的固定资产，如果尚未办理竣工决算的，应按估计价值暂估入账，并计提折旧；待办理了竣工决算手续后，再按照实际成本调整原来的暂估价值，同时调整原已计提的折旧额。

已提足折旧的固定资产，如仍可继续使用，不再计提折旧；提前报废的固定资产，未提足的折旧不再补提折旧。所谓提足折旧，是指已经提足该项固定资产应提的折旧总额。应提的折旧总额为固定资产原价减去预计残值加上预计清理费用。

我国《企业会计准则——固定资产》规定：除以下两种情况外，企业应对所有固定资产计提折旧：①已提足折旧仍继续使用的固定资产；②按规定单独估价作为固定资产入账的土地。

（二）影响折旧的因素

固定资产折旧的计算，涉及固定资产原值、预计净残值、估计使用年限和折旧方法四个要素。

（1）固定资产原值是固定资产取得时的实际成本。

（2）预计净残值。指固定资产在报废时，预计残料变价收入扣除清算时清算费用后的净值，也称预计净残值。实物中常用固定资产原值的一定百分比估算。在计算折旧时，把固定资产原值减去估计残值后的余额称为折旧基数或折旧总额。

（3）估计使用年限。在估计时应同时考虑有形损耗和无形损耗，即实物的使用寿命和与经济效用等有关的技术寿命。在科学技术飞速发展的今天，技术密集型企业应更多地考虑无形损耗，合理估计使用年限。

《国际会计准则第 16 号——不动产、厂场和设备》规定：固定资产项目的使用寿命应定期地进行复核，如果预期数与原先的估计数相差很大，则应对本期和将来各期的折旧金额进行调整。

我国《企业会计准则——固定资产》规定：企业在确定固定资产的使用寿命时，主要应当考虑下列因素：①该资产的预计生产能力或实物产量；②该资产的有形损耗，如设备使用中发生磨损、房屋建筑物受到自然侵蚀等；③该资产的无形损耗，如因新技术的出现而使现有的资产技术水平相对陈旧、市场需求变化使产品过时等；④有关资产使用的法律或者类似的限制。

我国《企业会计准则——固定资产》规定：企业应当根据固定资产的性质和使用情况，合理确定固定资产的使用寿命和预计净残值。除下述定期复核引起使用寿命改变外，固定资产的使用寿命、预计净残值一经选定，不得随意调整。企业应当定期对固定资产的使用寿命进行复核。如果固定资产使用寿命的预期数与原先的估计数有重大差异，则应当相应调整固定资产折旧年限。

（4）折旧方法。不同经营规模，不同性质的企业可根据各自的特点选择相应的折旧方法，比较合理地分摊固定资产的应计折旧总额，反映本单位固定资产的实际使用现状。企业一旦选定了某种折旧方法，应该在相当一段时间内保持不变，除非折旧方法的改变能够提供更可靠的会计信息。在特定会计期，折旧方法的变更应在报表附注中加以说明。

《国际会计准则第 16 号——不动产、厂场和设备》规定：应用于固定资产的折旧方法，应该定期地加以复核。如果资产经济利益的预期实现方式有重大改变，折旧方法也应相应地改变以反映这种方式的改变。如果这种折旧方法的改变是必要的，这种改变应作为会计估计变更进行会计处理，本期和未来期间的折旧金额应加以调整。

我国《企业会计准则——固定资产》规定：企业应当根据固定资产所含经济利益预期实现方式选择折旧方法，可选用的折旧方法包括年限平均法、工作量法、双倍余额递减法或者年数总和法。除下述定期复核引起折旧方法改变外，折旧方法一经选定，不得随意调整。企业应当定期对固定资产的折旧方法进行复核。如果固定资产包含的经济利益的预期实现方式有重大改变，则应当相应改变固定资产折旧方法。

计算折旧的四大要素中，除原始成本比较容易确定外，残值和使用年限为估计数，又受到折旧方法选择的影响，其计算结果难免不够精确。

（三）折旧方法

固定资产的折旧方法有很多种，如直线法、加速折旧法等，我国会计制度规定，企业可以采用直线法计提折旧，在经有关部门批准的前提下，也可以采用加速折旧法。

1. 直线法

直线法，具体又有年限平均法和工作量法两种。

（1）年限平均法。是各种折旧方法中最简单的一种。固定资产折旧总额在使用年限内平均分摊，每期的折旧额相等。

计算公式表示如下：

年折旧额 =（固定资产原值－预计净残值）÷ 估计使用年限

年折旧率 =（1－预计净残值率）÷ 估计使用年限

其中，预计净残值率 = 预计净残值 ÷ 固定资产原值

月折旧率 = 年折旧率 ÷12

月折旧额 = 固定资产原值 × 月折旧率

我国固定资产折旧一般采用年限平均法，这种方法最大的优点是计算简便。但是，它只考虑固定资产的估计使用时间，而忽略了实际使用的现状。固定资产使用早期，其工作效率相对较高，发生的维修保养费少；后期固定资产工作效率相对较低，发生的维修保养费逐步增加。在整个使用期内，各期费用总额分布均匀，呈递增趋势，而固定资产工作效率呈递减趋势。在其他因素不变的情况下，利润逐年递减。采用年限平均法，不能反映资产的实际使用情况，从而影响到决策者对财务信息的分析判断。

（2）工作量法。是将固定资产的总折旧额按其估计工作总量（如总生产量、总工作小时等）平均分摊，以求得单位工作量应负担折旧额。

采用年限平均法尽管在实际操作中比较简单，但由于无形损耗的存在，固定资产可能在估计使用年限届满前甚至早期即遭淘汰，导致大部分成本无法通过折旧收回，企业将面临一定的损失。

2. 加速折旧法

加速折旧法是在固定资产使用早期多提折旧，在使用后期少提折旧的一种方法。这种处理的理论依据是，固定资产在使用早期，提供的服务多，为企业创造的效益高；后期随着实物磨损程度加剧，提供的服务量减少，而修理费用增加。如果在资产使用过程中折旧的计提逐年递减，可使固定资产在各年承担的总费用接近，利润平稳，这也弥补了年限平均法的局限。在加速折旧法下，由于早期计提了较多的折旧，即使固定资产提前报废，其成本于前期基本已收回，也不会造成过多损失。加速折旧法主要有双倍余额递减法和年数总和法两种。下面分述之。

（1）双倍余额递减法。这一方法下，固定资产的折旧率为年限平均法折旧率的2倍，账面价值同样随着每期计提的折旧而减少。每期应计提的折旧计算为：

年折旧额 = 递减的账面价值 × 年折旧率 = 递减的账面价值 ×2÷ 折旧年限

其中，第一年的账面价值为固定资产的原始成本（不减估计残值）。值得注意的是，在固定资产使用的后期，如果期末账面价值扣除预计净残值后的余额，采用直线法在

剩余年限内的计提的折旧额，比继续使用双倍余额递减法计提的折旧额大，从该会计期开始必须改用直线法。

（2）年限积数法。也称年数总和法，是将固定资产应计提的折旧总额按递减的折旧率计算每期的折旧额。

用公式可表示为：

年折旧额 =（固定资产原值－估计残值）× 递减的折旧率

折旧率为分数，分母是根据固定资产估计使用年限计算的积数，分子是固定资产尚可使用的年数，即从使用年限起依次递减的自然数。用公式表示为：

年折旧率 = 尚可使用年数 ÷ 预计使用年限的年数总和 =（预计使用年限－已使用年限）÷ [预计使用年限 ×（预计使用年限 +1）÷ 2]

企业一般是按月提取折旧。当月增加的固定资产，当月不提折旧；从下月起计提折旧；当月减少的固定资产，当月照提折旧，从下月起不提折旧。实际中常用的计算公式是：

固定资产月折旧额 = 上月计提的固定资产折旧额 + 上月增加固定资产应计提折旧额－上月减少固定资产应计提折旧额

为核算企业固定资产的累计折旧，设置"累计折旧"账户。本科目期末贷方余额，反映企业提取的固定资产折旧累计数。企业按月计提的固定资产折旧，借记"制造费用""营业费用""管理费用""其他业务支出"等科目，贷记"累计折旧"科目。

借：制造费用（生产用固定资产计提的折旧）

营业费用（销售等用固定资产计提的折旧）

管理费用（管理部门用固定资产计提的折旧）

其他业务支出（出租等用固定资产计提的折旧）

应付福利费（福利部门用固定资产计提的折旧）

外商投资企业采购的国产设备退还的增值税款，在设备达到预定可使用状态前收到的，冲减设备的成本，借记"银行存款"科目，贷记"在建工程"等科目；如果采购的国产设备已达到预定可使用状态，应调整设备的账面原价和已提的折旧，借记"银行存款"科目，贷记"固定资产"科目；同时，冲减多提的折旧，借记"累计折旧"科目，贷记"制造费用""管理费用"等科目。如果采购的国产设备已达到预定可使用状态，但税务机关跨年度退还增值税，则应相应调整设备的账面原价和已提的折旧，借记"银行存款"科目，贷记"固定资产"科目；同时，冲减多提的折旧，借记"累计折旧"科目，贷记"以前年度损益调整"科目。

第三节 财务会计无形资产管理

一、无形资产概述

（一）无形资产的定义及其特点

无形资产。是指企业为生产商品或者提供劳务、出租给他人，或为管理目的持有的没有实物形态的非货币性长期资产。无形资产包括专利权、非专利技术、商标权、著作权、土地使用权、商誉等，它们或者表明企业所拥有的一种特殊权力，或者直接体现为帮助企业取得高于一般水平的收益。

《企业会计准则——无形资产》规定：无形资产可分为可辨认无形资产和不可辨认无形资产。可辨认无形资产包括专利权、非专利技术、商标权、著作权、土地使用权、特许权等，不可辨认无形资产是指商誉。

目前，国际上对无形资产的界定不完全一致。《国际会计准则第38号——无形资产》规定，无形资产指为用于商品或劳务的生产或供应、出租给其他单位，或为管理目的而持有的没有实物形态的可辨认无形资产。英国《财务报告准则第10号——商誉和无形资产》认为，无形资产指不具实物形态、可辨认、企业可控制的非金融性长期资产。美国正在对无形资产会计处理准则进行修订，所公布的征求意见稿认为，无形资产是指无实物形态的非流动资产（不包括金融资产），包括商誉。不难看出我国的无形资产概念与国际会计准则和英国会计准则中的无形资产概念存在一定差别，表现在我国的无形资产概念包括商誉。与美国征求意见稿中的无形资产概念相比，我国的无形资产概念与之基本一致。

无形资产具有下列特点：

1. 无实体性

无形资产一般是由法律或契约关系所赋予的权利，它没有实物形态，看不见摸不着，但其作用可以感觉得到。在某些高科技领域，无形资产往往显得更为重要。没有实物形态的资产不一定都是无形资产，如应收账款，所以不能单靠有无物质实体作为判断是否是无形资产的唯一标志，但无形资产一定是没有实物形态的。

需要指出的是，某些无形资产的存在有赖于实物载体。比如，计算机软件需要存储在磁盘中。但这并没有改变无形资产本身不具有实物形态的特性。

2. 未来效益的不确定性

无形资产能为企业带来长期效益，但它所能提供的未来经济效益具有很大的不确定性。如企业拥有一项专利权，它使企业在某项技术上拥有独占使用权，从而获得超过同类其他企业的经济利益。但是一旦有一项新的技术出现，它可以远远领先于企业的专利技术，那么企业来自该项专利的经济利益可能减少，甚至消失。无形资产的价值仅局限于特定的企业，在一个企业有用的无形资产不一定在其他企业拥有。并且也很难将无形资产的价值与特定的收入及特定的时间相联系，其不确定性远远超过其他资产。

3. 非独立性

大多数的无形资产不能与企业或企业的有形资产相分离，只有与其他有形资产相结合，在企业生产经营中才能发挥作用。一个企业不可能只有无形资产，企业在未来取得的收益也很难区分是无形资产创造的还是有形资产创造的，通常是两者共同作用的结果。

4. 非流动性

无形资产能为企业连续提供一年以上的服务或利益，其成本不能在短期内得到充分补偿。企业持有无形资产的目的不是为了出售而是为了生产经营，即利用无形资产来提供商品、提供劳务出租给他人，或为企业经营管理服务。软件公司开发的用于对外销售的计算机软件，对于购买方而言属于无形资产，而对于开发商而言却是存货。

（二）无形资产的分类

无形资产可以按以下不同的标志进行分类：

1. 按可否辨认，无形资产可分为可辨认无形资产和不可辨认无形资产

可辨认无形资产是指那些具有相对独立性，可以个别地取得，或作为组成资产的一部分取得，或作为整个企业的一部分取得，可以单独转让或出售的无形资产，如特许权。但也存在特殊情况，即，虽然企业将其出售还需处置同一获利活动中的其他资产，该无形资产仍可能是可辨的。比如，与地上附着物一同购入的土地使用权。

不可辨认无形资产是指那些不具有独立性，不能与企业整体或某项资产分离，不能单独取得和转让或出售的无形资产，最典型的就是商誉。

2. 按不同的来源，无形资产可分为外部取得的无形资产和内部的无形资产

外购的无形资产是指从其他单位或个人购进的，或连同企业一并购进的，如外购的专利权、商誉等。

自创的无形资产是指企业自行研制开发并申请成功的无形资产，如自制的商标权、专利权等。

3. 按有无固定使用年限，无形资产可分为有固定使用年限的无形资产和无常固定使用年限的无形资产

有固定使用年限的是指法律或合约规定有使用年限的无形资产，如特许权。无固

定使用年限的是指法律和合约无法规定使用年限的无形资产，如商誉。

（三）无形资产的确认

《企业会计准则——无形资产》规定：无形资产在满足以下两个条件时，企业才能加以确：

第一，该资产产生的经济利益很可能流入企业；

第二，该资产的成本能够可靠地计量。

某个项目要想确认为无形资产，首先必须符合无形资产的定义，其次还要符合以上两项条件。

1. 符合无形资产的定义

符合无形资产定义的重要表现之一，就是企业能够控制该无形资产产生的经济利益。这虽是企业一般资产所具有的特征，但对于无形资产来说，显得尤其重要。如果没有通过法定方式或合约方式认定企业所拥有的控制权，则说明相关的项目不符合无形资产的定义。比如，一支熟练的员工队伍、特定的管理或技术、一定的客户或市场份额，除非它们的利用及其未来能给企业带来的经济利益受到法定权利的保护，否则不应认为企业对其有足够的控制，因此也不能将它们认定为该企业的无形资产。

2. 产生的经济利益很可能流入企业

作为企业的无形资产，必须具备产生的经济利益很可能流入企业这项基本条件。实务中，要确定无形资产创造的经济利益是否很可能流入企业，需要实施职业判断。在判断无形资产产生的经济利益是否可能流入企业时，企业管理部门应对无形资产在预计使用年限内存在的各种因素做出稳健的估计。

3. 成本能够可靠地计量

成本能够可靠地计量是资产确认的一项基本条件。对于无形资产来说，这个条件显得十分重要。企业自创商誉符合无形资产的定义，但自创商誉过程中发生的支出却难以计量，因而不能作为企业的无形资产予以确认。又比如，一些高科技企业的科技人才，假定其与企业签订了服务合同，且合同规定其在一定期限内不能为其他企业提供服务。在这种情况下，虽然这些科技人才的知识在规定的期限内预期能够为企业创造经济利益，但由于这些技术人才的知识难以辨认，加之为形成这些知识所发生的支出难以计量，从而不能作为企业的无形资产加以确认。

国际会计准则和其他国家或地区会计准则对无形资产确认都予以特别关注。《国际会计准则第 38 号》指出，企业将某项目确认为无形资产时，应能够证明该项目符合无形资产的定义，并同时符合以下条件：第一，归属于该资产的未来经济利益很可能流入企业；第二，该资产的成本能够可靠地计量。《国际会计准则第 38 号》特别强调，企业应使用合理并有证据的假定评价未来经济利益流入的可能性，这些假定应代表企业的管理层对资产使用寿命内将存在的一系列经济状况的最好估计。

在英国的会计实务中，对商誉和无形资产的确认所遵循的是英国会计准则委员会于1999年12月发布的原则公告。该公告指出，如果一项交易或其他事项产生了一项新资产或一项新负债，或导致一项现存资产或负债的增加，那么这种影响应在同时符合以下条件时予以确认：第一，存在表明新资产或负债已经产生的证据，或存在表明已增加现存资产或负债的证据；第二，新资产或负债或在现存资产或负债基础上增加的部分，能够以货币金额可靠地计量。

美国会计准则中没有关于专门确认无形资产的规定，相关的关于财务报表要素的确认原则如下：第一，符合定义，即要符合财务报表某一要素的定义；第二，可计量性，即具有一个相关的可计量属性，足以可靠地计量；第三，相关性，即有关信息在用户的决策中有重要作用；第四，可靠性，即信息是真实的可核实的无偏向的。

从形式上看，国际会计准则、英国会计准则及美国会计准则对无形资产确认条件存在一些不同，但从本质上看，它们并无实质上的区别。我国的会计准则与国际会计准则基本一致。

二、无形资产的核算

（一）无形资产的增加

1. 无形资产的计价

企业的无形资产在取得时，应按取得时的实际成本计量。取得时的实际成本应按以下规定确定：

（1）购入的无形资产，按实际支付的价款作为实际成本。国际会计准则、英国会计准则、美国会计准则对于购入的无形资产，都规定确认时按成本计量。但是，如果采用赊购的方法且延期支付的期限较长时，则规定对购入的无形资产通过折现的方法进行初始计量。

（2）投资者投入的无形资产，按投资各方确认的价值作为实际成本。但是，为首次发行股票而接受投资者投入的无形资产，应按该项无形资产在投资方的账面价值作为实际成本。

（3）企业接受的债务人以非现金资产抵偿债务方式取得的无形资产，或以应收债权换入无形资产的，按应收债权的账面价值加上应支付相关税费，作为实际成本。涉及补价的，按以下规定确定受让的无形资产的实际成本：①收到补价的，按应收债权的账面价值减去补价，加上应支付的相关税费，作为实际成本；②支付补价的，按应收债权的账面价值加上支付的补价和应支付的相关税费，作为实际成本。

（4）以非货币性交易换入的无形资产，按换出资产的账面价值加上应支付的相关税费，作为实际成本。涉及补价的，按以下规定确定换入无形资产的实际成本：

收到补价的，按换出资产的账面价值加上应确认的收益和应支付的相关税费减去补价后的余额，作为实际成本；

应确认的收益＝补价×（换出资产的公允价值－换出资产的账面价值）÷换出资产的公允价值

支付补价的，按换出资产的账面价值加上应支付的相关税费和补价，作为实际成本。

国际会计准则和美国会计准则对于非货币性交易换入的无形资产，在进行初始计量时，都区分交易的性质，根据其是属于同类非货币性交易还是属于非同类非货币性交易，从而采取不同的处理方法。我国不做这样的区分。英国会计准则对此没有专门的规定。

（5）接受捐赠的无形资产，应按以下规定确定其实际成本：①捐赠方提供了有关凭据的，按凭据上标明的金额加上应支付的相关税费，作为实际成本。②捐赠方没有提供有关凭据的，按如下顺序确定其实际成本：同类或类似无形资产存在活跃市场的，按同类或类似无形资产的市场价格估计的金额，加上应支付的相关税费，作为实际成本；同类或类似无形资产不存在活跃市场的，按该接受捐赠的无形资产的预计未来现金流量现值，作为实际成本。

（6）自行开发并按法律程序申请取得的无形资产，按依法取得时发生的注册费、聘请律师费等费用，作为无形资产的实际成本。在研究与开发过程中发生的材料费用、直接参与开发人员的工资及福利费、开发过程中发生的租金、借款费用等，直接计入当期损益。

已经计入各期费用的研究与开发费用，在该项无形资产获得成功并依法申请取得权利时，不得再将原已计入费用的研究与开发费用资本化。

（7）企业购入的土地使用权，或以支付土地出让金方式取得的土地使用权，按照实际支付的价款作为实际成本，并作为无形资产核算；待该项土地开发时再将其账面价值转入相关在建工程（房地产开发企业将需开发的土地使用权账面价值转入存货项目）。

2. 会计处理

为核算企业的无形资产，设置"无形资产"科目。本科目应按无形资产类别设置明细账，进行明细核算。本科目的期末借方余额，反映企业已入账但尚未摊销的无形资产的摊余价值。企业自创的商誉，以及未满足无形资产确认条件的其他项目，不能作为企业的无形资产，不在本科目内反映。具体的账务处理如下：

（1）购入的无形资产，按实际支付的价款，借记"无形资产"，贷记"银行存款"等。

（2）投资者投入的无形资产，按投资各方确认的价值，借记"无形资产"，贷记"实收资本"或"股本"等。为首次发行股票而接受投资者投入的无形资产，应按该项无形资产在投资方的账面价值，借记"无形资产"，贷记"实收资本"或"股本"等。

（3）企业接受的债务人以非现金资产抵偿债务方式取得的无形资产，或以应收债权换入无形资产的，按应收债权的账面价值加上应支付的相关税费，借记"无形资产"，按该项债权已计提的坏账准备，借记"坏账准备"，按应收债权的账面余额，贷记"应收账款"等，按应支付的相关税费，贷记"银行存款""应交税金"等。涉及补价的，分别情况处理：①收到补价的，按应收债权的账面价值减去补价，加上应支付的相关税费，借记"无形资产"，按收到的补价，借记"银行存款"等，按该项债权已计提的坏账准备，借记"坏账准备"，按应收债权的账面余额，贷记"应收账款"等，按应支付的相关税费，贷记"银行存款""应交税金"等。②支付补价的，按应收债权的账面价值加上支付的补价和应支付的相关税费，借记"无形资产"，按该项债权已计提的坏账准备，借记"坏账准备"，按应收债权的账面余额，贷记"应收账款"等，按支付的补价和相关税费，贷记"银行存款""应交税金"等。

（4）接受捐赠的无形资产，按确定的实际成本，借记"无形资产"，按未来应交的所得税，贷记"递延税款"，按确定的价值减去未来应交所得税后的差额，贷记"资本公积"，按应支付的相关税费，贷记"银行存款""应交税金"等。

（5）自行开发并按法律程序申请取得的无形资产，按依法取得时发生的注册费、聘请律师费等费用，借记"无形资产"，贷记"银行存款"等。企业在研究与开发过程中发生的材料费用、直接参与开发人员的工资及福利费、开发过程中发生的租金、借款费用等，直接计入当期损益，借记"管理费用"，贷记"银行存款"等。

（6）企业通过非货币性交易取得的无形资产，比照以非货币性交易取得的固定资产的相关规定进行处理。

（二）无形资产的后续支出

无形资产的后续支出，是指无形资产入账后，为确保该无形资产能够给企业带来预定的经济利益而发生的支出，比如相关的宣传活动支出。由于这些支出仅是为了确保已确认的无形资产能够为企业带来预定的经济利益，因而应在发生当期确认为费用。

《国际会计准则第38号》指出，无形资产后续支出应在发生时确认为费用，除非满足以下条件：第一，该支出很可能使资产产生超过原来预定绩效水平的未来经济利益；第二，该支出能够可靠地计量和分摊至该资产。同时指出，商标、刊头、报刊名、客户名单和实质上类似的项目（不论是外部购入的还是内部产生的）所发生的后续支出，只能确认为费用，以避免确认自创商誉。

《英国财务报告准则第10号》没有特别提及无形资产后续支出。美国会计准则也没有特别就无形资产后续支出如何处理提供指南，在实务处理中，对于可辨认无形资产，允许资本化的后续支出通常仅限于那些能够延长无形资产使用寿命的支出。

（三）无形资产的摊销

无形资产应当自取得当月起在预计使用年限内分期平均摊销，计入损益。如预计使用年限超过了相关合同规定的受益年限或法律规定的有效年限，该无形资产的摊销年限按如下原则确定：

（1）合同规定受益年限但法律没有规定有效年限的，摊销年限不应超过合同规定的受益年限；

（2）合同没有规定受益年限但法律规定有效年限的，摊销年限不应超过法律规定的有效年限；

（3）合同规定了受益年限，法律也规定了有效年限的，摊销年限不应超过受益年限和有效年限二者之中较短者；

（4）如果合同没有规定受益年限，法律也没有规定有效年限的，摊销年限不应超过10年。

摊销无形资产价值时，借记"管理费用——无形资产摊销"，贷记"无形资产"。

无形资产应否摊销以及如何摊销，在国际上素有争论。以下是国际会计准则及美国、英国的会计准则中的一些观点：

1.无形资产应否摊销

国际会计准则要求将无形资产按系统方法予以摊销。

英国财务报告准则虽然主张对无形资产进行摊销，但同时对那些被认为具有无限使用寿命的商誉或无形资产不要求进行摊销。

美国会计准则要求对包括商誉在内的无形资产进行摊销。不过，值得注意的是，美国财务会计准则委员会正在对涉及无形资产的公认会计原则进行修订，最新的建议认为，商誉不应予以摊销，替而代之的是定期对其进行减值测试。

2.摊销年限

《国际会计准则第38号》指出，无形资产的应折旧金额应在其使用寿命的最佳估计期限内系统地摊销。同时指出，只有在极少情况下，才可能存在令人信服的证据表明某项无形资产的使用寿命是长于20年的特定期间；一般情况下，无形资产的使用寿命不超过20年。

3.摊销方法

《国际会计准则第38号》认为，企业用于摊销无形资产的方法应反映消耗该无形资产的方式，比如直线法、余额递减法和生产总量法等。但是，有时企业并不能很好地确定其消耗无形资产所内含的经济利益的方式。对此，国际会计准则认为，应采用直线法。英国会计准则与国际会计准则的规定基本一致。美国会计准则没有硬性地规定企业应采用直线法或是其他方法来摊销无形资产。

4.残值

《国际会计准则第 38 号》认为，无形资产的残值应假定为零，除非其符合以下任何一项条件：第一，由第三方承诺在无形资产使用寿命结束时购买该无形资产；第二，该无形资产存在活跃市场，其残值可以根据该市场信息确定，并且这种市场在该无形资产的使用寿命末很可能存在。

《英国财务报告准则第 10 号》认为，会计实务中，无形资产的残值通常是不大的；只有出现以下情况时，残值才可能是较大的：第一，在无形资产使用期限结束时依据合约权力可以收到一定数量的金额；第二，对残值存在一项易于确定的市场价值。为此，该公告指出，在摊销无形资产时，只有当残值可以可靠地计量时，才能考虑残值因素。对商誉而言，无残值可言。我国会计准则认为，在进行无形资产摊销时不应考虑残值因素，即认为是零。

（四）无形资产的减值

企业应当定期或者至少于每年年度终了，检查各项无形资产预计给企业带来未来经济利益的能力，对预计可收回金额低于其账面价值的，应当计提减值准备。当存在下列一项或若干项情况时，应当计提无形资产减值准备：

（1）某项无形资产已被其他新技术等所替代，使其为企业创造经济利益的能力受到重大不利影响；

（2）某项无形资产的市价在当期大幅下跌，在剩余摊销年限内预期不会恢复；

（3）某项无形资产已超过法律保护期限，但仍然具有部分使用价值；

（4）其他足以证明某项无形资产实质上已经发生了减值的情形。

当存在下列一项或若干项情况时，应当将该项无形资产的账面价值全部转入当期损益，借记"管理费用"，贷记"无形资产"：

（1）某项无形资产已被其他新技术等所替代，并且该项无形资产已无使用价值和转让价值；

（2）某项无形资产已超过法律保护期限，并且已不能为企业带来经济利益；

（3）其他足以证明某项无形资产已经丧失了使用价值和转让价值的情形。

为核算企业计提的无形资产减值准备，设置"无形资产减值准备"科目，该科目应按单项无形资产计提减值准备。期末，企业所持有的无形资产的账面价值高于其可收回金额的，应按其差额，借记"营业外支出——计提的无形资产减值准备"，贷记"无形资产减值准备"；如已计提减值准备的无形资产价值又得以恢复，应按已计提减值准备的范围内转回，借记"无形资产减值准备"，贷记"营业外支出——计提的无形资产减值准备"。本科目期末贷方余额，反映企业已提取的无形资产减值准备。

《国际会计准则第 38 号》没有直接对减值进行定义,而是对减值损失做了界定,即:减值损失是指资产的账面价值超过其可收回金额的金额。其中,资产的账面价值指资产负债表内确认的资产的金额减去相关累计摊销额和累计减值损失后的余额。

《英国财务报告准则第 10 号》指出,减值指固定资产包括有形固定资产和无形固定资产或商誉的可收回金额低于其账面价值引起的价值减少。

《美国财务会计准则公告第 121 号——长期资产减值与待处置长期资产的会计处理》指出,如果企业预期从长期资产的使用和最终处置获得的未折现的未来现金流量低于其账面价值,则说明该长期资产发生了减值。

从上述内容可以看出,尽管国际会计准则和英国会计准则对资产减值现象的描述有些不同,但实质却是一样的,而美国会计准则则有些不同。

(五)无形资产的处置和报废

企业出售无形资产,按实际取得的转让收入,借记"银行存款"等,按该项无形资产已计提的减值准备,借记"无形资产减值准备",按无形资产的账面余额,贷记"无形资产",按应支付的相关税费,贷记"银行存款""应交税金"等,按其差额,贷记"营业外收入——出售无形资产收益"或借记"营业外支出——出售无形资产损失"。

企业出租无形资产所取得的租金收入,借记"银行存款"等,贷记"其他业务收入"等;结转出租无形资产的成本时,借记"其他业务支出",贷记"无形资产"。

企业用无形资产向外投资,比照非货币性交易的规定处理。

若预计某项无形资产已经不能给企业带来未来经济利益,应当将该项无形资产的账面价值全部转入管理费用。

《企业会计准则——无形资产》规定,企业在判断无形资产是否预期不能为企业带来经济利益时,应根据以下几项加以判断:第一,该无形资产是否已被其他新技术等所替代,且已不能为企业带来经济利益;第二,该无形资产是否不再受法律的保护,且不能给企业带来经济利益。

第四节　财务会计负债及所有者权益管理

一、流动负债

(一)负债的含义

负债是指过去的交易、事项形成的现时义务,履行该义务预期会导致经济利益流出企业。负债的这个含义包含以下三层含义:

（1）负债是一项经济责任，或者说是一项义务，它需要企业进行偿还。例如，应付账款、应付票据及应付债券等，是典型意义上的负债；销售商应履行的在出售商品时订立的保证契约的责任，服务行业根据合同预收服务费后在规定的未来期限内提供服务的责任等。

（2）清偿负债会导致企业未来经济利益的流出。负债最终都需要清偿，清偿的方式有很多种，大多数负债在将来需以现金支付清偿。也有一些负债则要求企业提供一定的商品或劳务来进行抵偿，如预收收入、售出商品的保证债务等。另外，有些负债项目到期时，还可能用新的负债项目来替代。例如，用短期应付票据替代应付账款，用新债券赎回旧债券等。无论用何种方式清偿。都会导致企业未来经济利益的流出。

（3）负债是企业过去的交易、事项的一种后果，也就是说负债所代表的当前经济责任必须是企业过去发生的经济业务所引起的。不具有这一特征的预约协议等，都不能作为负债。例如，购货预约，它只是买卖双方就将来要进行的商品交易达成的协议，交易业务目前尚未实际发生，故并不构成当前债务责任。

（二）流动负债的性质及计价

我国《企业会计准则》对流动负债的定义为"流动负债是指将在一年（含一年）或超过一年的一个营业周期内偿还的债务，包括短期借款、应付票据、应付账款、预收账款、应付工资、应付福利费、应付股利、应交税金、其他暂收应付款项、预提费用和一年内到期的长期负债等"。

流动负债的基本特征就是偿还期较短。它是企业筹集短期资金的主要来源。将流动负债与流动资产相比较，是判断和评估公司短期偿债能力的重要方法之一。所以，凡属一年或超过一年的一个营业周期内必须清偿的债务，在资产负债表上都必须列为流动负债，不论它最初是流动负债还是长期负债。

流动负债代表着企业未来的现金流出，从理论上说，应按照未来应付金额的贴现来计价。但是，流动负债涉及的期限一般较短，其到期值与其贴现值相差无几。为了简便起见，会计实务中一般都是按实际发生额入账。短期借款、带息的应付票据、短期应付债券应当按照借款本金和债券面值，按照确定的利率按期计算利息，计入当期的财务费用之中，体现为当期损益。

（三）流动负债的分类

流动负债可以按不同的分类标准进行不同的划分。为了进一步认识流动负债的性质和特征，本节对流动负债按下列三种标志进行分类。

1. 按偿付手段划分

流动负债可以分为用货币资金偿还的流动负债和用商品或劳务偿付的流动负债两类：

（1）用货币资金偿还的流动负债。此类流动负债的特点是债务到期时，企业须动用现金、银行存款或其他货币资金来偿还，如应付账款、应付票据、短期借款、应付工资、应交税金等。绝大部分的流动负债都属于此类。

（2）用商品或劳务偿付的流动负债。此类流动负债的特点是债务到期时，企业需动用商品来偿还，或用劳务来抵付。主要是指预收的一些货物或劳务款项、售出产品的质量担保债务等。如预收款项、预计负债。

2. 按应付金额可确定的程度划分

流动负债可划分为可确定性流动负债和不可确定性流动负债即或有负债：

（1）可确定的流动负债。负债是企业承担的现时义务，需要企业将来进行偿还。未来的事项都带有一定的不确定性，但不确定性的程度不同。可确定性流动负债是指不确定性很小，可以较为可靠地计量。这个义务特点是债务的偿还到期日、应付金额等都是有契约或法律规定的。如应付账款、应付票据、长期债务中的流动部分、应付工资、应付福利费、存入保证金（押金）、预收收入及其他应付（暂收）款等。

（2）或有负债。或有负债即不可确定性流动负债，是指过去的交易和事项形成的潜在义务，其存在须通过未来不确定事项的发生或不发生予以证实，或过去的交易或事项形成的现时义务，履行该义务不是很可能导致经济利益流出企业或该义务的金额不能可靠地计量。其特点是这种负债虽确已存在，但没有确切的应付金额，有时甚至也无确切的偿还日期和收款人。因此，这类负债的应付金额就必须根据一定的办法（如以往经验、调研资料等）予以估计。如产品质量担保债务等。

3. 按流动负债产生的环节划分

流动负债按其产生的环节划分，可分为以下三类：

（1）产生于生产经营环节的流动负债。生产经营环节引起的流动负债，具体又包括两个方面：一是外部业务结算过程中形成的流动负债，如应付账款，应付票据、预收账款、应交税金（流转税）；二是企业内部结算形成的流动负债，如应付工资、应付福利费、预提费用等。

（2）产生于收益分配环节的流动负债。是指企业根据所实现的利润进行分配所形成的各种应付款项，如应交税金（所得税）、应付利润（股利）等。

（3）产生于融资环节的流动负债。是指企业从银行及非银行金融机构筹措资金所形成的流动负债，如短期借款、一年内到期的长期负债等。

二、长期负债

（一）长期负债的性质及分类

1. 长期负债的概念及性质

长期负债是指偿付期超过一年或一个营业周期的负债。长期负债除具有负债的一般特征外，还具有金额大、期限长、可以分期偿还的特征。企业为了满足生产经营的需要，特别是在企业扩展阶段，往往需要大量的长期资金。长期负债作为企业一项义务，应流出现金或其他经济资源的结算期限较长，因而长期负债成为企业筹措资金的一种重要方式。企业筹措长期负债资金，一般多用于添置大型机器设备，购置房地产，或者改建、扩建厂房等方面。

对企业来说通过举债来筹措长期资金，比从所有者那里获取长期资金有下列优势：

第一，作为长期负债的债权人在企业经营中不具有管理权和表决权，不会稀释大股东对企业的控制权。

第二，企业举债不会影响企业原有的股权结构，他们仅仅按照固定的利率获取利息，不参与利润的分配。因此，不会因举债而减少每股收益率，从而影响股票的价格。

第三，长期负债的利息支出可以作为费用从税前利润中扣除。从而减少所得税的开支，享受税收的优惠，相当于国家让出一块税金帮助企业还债。而股利只能从税后利润中支付。

但是，长期负债也有其不利的一面：一是不管企业经营得好坏，企业都将按照固定的利率向债权人支付利息，在投资报酬低于资金成本时，会减少股东股本收益率。二是长期负债到期时一次性支付的资金数额较大，在企业资金困难时，有被债权人申请破产还债的风险。三是在企业破产还债时，债权人与股东相比对破产资产有优先受偿权。

2. 长期负债的分类

根据企业举借长期负债形式不同，长期负债可以分为以下三类：

（1）长期借款，是指企业从银行或其他金融机构借入的，偿还期在一年（不含一年）以上的各种借款，包括人民币长期借款和外币长期借款。

（2）应付债券，亦称长期应付债券或应付公司债券，是指企业以发行债券的方式筹措资金而形成的长期负债。债券是指发行人依照法定程序发行的、承诺在一定时期内偿还本金和按照固定利率支付利息的一种债务凭证。

（3）长期应付款，核算企业除长期借款和应付债券以外的其他长期应付款项，主要包括采用补偿贸易方式引进国外设备应付的价款和融资租入固定资产应付给出租方的租赁费。

（二）长期负债的核算

1. 长期借款

长期借款主要是指企业从银行或其他金融机构借入的偿还期限在一年以上的借款。为了核算企业的长期借款，会计准则规定设置"长期借款"科目。企业在取得长期借款时，借记"银行存款"科目，贷记"长期借款"科目。因长期借款而发生的利息支出，应按照权责发生制原则按期预提。根据《企业会计准则——借款费用》准则的规定，如专项用于固定资产投资的，在固定资产购建期间进行借款费用资本化，借记"在建工程"科目，贷记"长期借款"科目。固定资产竣工交付使用后，借款利息计入财务费用。如非专项用于固定资产投资的长期借款利息，进行借款费用化，借记"财务费用"科目，贷记"长期借款"科目。归还本息时，借记"长期借款"科目，贷记"银行存款"科目。

2. 应付债券

企业债券是指企业为了筹集长期使用资金而按照法定程序对外发行的、约定在一定期限内还本付息的一种书面凭证。企业债券要载明企业的名称、债券面值、票面利率、还本期限和方式、利息支付的方式、发行日期等。按照债券的发行价格与面值的大小，债券有三种发行方式，即溢价发行、平价发行和折价发行。由于债券的发行价格受票面利率和市场利率的影响，当票面利率高于市场利率时，债券的发行价格就会超过债券面值，按超过债券面值的价格发行称为溢价发行；当票面利率等于市场利率时，债券的发行价格就会等于债券面值，此时称为平价发行，也叫面值发行；当债券的票面利率低于市场利率时，债券的发行价格就会低于债券面值，称为折价发行。

为了核算企业的长期债券，企业设置"应付债券"科目，在该科目下设置"债券面值""债券溢价""债券折价"和"应计利息"四个明细科目。

（1）债券发行时的账务处理。债券按平价发行时，按实际收到的价款，借记"银行存款"；按债券的面值，贷记"应付债券——债券面值"。债券按溢价发行时，按实际收到的价款，借记"银行存款"等；按债券的面值，贷记"应付债券——债券面值"；按超过债券面值的溢价，贷记"应付债券——债券溢价"。企业按折价发行的债券，按实际收到的金额，借记"银行存款"等；按债券券面金额与实际收到金额之间的差额，借记"应付债券——债券折价"；按券面金额，贷记"应付债券——债券面值"。企业债券发行时，如果发行费用大于发行期间冻结资金的利息收入，按发行费用减去发行期间冻结资金的利息收入的差额计入财务费用。如是所筹款项用于固定资产项目的，则要按照借款费用资本化的处理原则，进行借款费用资本化，计入固定资产成本。如果发行费用小于发行期间冻结资金的利息收入，按发行期间冻结资金所产生的利息收入减去发行费用的差额，作为发行债券的溢价收入，在债券存续期间，计提利息时摊销。

（2）计息与到期还本付息时的会计处理、企业债券应按期计提利息。按面值发行债券应提的利息，借记"在建工程"或"财务费用"，贷记"应付债券——应计利息"。企业溢价或折价发行债券，其实际收到的金额与债券票面金额的差额，应在债券存续期内按实际利率法或直线法进行分期摊销。溢折价要在利息计提时进行摊销。在溢价发行的情况下，按应摊销的溢价金额，借记"应付债券——债券溢价"；按应计利息与溢价摊销额的差额，借记"在建工程"或"财务费用"；按应计利息，贷记"应付债券——应计利息"。在折价发行的情况下，按应摊销的折价金额和应计利息之和，借记"在建工程"或"财务费用"；按应摊销的折价金额，贷记"应付债券——债券折价"；按应计利息，贷记"应付债券——应计利息"。债券到期实际支付债券本息时，借记"应付债券——债券面值"和"应付债券——应计利息"，贷记"银行存款"。

（3）溢价和折价的摊销。债券溢价和折价的摊销方法有两种，即直线法和实际利率法。

①直线法。企业采取直线法进行溢折价的摊销，就是把债券的溢折价按照债券的期限平均分摊，每期的摊销数额相等，此方法的特点是计算比较简单。

②实际利率法。企业采取实际利率法进行溢折价的摊销的，每期确认的利息费用为应付债券账面价值与实际利率的乘积，每期确认的应付利息为应付债券的面值与票面利率的乘积，每期溢折价的摊销额为每期的利息费用与应付利息的差额。采用实际利率法在计算实际利率时，要按照债券利息的偿还方式不同采用不同的公式。

A. 分次付息，一次还本方式。债券面值 ± 债券溢折价 = 债券到期应付本金的贴现值 + 各期实付的债券利息的贴现值。

B. 到期一次还本付息方式。债券面值 ± 债券溢折价 = 债券到期应付本息和贴现值。

（4）可转换公司债券的会计处理。可转换公司债券是指发行人依照法定程序发行的、在一定期限内依据约定的条件转换成发行公司股份的债券。可转换公司债券的最大特点是，可转换公司债券的持有人在可转换期间有选择权，即当该公司的股票价格较高时，可以把手中的债券转换成股票；相反如果股价较低，就可以不行使转换权，到期收回债券的本息。因此可转换公司债券对投资人来说具有更大的吸引力，而对发行人来说，则减少了到期要一次性支付大量资金的困难。利用可转换公司债券筹资越来越受到企业的青睐。企业在进行可转换公司债券的会计核算时，应设置"可转换公司债券"科目。企业发行可转换公司债券时，按照发行一般的公司债券进行处理。对于可转换公司债券的计息和溢折价摊销，在可转换公司债券的持有人行使转换权利之前，应按一般公司债券的处理方法进行会计处理，按期计息并进行溢折价的摊销。当可转换公司债券的持有人行使转换权时，应按其账面价值转换，借记"可转换公司债券"科目；按转换的股份面值，贷记"股本"科目；按转换公司债券时向债券持有人支付的现金，贷记"现金"科目；按可转换公司债券的价值与转换的股份面值的差额，减去支付的现金的余额，贷记"资本公积"科目。如果可转换公司债券的持有人在可转换期间没有行使其转换权，企业应像一般债券一样到期还本付息，借记"可转换公司债券"科目，贷记"银行存款"科目。

3. 长期应付款项

长期应付款项是指企业除长期借款和应付债券以外的其他各种长期应付款项。主要包括采用补偿贸易方式下的应付引进国外设备款和融资租入固定资产应付款等。企业对其进行会计核算时，应设置"长期应付款"科目，在该科目下设"应付引进设备款"和"应付融资租赁款"两个明细科目。

企业按照补偿贸易方式引进设备时，应按设备的外币金额（包括设备及随同设备进口的工具、零配件等的价款以及国外的运杂费）和规定的折合率折合为人民币金额，借记"在建工程"，贷记"长期应付款——应付引进设备款"。企业用人民币借款支付设备的进口关税、国内运杂费和安装费时，借记"在建工程"，贷记"银行存款""长期借款"等。按补偿贸易方式引进的国外设备交付生产使用时，应将其全部价值（包括设备价款和国内费用），借记"固定资产"，贷记"在建工程"。归还引进设备款时，借记"长期应付款——应付引进设备款"，贷记"银行存款"等。随同设备购进的专用工具和零配件等，应于交付使用时，借记"原材料""低值易耗品"等，贷记"在建工程"。

4. 专项应付款

专项应付款是指企业接受国家拨入的具有专门用途的拨款，如专项用于技术改造、技术研究等，以及从其他来源取得的款项。为了核算专项应付款，企业应设置"专项应付款"科目。在实际收到专项应付款时，借记"银行存款"，贷记"专项应付款"。拨款项目完成后，按照形成各项固定资产部分的实际成本，借记"固定资产"，贷记"银行存款""现金"等，同时，借记"专项应付款"，贷记"资本公积"。未形成固定资产需核销的部分，借记"专项应付款"，贷记有关科目。拨款项目完工后，如拨款结余需上交的，借记"专项应付款"，贷记"银行存款"。

（三）借款费用

1. 借款费用的概念

从制定有借款费用会计准则的国家以及国际会计准则来看，均对借款费用做了定义。大多数国家和地区对借款费用的定义与《国际会计准则第 23 号——借款费用》基本相同，即认为，"借款费用，是指企业借入资金而发生的利息和其他费用。"

我国《企业会计准则——借款费用》规定，借款费用是指企业因借款而发生的利息、折价或溢价的摊销和辅助费用，以及因外币借款而发生的汇兑差额。借款费用包括短期借款费用和长期借款费用，而在本节中所讲的借款费用指的是长期借款费用，并且主要研究专门借款费用的处理。我国《企业会计准则——借款费用》准则中并没有给出专门借款费用的定义，但对专门借款进行了定义。所谓"专门借款"是指为购建固定资产而专门借入的款项。

2. 借款费用的内容

根据我国《企业会计准则——借款费用》中借款费用的定义不难看出，借款费用包括四个方面的内容：即因借款而发生的利息，发行债券的溢折价，借款过程中发生的辅助费用，以及外币借款产生的汇兑损益。准则明确指出借款费用不包括以下两项费用：①与融资租赁有关的融资费用；②房地产商品开发过程中发生的费用。

国际会计准则中关于借款费用的定义与我国的会计准则中的借款费用的定义描述基本相同，但具体包括的内容不一致，国际会计准则规定的借款费用的内容包括：①银行透支、短期借款和长期借款的利息；②与借款有关的折价或溢价的摊销；③安排借款所发生的附加费用的摊销；④依照《国际会计准则第 17 号——租赁会计》确认的与融资租赁所形成的融资费用；⑤作为利息费用调整的外币借款产生的汇兑差额。

由以上对借款费用的列示可以看出，我国会计准则规定的借款费用的内容要比国际会计准则规定的借款费用的内容要窄。主要是把与融资租赁有关的融资费用和房地产开发过程中发生的借款费用排除在外。下面就我国会计准则的借款费用具体内容讲述如下：

（1）因借入资金而发生的利息。因借款而发生的利息，包括企业从银行和其他金融机构等借入资金发生的利息，发行债券发生的利息，以及承担带息债务应计的利息等。

（2）发行债券而发生的折价或溢价的摊销。因借款而发生的折价或溢价主要是发行债券发生的折价或溢价。折价或溢价的摊销实质上是指对借款利息的调整，因而构成了借款费用的组成部分。企业应在借款的存续期间对折价或溢价进行分期摊销。折价或溢价的摊销，可以采用实际利率法，也可以采用直线法。

（3）与借款或债券发行有关的辅助费用。因借款而发生的辅助费用，是指企业在借款过程中发生的诸如手续费、佣金、印刷费、承诺费等费用。由于这些费用是因安排借款而发生的，也是借入资金的一部分代价，因而这些费用构成了借款费用的组成部分。

（4）因外币借款而发生的汇兑损益。因外币借款而发生的汇兑差额，是指由于汇率变动而对外币借款本金及其利息的记账本位币金额产生的影响金额。由于这部分汇兑差额是与外币借款直接相关联的，因而也构成了借款费用的组成部分。

3. 借款费用的会计处理

借款费用的会计处理包括两个方面：一是借款费用的确认，就是确定一定时期的借款费用金额以及应归属何种会计要素的过程；二是借款费用的计量，就是如何来通过会计的方法和手段反映借款费用以及反映多少。

（1）借款费用确认的原则。关于借款费用的确认原则，目前国际上主要有两种不同的理论观点：一是借款费用应该资本化，计入相关资产的成本；二是借款费用应该费用化，直接计入当期损益。现就两种理论观点分别阐述如下：

第一种观点：借款费用资本化。持此观点者主张，长期负债往往是为了取得某项长期资产而借入的，其利息等借款费用与索取的资产有紧密的联系，它与构成资产成本的其他要素并无本质上的区别，如果使一项资产达到预定使用状态和场所需要相当长的时间，在此时间内因该项资产支出而发生的借款费用属于其历史成本的一部分。此外，如果将借款费用化，会导致还款前的各会计期间，由于巨额的借款费用而导致盈利偏少乃至亏损，而借款所购建资产往往在还款之后的相当长时间内仍然发挥作用。可见，借款费用化不利于正确反映各期损益。而将购置此类资产有关的借款费用资本化，则会提高企业建造（或生产）资产成本与购置资产成本（其价格考虑了借款费用）之间的可比性。如果将赞成借款费用资本化的理由进行归纳，一是符合"收入与费用配比原则"的要求；二是适应了一项资产完全成本核算的要求。

第二种观点：借款费用化。持此观点者主张，企业债务所发生的利息等借款费用属于筹集资金过程中发生的筹资费，与借入资金的运用无关，因而应将其计入当期损益，而不应计入购置资产的成本。如果将借款费用资本化，会使同类资产的取得成本仅仅由于筹资方式不同而产生差异：用借入资金购置资产的成本要高于用自由资金购置资产的成本，而且这种差异往往较大。这样会使资本成本缺乏可比性的支持：一方面，企业的部分资产是由带息负债筹措的；另一方面，有的资产是由权益筹措的，当负债利息资本化时，其资产的入账成本就会大于由权益筹措资产的入账成本，因为作为权益报酬支付所有者的金额不作为资本化费用。而以借款费用冲减收益即费用化，能使财务报表提供各期之间更为可比的财务成果，从而更能说明一个企业日后的现金流量。借款费用化使利息费用随着形成利息费用的借款水平和利率发生变动，而不是受购置资产的影响。赞成借款费用化的理论支持是稳健性原则。

从世界各国有关借款费用的会计准则来看，对于借款费用的确认原则的规定不是完全统一的。主要有以下几种模式：

①国际会计准则模式（有选择性模式）。国际会计准则委员会1984年7月发布的《国际会计准则第23号——借款费用的资本化》，规定了允许在资本化和费用化之间自由选择。国际会计准则委员会1993年12月修订的《国际会计准则第23号准则——借款费用》，明确指出"借款费用应于其发生的当期确认为费用"，并将这一原则作为借款费用的基准处理方法，而将借款费用资本化作为允许在一定条件下选择的方法。从国际会计准则发展历史中可以看到，关于借款费用资本化与费用化的争议由来已久。从目前的情况看，借款费用的费用化将成为新的发展趋势。马来西亚、巴基斯坦、新加

坡等国家的会计准则采用这一模式。

②美国——澳大利亚模式。美国、澳大利亚、法国、德国、韩国、我国香港等地所制定的会计准则对于借款费用处理的原则是：要求对与符合资本化条件的资产直接相关的借款费用予以资本化，其他借款费用化。这一要求实际上是与国际会计准则中"允许选用的处理方法"相一致的。当然在对符合条件的资产的界定上，各个国家和地区国际会计准则略有不同。但借款费用的资本化仍然是许多国家和地区采用的第一种方法，同时各国和地区对借款费用的资本化对象和资本化时间等也做了不同的限制性规定。如美国要求企业对于需要一定时间才能达到预定用途的资产，将借款费用资本化作为这些资产历史成本的一部分。德国规定只有与长时间建造新设施有关的借款费用才予以资本化，并且要求借款与资本投资之间具有密切关系和合理保证该设施的未来经济效益能补偿资本化的费用。

③日本模式。日本会计准则规定，如果企业所借入的款项是专门为了用于不动产的开发，则企业应将相应的借款利息予以资本化，计入该资产的成本；除此之外，其他所有的借款费用应在其发生时计入费用。因此，日本会计准则对于借款费用的处理，原则上是费用化。

④我国对借款费用确认的原则。我国在《企业会计准则——借款费用》准则颁布实施以前，会计实务中对于与建造固定资产有关的借款费用在固定资产交付使用前予以资本化，固定资产交付以后借款费用计入当期损益。具体的处理如下：A. 为购建固定资产而发生的长期借款费用，在固定资产交付使用之前，计入固定资产的价值；B. 为购建固定资产而发生的长期借款费用，在固定资产交付使用后，计入当期损益；C. 流动负债性质的借款费用和非为购建固定资产发生的长期借款费用，于发生时计入当期损益；D. 在企业筹建期间的长期借款费用（除为购建固定资产而发生的长期借款费用外），计入企业的开办费；E. 在企业清算期间发生的长期借款费用，计入清算损益。

在 2001 年我国颁布实施了《企业会计准则——借款费用》准则。该具体会计准则的第 4 条、第 5 条规定了借款费用处理原则：第 4 条规定，因专门借款而发生的利息、折价或溢价的摊销和汇兑差额，在符合本准则规定的资本化条件的情况下，应当予以资本化，计入该项资产的成本；其他的借款利息、折价或溢价的摊销和汇兑差额，应当于发生当期确认为费用。第 5 条规定，因安排专门借款而发生的辅助费用，属于在所购建固定资产达到预定可使用状态之前的，应当在发生时予以资本化；以后发生的辅助费用应当于发生当期确认为费用。如果辅助费用的金额较小，也可以于发生当期确认为费用。因安排其他借款而发生的辅助费用应当于发生当期确认为费用。

（2）借款费用资本化金额的确定。借款费用资本化是指借款费用在企业的财务报表中作为购置某些资产的一部分历史成本。在会计实务上对如何进行借款费用资本化也存在不同的观点：一种观点认为，不管用在购建固定资产上的专门借款是多少，当期因该专门借款发生的所有借款费用均应资本化，计入购建固定资产的成本。理由是，该借款是为购建该项固定资产专门借入的，该借款在当期所发生的所有借款费用均应计入该项固定资产的成本。另一种观点认为，当期计入购建固定资产成本的借款费用，应仅仅是使用在该项固定资产上的专门借款金额所产生的借款费用，未使用的专门借款所发生的借款费用应计入当期损益。理由是，该项固定资产既没有占用全部专门借款，也就不应承担全部借款费用。我国《企业会计准则——借款费用》准则采用的是后一种观点。下面我们就借款费用的不同内容分别讲述如下：

①借款利息的资本化。借款利息的资本化公式是：

每一会计期间利息的资本化金额＝至当期末购建固定资产累计支出加权平均数 × 资本化率

累计加权平均数 =∑[每笔资产支出金额 × 每笔资产支出实际占用的天数 ÷ 会计期间涵盖的天数]

为简化计算，也可以以月数作为计算累计支出加权平均数的权数。资本化率的计算按下列原则确定：

其一，为购建固定资产只借入一笔专门借款，资本化率为该项借款的利率；

其二，为购建固定资产借入一笔以上的专门借款，资本化率为这些借款的加权平均利润率。

②折价或溢价的资本化。如果借款费用中存在折价或溢价的情况，应当将折价或溢价的每期摊销额作为利息的调整额，对资本化率做相应的调整。即计算资本化率时，用"专门借款当期实际发生的利息之和"减去当期债券溢价的摊销额或加上当期债券折价的摊销额。折价或溢价的摊销，可以采用实际利率法，也可以采用直线法。

③外币借款汇兑差额的资本化。如果专门借款为外币借款，则在应予资本化的每一会计期间，汇兑差额的资本化为当期外币专门借款本金及利息所发生的汇兑差额。即将发生的专门借款的汇兑差额全部予以资本化，无须再用公式加以计算。

④借款费用资本化的限制。我国《企业会计准则——借款费用》规定，在应予资本化的每一会计期间，利息和折价或溢价摊销的资本化金额，不得超过当期专门借款实际发生的利息和折价或溢价的摊销金额。

4.借款费用资本化的起止时间

（1）借款费用资本化的开始。与国际会计准则和其他大多数国家或地区会计准则的规定大体相同，我国会计准则规定：以下三个条件同时具备时，因专门借款而发生的利息、折价或溢价的摊销和汇兑差额应当开始资本化：

①资产支出已经发生。资产支出只包括购建固定资产而以支付现金、转移非现金资产或者承担带息债务形式发生的支出。具体来说是：A. 支付现金是指用货币资金支付固定资产的购建或建造支出。如用现金、银行存款或其他货币资金等购买工程材料，

用现金支付建造固定资产的职工工资等。B. 转移非现金资产是指将非现金资产用于固定资产的建造与安装，如将企业自己生产的产品用于固定资产的建造，或以企业自己生产的产品向其他企业换取用于固定资产建造所需要的物资等。C. 承担带息债务是指因购买工程用材料等而带息应付款项（如带息应付票据）。企业以赊购方式从供货单位购买工程物资，由此产生的债务可能带息也可能不带息。如果是不带息债务，就不计入资产支出，因为在该债务偿付前不需要承担利息，企业不会因这部分未偿付债务承担借款费用，亦即没有任何借款费用是应当归属于这部分未偿付债务的。而对于带息债务来说，情况就不同了，由于企业要为这笔债务付出代价即承担利息，与企业用银行借款支付资产支出的性质是一样的。因此，带息债务应当作为资产支出，用以计算应予资本化的借款费用金额。

②借款费用已经发生。借款费用已经发生是指已经发生了购建固定资产而专门借入款项的利息、折价或溢价的摊销、辅助费用或汇兑差额。

③为使资产达到预定使用状态所必要的购建活动已经开始。为使资产达到预定使用状态所必要的购建活动主要是指资产的实体建造活动。开始状态是指实体购建活动已经开始，如果仅仅购置了建筑用地但未发生有关房屋建造活动就不包括在内。

（2）借款费用资本化的暂停。如果固定资产的购建活动发生非正常中断，并且中断时间连续超过 3 个月，应当暂停借款费用的资本化，将其确认为当期费用，直至资产的购建活动重新开始。但如果中断是使购建的固定资产达到预定可使用状态所必要的程序，则借款费用的资本化应当继续进行。

（3）借款费用资本化的停止：

①不需要试生产或试运行的固定资产。当所购建固定资产达到预定可使用状态时，应当停止其借款费用的资本化，以后发生的借款费用应当于发生当期确认为费用。所购建固定资产达到预定可使用状态是指，资产已经达到购买方或建造方的可使用状态。具体可以从下述几个方面进行判断：A. 固定资产的实体建造（包括安装）工作已经全部完成或者实质上已经完成。B. 所购建的固定资产与设计要求或合同要求相符或基本相符，即使有极个别与设计或合同要求不相符的地方，也不影响其正常使用。C. 继续发生在所购建固定资产上的支出金额很少或几乎不再发生。

②需要试生产或试运行的固定资产。如果所购建的固定资产需要试生产或试运行，则在试生产结果表明资产能够正常生产出合格产品时，或试运行结果表明能够正常运转或营业时，就应当认为资产已经达到预定可使用状态。

③购建固定资产部分完工的处理。购建的固定资产不是整体一次性完工，而是分部分逐步完工，有关先完工部分的借款费用资本化的停止问题，具体又要分两种情况处理：一是如果所购建固定资产的各部分分别完工，每部分在其他部分继续建造过程中可供使用，并且为使该部分达到预定可使用状态所必要的购建活动实质上已经完成，

则应当停止该部分资产的借款费用资本化；二是如果所购建固定资产的各部分分别完工，但必须等到整体完工后才可使用，则应当在该资产整体完工时停止借款费用的资本化。

5.借款费用的披露

因借款费用资本化是编制财务报表时应考虑的重要问题，所以会计报表附注中应对此予以披露。按照我国《企业会计准则——借款费用》准则规定，借款费用资本化披露的内容有：

(1) 当期资本化的借款费用金额

当期资本化的借款费用金额是指当期已计入固定资产成本中的各项借款费用之和，包括应予资本化的利息、折价或溢价的摊销、汇兑差额和辅助费用之和。如果企业当期有两项或多项固定资产同时购建，应当披露这些资产当期资本化的借款费用总额。

2.当期用于确定资本化金额的资本化率

由于企业在某一期间内，可能存在多项专门借款和多项固定资产购建，在披露资本化率时，应按下列原则处理：

①如果当期有两项或两项以上的固定资产，且各自使用的资本化率不同，应按照分项披露的原则各自披露；如果资本化率相同，可以合并披露。

②如果对外提供财务报告的期间长于计算借款费用资本化金额的期间，且在计算借款费用资本化金额的各期，用于确定资本化金额的资本化率不同，应分别各期披露；如果各期计算资本化金额所使用的资本化率相同，则可以合并披露。

第五节　财务会计人员日常管理

一、关于财务会计人员管理体制的具体实施形式

（1）会计人员委派制。

（2）集中报账制（统筹制）。

（3）代理记账制（委托代管制）。

二、关于财务会计人员的委派机构

负责委派会计人员的委派机构应是企业的所有者或出资人。按照国有资产分级管理的原则，各级人民政府应设委派机构。同时根据《会计法》第五条的规定，地方各级人民政府的财政主管部门管理本地区的会计工作，因此应由财政部门代表同级人民

政府作为委派机构，或者由政府授权经营国有资产的企业集团作为对其下属企业实行委派制的委派机构。在试点过程中，其他地区还有由财政部门和行业主管部门共同作为委派机构的形式。但由财政部门直接委派的形式较为少见，而常见的委派机构是：由财政部门牵头设立的会计管理局（站、中心等）。

三、关于被委派单位

（1）国有全资企业及国有控股企业这类企业无论是大型的还是中小型的，均应委派财务总监或主管会计，具体实施形式应根据实际情况而定。

（2）重点骨干企业。

（3）行政事业单位。

（4）乡镇集体企业和村级单位。

四、关于被委派的会计人员

（1）任职资格。包括对委派会计的学历或职称、工作年限等方面的要求。

（2）委派程序。即委派会计的推荐、选择或考核、审批、任命及聘用等委派程序。

（3）职责与权限。

①审核公司的财务报表、报告，确认其准确性后报本企业董事会、监事会和国有资产产权部门；②参与制定企业的财务管理规定，监督检查企业内部各部门、各层级的资本运作和财务状况；③参与拟订企业经营的重大计划、方案，包括年度财务预（决）算方案、利润分配和弥补亏损方案、基建和技改方案、筹资融资计划等；④参与企业对外投资、产权转让、资产重组、贷款担保等重大决策活动；⑤对经董事会、上级部门批准的重大经营计划、方案和决策的执行情况进行监督；⑥定期向董事会、监事会和派出机构报告企业的资产和经济效益变化情况；⑦监督检查企业的合资、控股子公司的财务状况，并可进行延伸检查，有权向董事会、监事会或法人代表提出审计建议。

（4）待遇。包括在委派会计的编制、工资福利、住房及保险、经费来源等方面的规定。"待遇"这一问题一定要妥善处理，因为它关系到委派会计、被委派单位和委派机构各方的利益，处理不当会影响改革的推行。现在各试点单位做法很不统一，有关主管部门应尽快出台指导意见，规范其运作。

（5）任免及考核奖惩。包括对委派会计的任免机构、考核奖惩方式、法律责任、执业纪律等方面的规定。考核的具体内容各试点地区均有具体规定，主要有会计业务水平、财务管理能力、职业道德、被委派单位经营绩效和遵纪守法情况等。

第五章　我国中小企业财务风险管理

第一节　企业财务风险管理内控体系

现代化企业中，建立内部控制体制是企业管理中的重要步骤，此项任务已经得到越来越多企业管理人员的重视。随着社会的不断发展，经济迅速增长，科学技术的不断研发，经济市场在不断变化，企业管理工作也在逐渐改革。由此，企业的财务风险问题也随之而来。在新时期发展过程中，企业要在财务风险管理基础上构建规范、合理的内控体系，避免在企业财务运行管理过程中出现不良问题，阻碍企业在未来市场发展中的进步和生存。企业需要建立合理的内部控制体系，一方面避免企业财务风险的产生，另一方面促进企业的可持续健康发展。

新时期，企业经营管理中对于内部控制提出了越发严格的要求，内部控制体系的构建也因此受到了企业管理层的高度重视。面对越发激烈的市场竞争，企业财务管理面临着各种各样的风险和隐患，如果不能进行有效应对和处理，则必然会对企业的长远健康发展产生影响。企业应该从财务风险管理的角度，做好内控体系的建设和完善。

一、财务风险管理环境下企业内部控制体系存在的主要问题

（一）内部控制体系不够完善

很多企业已经根据自身的实际状况制定了内部控制体系，但是制定的内控体系不够完整、不够全面，影响了企业的正常发展。尤其是资金链条运作方面，企业没有针对相应的资金应用作出预算，缺少对企业资金合理的安排，没有针对资金缺口作出相应的调整，没有对资金的使用情况进行严格的监督，因此，所创建的内部控制体系还存在着许多的不足。这些不足使内部控制工作无法顺利地应用在企业财务管理工作中，无法给企业的财务管理工作提供保障。

（二）未建立信息公开制度

财务信息的精准性会直接影响财务风险的发生概率。许多企业没有成立专门的财

务信息整合体制、缺少预算管理体制、成本管理体制，导致企业的财务管理工作无法顺利地开展下去，财务风险出现的程度也会大大提高；甚至有些财务管理工作人员为了赢取更多自身的利益，经常对财务信息进行不合理的修改，导致财务信息的错误率增加，因此企业在执行管理制度时会受到阻碍，企业的管理工作无法顺利进行下去。

（三）未建立审计体制

目前，大多数的企业在进行各部门工作时，没有建立相应的审计体制，导致企业管理部门的各项工作都存在着诸多不足。由于审计体制制度没有达到完善，企业在利用内部控制体制时，没有合理地建立相应的促进企业进步的制度，因此企业内部控制体系无法发挥其有效作用，财务风险管理工作中出现的漏洞不能得以及时补救，阻碍了企业风险管理工作的开展。

二、基于财务风险管理的企业内控体系构建

（一）完善内部控制管理体系

在债务融资过程中，如果企业出现无法还债的情况，很容易出现融资风险，尤其是企业的生产投资规模扩大，导致资金链断裂，无法回收造成企业破产倒闭，所以企业必须对筹资风险进行严格管理，制定科学合理的章程，对企业的财务资金加以规范化管理，确保企业的资本结构和债务情况得到有效增强，并且积极解决财务审计存在的不足，确保企业的债务投资管理质量和水平得到有效增强。在进行财务资金管理统计时，企业必须严格按照相关的规范标准进行监督。例如，一些竞争实力强的企业，往往会选择投资其他行业，会涉及大量的资金使用，很容易存在报销账目不及时的问题，为此在企业财务管理审核时，必须要加强内部环境的审核，通过适当的风险评估，保证企业内部信息沟通的效率，增强企业监督管理的机制。

（二）财务内控收益风险监督

许多企业在利益分配方面极不平衡，也会导致企业财务风险明显增，所以为了确保股东自身的需求符合实际，避免在财务管理过程中存在资金分配不够、不均衡的情况，必须要加强对企业内部资金流动的实际情况进行全面的分析，并且对利润划分进行二次分配，确保企业内部利益的分配更加的完善，避免股价波动的情况。同时，企业也应该成立专门的收益分配部门，结合自身的实际情况以及未来的发展趋势，对企业内部的资金分配进行科学合理的定制，确保企业内部控制体系的整体质量。

（三）开展科学的风控活动

在财务风险管理的过程中，企业必须要从多个方面、多个角度对企业的内部风险问题进行深入分析和探究，保证企业财务风险防范能力以及企业的经营管理能力得到

有效增强；在科学财务风险制度控制与管理的进程中必须要加强企业业务风险的有效控制；通过从规章制度的方面对企业财务风险进行全面的防控，可以保证企业的管理质量和管理水平得到全面增强，也能够加强企业风险控制的整体效果；设置相应的控制管理活动，针对重要的岗位开展职务岗位分离控制、营运分析控制和考核评价控制等具体的措施。

企业要加强财务信息的沟通和管理。由于企业的经营管理者在对企业经营管理的过程中必须要确保信息的真实性和准确性，所以企业通过完善的信息沟通机制，能够促进自身的决策管理质量得到增强，也能够保证企业的管理效率。企业在财务风险定制的同时，也应该完善对市场信息的搜集与整理，快速发现未来市场发展变化的具体趋势，帮助企业的经营管理水平得到有效提高，让企业的发展效果得到大幅度增强；及时获得相关的产业信息，为企业未来的经营决策战略制定提供更多科学合理的决策依据。由于企业的风险存在各个环节中，所以企业在风险管理的过程中也必须要全方位、多角度地进行有效落实。在财务风险控制的过程中，企业必须要保证财务风险贯穿整个经营管理的全过程。

总而言之，市场经济环境下，企业面临着新的竞争环境，对于财务风险管理提出了更加严格的要求，必须构建完善的财务风险内控体系来加强对于财务风险的有效管控，提升内部控制的实际效果，提高企业的社会经济效益，确保企业能够在更加激烈的市场竞争环境中占据更加明显的优势。

第二节　创业企业财务风险管理防范

近年来，有许多刚毕业年轻人、海归人士和大企业高管都纷纷投入到创业的浪潮中。新三板的出台，让创业者看到了希望并纷纷效仿，希望自己团队能成为下一个独角兽。然而现实是残酷的，中国的创业企业平均寿命不足 3 年。这不单单是项目本身的问题造成的，很多时候是因为创业者对企业风险认知不清，没有工具来应对各种风险，导致项目无疾而终。因此，创业者应警惕忽视财务管理可能引发的风险，提高财务管理水平，实现企业的长远发展。

一、创业企业加强财务风险管理的必要性

创业企业的财务管理目标与传统的财务管理目标不一致。财务管理是财务风险管理的基础，国际上通用的财务管理标准是企业价值最大化。而创业企业一般规模较小、员工的人数精简、组织架构比较简单，因此在经营决策上有很大的灵活性。当市场经

济发生波动时，创业企业能及时"掉转船头"，迅速适应市场的变化。对于创业企业来说，企业的生存是最主要的问题，因此创业企业的财务风险管理也是围绕着如何使得企业能够生存下来制定的。

财务风险管理是企业生存和可持续发展的基础。我国正在大力支持创业，2017年新增加360家企业，但有约100万家企业结束经营。据美国《财富》杂志报道，美国每年约有10万家企业结束经营，大概是中国的1/10。我国的企业做不长久，可能和中国有着相对复杂的外部市场和企业缺乏良好的财务风险管理有关。

二、创业企业财务风险管理存在的主要问题

（一）创业者一般不具备足够的财务知识，对财务风险管理不重视

创业者一般具有某一领域的先进知识或者是拥有某些领域的丰富资源，从而开始了创业，但对财务并不了解，同时又因为在创业阶段大部分精力都投入到业务领域中，会轻视或忽视财务管理。这使得创业者往往在遇到财务风险时才会想到要寻找解决方式。然而此时的财务风险已经发生，创业者很难找出解决方案。另外，中国的创业者深受儒家思想影响，对血缘关系和人缘关系以外的人存在一种天然的不信任。而让一些并没有受过专业教育的人员来负责财务管理，这些人只知道一些基础的记账报税知识，对财务风险不够了解，更不可能起到防范和控制的作用，因此增加了企业的财务风险。

（二）财务管理基础薄弱，财务管理机制不健全

创业企业往往是由企业未来的核心团队成员组成，这些成员在业务方面或者专业技术领域能力较强，且由于资金问题，因此总是身兼数职。这使得企业对于财务的工作侧重于账务处理和税务报表申报等基础的记录申报，而弱化财务管理的工作，忽视财务风险的控制和防范。大多数创业者因为同时兼任企业的大股东和企业的经营者，往往表现出"一言堂"的现象，也是造成企业无法良好开展财务管理工作的原因之一。这种现象会造成财务管理机制的不全面，或是缺乏行之有效的制衡约束机制，导致财务人员没有参与公司的决策，难以发挥其本身应具备的管理和监控作用。

（三）融资决策缺乏科学性

在财务管理以及财务风险控制上，我国的创业者普遍存在经验决策和主观决策的现象。笔者目前就职于创业孵化器、担任财务负责人，在和创业者沟通中普遍发现他们或多或少有些盲目自信，认为只要路演成功，就能吸引到VC，企业就能发展壮大，而并不会认真去考虑扩张所需要资金数量，也不清楚这种扩张的背后是否有财务风险、如何规避此类风险。

（四）对扶持政策了解不透彻

我国政府为了支持创业出台了许多利于创业者的扶持政策。在上海不同的行政区都会有相关的政策，这些政策也来自不同政府机构，如人社局、科委、商务委等。不同部门对创业企业扶持的侧重点都不一样，所以评定的标准也不一，创业者往往无法判断企业符合的扶持政策，从而错失一些曝光机会或者是资金扶持。

（五）创业企业的收益分配不合理

创业企业由于在初创阶段对资金的需求较大，往往会把大量的或者全部的收益留存企业，用于企业的日常运营和今后的业务开发，而不向企业员工或者投资人分配。这样会打击相关利益者的积极性，并进一步影响企业的形象，甚至会让相关利益者对公司的发展产生怀疑，而纷纷退股或者离开企业，增加了企业的财务风险。

三、加强创业企业财务风险管理的对策建议

（一）要树立财务管理和风险控制的理念

创业者可以通过产权多元化来改善公司的治理情况，在引入合伙人或者设置监事时，考虑邀请懂会计、审计的专业人士参与。有了从公司整体层面考虑的财务专业知识的人士加入，能更好地帮助企业建立财务管理制度和财务风险控制。

在选用财务部门人员的时候，企业要考虑该财务人员的整体从业背景和专业知识。从业背景可以更好地了解该财务人员是否了解企业财务工作的整体运作、懂得各财务岗位的职能，如果有项目参与经验或者做过企业财务整理规划的能更好地帮助创业企业财务整体工作的设置和运行。不同行业的财务制度和政策还是有一定区别的，同行业或者同领域的财务人员能帮助企业更快适应行业的财务要求并进行基本的风险预测。

创业者如果前期的资金不满足招聘一个全职的财务，也可以咨询业内的财务公司，先购买一个符合公司业务的财务管理制度和财务风险预警指标，通过简单的格式化的数据来进行财务风险管理。

（二）加强和改善创业企业的财务管理制度建设

财务人员不能只负责企业的进出账和报表编制，更应该"走出办公室"并"走入业务部门"。创业企业的业务发展是企业的关键，财务人员对于业务的产生、业务的流程、业务的发展信息不清或信息滞后，会产生信息不对称甚至影响到公司的业务开展。创业公司由于容易"掉转船头"，所以在公司整体发展变化决策中，财务应该起到决定性作用，及时地给出财务数据，做好公司整体预测；同时深入业务部门，了解业务过程中的痛点，更好地制定符合企业发展的财务管理制度，如审批、决策流程，否则过于形式化会造成业务流失，过于自由化会造成决策杂乱。创业企业的财务管理和风险

管理都需要充分体现适应性原则，并随着企业经营情况的变化加以调整。

（三）根据发展角度确定企业融资战略

融资战略，是指企业为满足投资所需资本、配置财务资源并有效控制财务风险而对融资所进行的未来筹划及相关制度安排。融资战略的内容包括：融资权限与程序、规划融资规模、规划资本结构及控制融资风险。融资战略首先应与企业战略相匹配并支持企业投资增长。对于创业者来说，企业就像自己的孩子，当然希望能得到投资人的认可，所以创业者的一般心态是投资越高越好。然而过多的融资，会增加企业的资本成本，反之创业者如果没有足够估计企业未来的资金需求量，就会不得不面临第二次融资。因此企业做好财务预算是重中之重。其次，企业需要控制财务风险。创业企业应该从整体上把握财务风险的可控性和企业未来发展的可持续性，不能只考虑企业的投资战略规划。现在国家鼓励创业，许多银行都给创业企业提供贷款，国内外市场上的风投也青睐中国的创业企业，因此创业者需要充分考虑合理的资本结构，不能只想着财务杠杆能带来高投资回报，而要充分考虑不同投资人对企业投资的期望，区分是长期投资还是短期投资，综合考虑企业需要的融资结构和时间长短。

（四）充分了解、利用创业企业优惠扶持政策

除了融资之外，我国政府对于创业者还给予了多种政策扶持。创业企业充分利用政府设立的不同领域的创业园区。各大创业园区都有自己的创业社区，用于给创业企业对接风险投资者和其他市场资源的对接，使创业企业能获得足够的资金和市场上的支持。此外，创业园区还能给到入驻的创业者由政府提供的创业扶持政策。比如现在上海创业园区有税收优惠政策、创业创新项目的政府奖励及租金补贴等。此外，创业园区中有着各行各业的优秀人才，不同行业的创业者之间可以参加各种社区活动或者在线上平台进行沟通，共享自己领域的各种新的资讯，互相学习，进行思维的碰撞，发展自己的业务链，弥补创业企业本身的资金、市场、客户、人才、财务等一系列不足，提高企业的存活率。

（五）建立有效的财务激励机制

创业企业的核心团队成员是企业生存与发展的核心竞争力，他们如果只是拿一份固定的工资，会对企业没有归属感，认为企业的发展与自身的关系并不明显。这样也能带动员工对于创业的激情，调动大家的积极性，使员工更加全身心地投入工作中去，充分发挥自己的能力。因此创业企业可以根据创业的不同阶段，制定适当的股票期权的激励机制和行之有效的退出机制，同时也要为企业后续发展吸收新的人才预留一定的股权。良好的财务激励机制能有效地避免财务风险。创业企业因为有着创新精神和共享理念，同时更具有未来发展性，所以可以拿出适当的股票期权作为激励。

不同的投资人在给创业企业投资时，出发点也是不一样的，所以创业企业在选择

融资时也要注意投资人是希望能与企业长长久久地在一起，还是希望能尽快获得回报。创业企业在制定收益分配时，需要考虑不同投资人的需求，若发生意见不一，其中就需要引入新的投资者。这时候能够与原投资者"和平分手"也能给企业减少不必要的财务风险。

目前创业企业遍地开花，如何能在创业的红海中脱颖而出，取决于多方面因素，而财务风险管理是其中的一个重点。财务风险管理在创业过程中扮演着极为重要的角色，因此创业企业做好财务风险管理不光能够为创业添砖加瓦，也能在风险面前发挥安全卫士的作用，在企业发展壮大道路上变成遮风挡雨的金盾。

第三节 基于内部控制的企业财务风险管理

内部控制，是当前企业为适应经济市场环境新变化而提出的一项全新的管理思想，是财务领域中重要的工作要素。在实际运营和发展的过程中，企业为保证自身运营环境的安全性，需要在具体执行财务工作的过程中加强风险管理，并以内控思想为前提构建完善的管理体系，从而为企业在市场环境中实现竞争实力的全面提升而奠定资金储备基础。

随着市场环境逐渐发生转变，企业的运营环境也有所转变，市场竞争压力逐渐增加，给企业的财务工作带来了显著的挑战，如何保证资金安全是企业在深入发展过程中必须要面对的问题之一。内控思想是一种全新的战略思想，在控制财务风险方面具有重要作用和价值。企业需要端正对内控思想的态度，并针对内部所存在的风险情况提出相关的解决措施，构建良好的财务环境，提高企业的整体运营实力和发展水平。

一、企业财务风险的表现形式

财务风险是企业在内部运营环境中比较常见的一种风险类型，是企业在管理内部资金时，因为思想和具体操作行为不规范而诱发的一系列风险。通常情况下，财务风险具体包含筹资、投资、经营、资金链、应收款等各个环节的风险要素。其中某一种或者多种风险，都会给企业内部的财务环境造成一定的威胁，不仅会阻碍企业内部业务的顺利开展，还会在一定程度上给企业的稳定运营造成不利影响。因此，企业需要高度重视风险管理，并在内控思想的指导下，对相关的管理工作体系进行优化和完善。

二、基于内部控制的企业财务风险管理措施

（一）成立独立的内控部门

若想实现财务风险有效管理，企业需要对内控形成正确的认知，全面掌握内控在整个企业环境建设和市场发展中所发挥的支持作用。之后，企业根据自身的财务风险控制标准，以及未来的发展方向，制定良好的控制目标，本着全面控制的原则规范来制订内控战略方案。

另外，企业需要专门成立负责执行内控工作的部门，保持部门的独立性、创新性，招聘或者选拔比较优秀的人员组建成专业性的内控工作小组，对具体的工作职能进行明确和细化，保证职权范围以及具体的分工配置更加科学，从而为内控工作在风险管控领域的有效落实奠定一定的条件基础。此外，企业要高度强调内控部门与财务以及企业内部其他部门之间的有效沟通，就相关的财务信息进行传递与共享，从而为内控工作合理开展提供一定的信息支持。

（二）加强预算成本风险管控

在企业内部，预算和成本是财务工作的重要内容，同时也是风险多发的重要载体。因此，企业需要合理贯彻内控理念，重点从以上两个层面加强管控与监督。首先，企业要树立科学、规范的管理意识，建立全过程管控思想观；针对企业业务开展、日常运营、业务拓展等各个方面需要预算或者成本，进行战略性的统筹与分析，并制定出相应的参考方案，为企业领导者规范资金配置、正确做出战略决断提供一定的信息参考。同时，企业需要利用相关的统计方法和工具，对具体的预算和成本数据进行综合性分析，通过数据分析判断企业在预算和成本相关数据方面是否存在差异或者偏颇，并以此为依据适当调整预算方案；合理进行成本管控，保证内部资金配置和使用更加合理。

（三）加强财务工作的审计与监督

企业内部风险控制在企业内部财务部门所发挥的作用尤为突出，同时也在很大程度上影响着内部资金环境的安全，以及决定着资金链是否健全。而财务工作的完成质量也是关乎企业内部风险控制的重要因素。因此，管理者需要本着内控的思想理念，针对具体的财务工作展开全面的审计与监督；构建科学稳定的财务工作环境；通过监督及时发现潜藏在财务工作环境中存在的风险隐患，包括人员的操作失误、职业素养低下等诱发的各类风险；并根据企业的管理标准构建完善性的监督体制，针对不合理的操作行为进行一定的处罚处理；定期对财务人员进行内部审计，避免一些工作人员利用职务之便做出挪用公款等不良举措，全面保障企业内部财务环境安全，为企业实

现长久发展提供丰富的资金资源储备。

（四）加强财务人员的综合素质建设

企业为了从根本上规避财务工作中存在的风险问题，需要从人员储备层面着手加强财务人员的素质培训。首先，就招聘环节进行优化，企业要对财务人员的工作理念、态度、战略性的思想认知，以及财务人员在财务处理工作方面所呈现的专业手段或者技术水平，进行全面考核，保证所引进的财务人员在各个方面的素质都能够满足内控支持下的岗位工作要求。同时，企业需要高度重视财务人员的素质培训与职业考核，强化财务人员在财务工作中所表现的责任意识，提高财务人员工作的专业性。

（五）积极引进现代化的工作体系

企业需要以内控为基准，重点加强内部财务工作体系的现代化建设与改革；以信息技术为载体构建智能化工作体系，对财务数据进行智能统计与分析；引进先进的统计和会计核算软件，为财务人员高效精准地完成财务分析和战略统筹提供重要的平台和载体支撑。现代化的管理体系能够实现财务数据的有效备份与安全存储，为企业在运营和发展中合理运用财务数据进行战略方案规范制定提供一定的助力。此外，企业需要针对现代化工作革新要求，就内部工作人员的信息化专业技能进行有效培养、知识储备进行有效积累。

内控理念在促进企业财务工作高效发展和稳定落实方面具有重要的支持作用。企业需要在当前严峻的高竞争市场环境下，加强内控思想的深入贯彻，并以此为基准就企业内部在财务工作方面存在的风险进行针对性管理，通过部门成立、成本控制、审计监督、人员储备以及系统更新等多种方法，构建良好的财务系统环境，促进企业的深远发展。

第四节　外贸出口企业财务风险管理

近年来，我国民营外贸出口企业在国际市场上日趋活跃，企业扩张带来的财务风险也成为其发展的制约因素。提高外贸出口企业财务管理水平、防范和控制出口业务的风险成为企业取得竞争优势的必要保证，外贸出口企业应当加强企业财务制度和风控制度的建设。

一、外贸出口企业财务风险的主要成因

（一）外贸出口企业财务风险的主要类型

财务风险是指企业在各项财务活动中由于各种难以预料和无法控制的因素，使企业在一定时期、一定范围内所获取的最终财务成果与预期的经营目标发生偏差，从而形成的使企业蒙受经济损失或获得更大收益的可能性。外贸出口企业由于面向国际市场，对其财务风险的识别、预见和判断对企业发展有着重要作用，汇率波动、收汇及时、税率变动等面临的操作风险都是外贸出口企业本身很难控制的。外贸出口企业有必要对风险进行分析和研究，使自身在一定的范围内对风险的承受、风险的分担、风险的化解能力不断提高，以达到企业财务管理的最终目标。

（二）外贸出口企业财务风险产生原因及影响

1. 汇率变动对外贸出口企业资金影响的风险

国际市场的风云变幻及政治、政策方向的调整，会引起汇率变动给企业带来结汇的风险：第一，当汇率下降，企业在银行结汇时，所得到的人民币会少很多，就 2018 年来说，全年美元对人民币年内低点相对高点的最大跌幅达 9.9%，其汇率差波动使所结汇的人民币金额大相径庭，对资产负债表的会计处理中，将美元转换成人民币记账本位币时，因汇率变动而导致了账面损失的可能性。第二，在美元汇率相对高的情况下国外客户的付款意愿总是不那么强烈，因为他们认为所付出的美元应当可以购买到更多中国产品，造成国内出口企业收汇滞后，带来流动资金周转困难，增加国内出口企业的资金成本。第三，汇率波动的不确定性还会干扰外贸出口企业的商品采购、出口产品的数量和单价，从而对外贸出口企业未来在一定出口时间内收益及现金流量减少产生潜在的损失风险，外贸出口企业的业务内容和规模大小也会受到限制。

2. 外贸出口企业产品出口收汇的风险

一方面，出口不能及时收汇，到达一定的比率会影响国家外汇管理局企业等级的认定，即 A 类降为 B 类，给企业的收汇、结汇在时间和资金融通等方面造成难以弥补的损失。同时，外贸出口企业在收汇困难的情形下也会推迟对国内供应商付款，造成增值税专用发票取得的拖延，无法按时申报出口退税，丧失出口贸易在国际市场上的竞争力；另一方面，有时由于政治、经济贸易政策等因素，会出现第三方付汇的情况，这与外贸出口企业签订合同的客户名称不一致，严重违反了国家法律法规的政策和管理制度，使得企业外汇核销、应收账款混乱，尤其是对于那些单笔业务分次收汇的情形，更是给企业财务管理带来困扰。另外，由于某些国家其政治及内部动荡，失信的客户在货到后以各种理由拒绝付款，同样造成外贸出口企业惨重损失。

3. 增值税税率变动对外贸出口企业的影响

自 2018 年 5 月 1 日起原适用 17%（制造业等行业）和 11%（交通运输、建筑、基础电信服务等行业及农产品等货物）的增值税率分别调整为 16%、10%，到 2019 年 4 月 1 日起又从 16%、10% 下降到 13%、9%，在充分体现国家对广大民营企业大力度的减税降费下，给外贸出口企业在某种程度上也带来了一定的尴尬。连续几次的降低税率，对企业的成本、利润都会带来影响，外贸出口企业按原来的收购价格损失经历了从 1% ~ 4% 税款的金额，增加了商品的价格，减少了几个百分点的进项税额，增加了企业产品销售成本，减少利润。与此同时，出口退税率为 17% 和 11% 的出口产品退税率也变成了 13%、9%，增加了企业的经营风险，外贸出口企业需要自行提前把握国家政策，更好地制订本企业因税率变动所带来损失的补救方案。

二、外贸出口企业财务风险管理的对策

外贸出口企业的发展由于受国际形势、政治环境影响，面对的风险更加严峻，管理层只有加强思想上的重视才能更好实施对风险的防范和监管，以应对、避免各类风险对企业经营发展的收益产生威胁。因此，不论是汇率波动还是税率下降，不论是客户资信还是业务类型的发展，外贸出口企业都应当提前设计好管控风险的措施和对策，使企业在国际市场竞争中有更多优势。

（一）提高汇率风险意识，利用外汇市场衍生品保值增值

随着我国国际地位的上升以及受国际政治的影响，美元、人民币汇率产生了双向波动，对企业结汇成人民币有直接影响，在这种情况下企业管理层需要对汇率加强风险控制：第一，外贸出口企业积极研究汇率风险产生的要素，不断认识、积累抗风险的经验；企业财务管理人员应及时提醒高层加强汇率风险的重视，花费一定的时间和精力组织专门汇率风控小组，对汇率变动做出连锁反应，提高风险识别能力和防范水平。第二，由于汇率变动已经成为影响企业经济效益的重要问题，企业选择合适的外汇衍生产品可以对外汇的保值增值起到一定的作用。选择外汇的衍生产品时企业可以提前约定是看涨还是看跌以进行灵活的交易开展，确保企业自身权益或提升外汇交易收益，避免可能的汇率波动给企业带来的损失。一般支持外贸出口企业开户的银行都有相应的外汇衍生产品可操作，在国际交易市场上也占据相当的比重，我国外汇衍生品处在发展阶段，目前主要有外汇期权合约、外汇远期合约、掉期交易等。第三，汇率变动对企业经营资金周转产生影响时，企业更应当要利用货币市场套期保值。如，企业与国外客户签订合同时约定在汇率波动超出一定范围时，双方确定一个互相都能接受的风险比例作为合同的附加条款，共同承担一些损失。

（二）建立信保制度，对客户信誉进行事前调查

出口贸易业务中，不可避免会出现国外客户拖欠货款、拒绝支付货款的情况，有时还会出现第三方付款的情景。在面对收汇困难的情况下，外贸出口企业应当在交易发生前就增强风险防范意识、谨慎行事，当事件发生时才有可能应对自如。首先，企业要建立收汇风险管理制度，对国外客户的信誉进行评估，建立有效的控制机制，对出口业务进行事前、事中、事后风险控制计划，制定出口收汇风险应急措施；在合同履行中，要认真履约，保证出口产品质量，妥善制定索汇单据；合同履行后积极收汇，同时结合国际贸易规则及采用合理的结算方式保证国外客户及时付汇。其次，企业应建立必要的信保制度，利用中国出口信用保险对收汇保驾护航。外贸出口企业更专注于贸易业务的发展时，把对国外客户的资信了解委托信保公司进行调查和评估是一条安全的路径，信保公司会对所在国的经济、政治以及该客户的资信进行全方位的调查及评估，给出一个信用额度。当发生外汇不能收汇时，在相应的额度内信保公司会给予企业最高的赔付限额，最大限度地弥补企业因无法收汇而造成的损失。最后，对于可能产生的第三方付款，企业应依据国家"谁出口谁收汇"的原则及时办理收汇业务，向有关部门递交该收汇真实业务的证明资料，并提供三方协议或代付款协议的证明资料，以及与外销合同相匹配的证明材料，否则就有可能无法申报出口退税，使企业蒙受退税损失的风险。

（三）关注增值税政策调整，加强企业出口退税风险应对

在国家减税降费的优惠政策下，在民营企业获得实实在在的好处时，对外贸出口企业来说，供应商的材料供应价格会随国家政策引起的税率变动而变动，外贸出口企业应当梳理长期合同，并和供应商谈判，要求降低进货价格。出口企业应当抓紧时间收集、认证增值税进项发票，对已经出口的货物应联系供货商尽量在税率调整执行日之前按原税率开具增值税专用发票，并完成认证工作。此外，在政策过渡期企业应当把握好国家允许范围内的操作条件，以做出恰当的应对，如对前期销售折让、中止退回及补开增值税专用发票等事项都应在过渡期内办理。另外，企业要对国外客户要做好解释工作，以防国外客户因税率的降低提出降价的要求，保证企业利益不受损失。

外贸出口企业进行与国际市场接轨的业务时，势必需要谨慎地把握、观察、预见、判断风险出现的可能性，并加以深入研究，在管控风险的同时不断地调整策略和方案，让企业更加稳步、健康地向前发展。

第五节　电子商务企业财务风险管理

在大数据时代下，电子商务企业需要做好安全管理，完善财务风险预警体系，进而提高自身的财务风险识别以及管控能力，及时发现企业管理运营中存在的财务风险并实时改进，才能在众多企业中脱颖而出。

电子商务企业为我国国民经济发展提供了有力支持，逐渐成为我国经济发展的关键元素。当前我国电子商务呈现高速发展的趋势，但存在许多潜在的财务风险。电子商务企业如果想在行业中立足并且获得竞争力，就需要及时识别出财务风险，优化企业财务风险管理模式。

一、信用风险

电子商务主体诚信度难以保证是电子商务企业的信用风险主要原因，其提供的信息是否真实需要进一步核实。同时由于电子商务信息存在易修改、毁坏和损失等特征，因此较传统商品交易模式相比，电子商务企业面临较高的信用风险。

二、资金风险

电子商务企业需要借助相关平台完成资金周转，就要求相关平台有完善的安全认证和支付系统作为安全保障。然而，目前为止我国的互联网安全技术水平还亟须完善，认证机制还有待加强，加之企业管理意识淡薄和行业内竞争不规范导致了电子商务企业存在较高的资金风险。电子商务企业处于激烈的行业竞争中，为了取得竞争优势，不少企业开始进行新项目开发，需要大量融资，如果项目选取不当可能给企业带来巨大的债务风险。许多电商企业均存在关联企业，以及大股东占用企业资产的情况，严重干扰企业的正常运营和资金使用计划，增加了企业财务负担，从而给企业带来财务风险。

三、技术风险

电子商务企业的技术风险涵盖在计算机软件操作系统和硬件设备中。数据流失、网络安全等互联网技术发展存在的隐患，以及由于企业自身有限的技术水平可能给企业带来的经济损失都属于电子商务企业财务风险中技术风险的范畴，技术风险是电子商务企业区别于传统企业的一种新型风险。

四、电子商务企业财务风险原因分析

（一）企业决策缺乏全面的数据支撑

目前，电子商务企业之间的竞争十分激烈，大多数电商企业都把业务拓展、投融资、用户和流量争夺、"互联网＋"等作为企业的重要发展战略，但企业的信息化建设和数据治理等却相对滞后。企业的经营决策、投资规划、筹资规划、财务发展规划、资本结构规划及市场分析与预测等主要还是基于传统的决策方法与决策手段，决策过程缺乏有效的数据支撑，致使很多决策无法做到科学合理，从而增加了企业财务的风险。加强数据治理，建设企业全域的数据管理平台、基于大数据进行企业全面决策是电商企业规避财务风险的重要举措。

（二）法律制度不健全

任何行业的发展都离不开健全完善的法律制度。由于受到电子商务起步较晚并迅猛发展、时间较短及各种外部因素的共同作用，我国关于电子商务行业的法律法规还未完全建立。缺乏有效的法律监管制度是引发电子商务企业财务风险的原因之一。

（三）财务信息不安全

企业财务风险控制是否可以有效执行很大程度上取决于财务信息的安全性。传统的企业财务管理和财务信息具备一系列的保密制度，且制度的要求是较为严格的，因此具有很高的安全性。电子商务企业的生存需要以信息技术作为助力支持，多数的财务信息要通过互联网作为基础进行工作，在处理效率提高的同时也引发了一系列的财务信息安全问题。

电子商务企业的财务信息风险大致包括两类：（1）内部因素。内部因素主要是指人为因素。内部财务人员操作不规范或有意盗取财务信息可能会导致企业关键财务信息泄漏或流失，给企业带来无法挽回的恶果。（2）网络环境。目前，我国互联网技术安全性还有待加强，网络环境尚处于较为薄弱的阶段。许多技术风险，如木马病毒等，都会造成企业内部财务信息丢失，给企业造成重大危害。

（四）财务管理基础不扎实

传统企业的财务管理模式是用文件档案管理企业发生的经济业务，主要是人工操作。在电子商务环境下，计算机已经成为承载企业财务数据的新媒介。但电子商务企业业务量较大、发生较为频繁，导致企业财务管理难以对人员素质进行评价；基本产品的采购和销售等环节的操作程序存在一定的漏洞，企业内部缺乏有力的约束力；不少电子商务企业的财务人员只经过简单学习，在考取从业资格证后就立即上岗，缺少充分的专业知识，且没有足够的工作经验，加之缺少创新思维能力，不能满足企业日益丰富的发展需求，不能提供行之有效的方法帮助企业健全内部会计制度，给电子商务企业财务管理造成大量漏洞。

五、基于大数据条件降低电子商务企业的财务风险

大数据的发展推动了互联网技术的发展。数据具有集中化和细分化的特性，给企业财务管理分析提供了充足的依据。大数据的技术应用能够在一定程度上降低企业的财务风险。电子商务未来的发展趋势将与大数据相结合，企业充分利用大数据可以降低财务风险，在激烈的市场竞争中脱颖而出。大数据区别于传统数据概念主要是其具有的四个特点：数据规模大、数据种类多、数据处理速度快、数据价值密度低。

大数据技术在财务预算和资源配置两个方面具有很大价值。首先，是预测的问题。传统财务预算主要利用结构化数据，通过构建财务预算模型预测未来的财务结果。而大数据技术的应用，可以把财务预算数据范围扩大到非结构化数据，所有网页上的新闻、评论等都可以成为财务预算的数据基础。其次，是资源配置的问题。传统的财务预算在进行资源配置时，财务人员通常要听取业务人员的建议，多数时候资源投向会受到业务人员的影响。企业依靠大数据提升预算和资源配置能力可以降低资本成本，提高资金的使用效率，减少企业财务风险。

传统财务管理模式是基于因果关系，而大数据技术分析是基于相关性分析的结论，可以找到一些靠传统思维不能解决的财务问题。通过对这些问题的管控，企业可能会实施更加行之有效的战略。

第六节　企业财务风险管理内控体系构建

随着我国社会经济的快速发展，市场竞争不断加剧，企业为增强自身的竞争实力，必须确保财务风险管理的质量得到有效提升。但是由于我国财务管理发展时间比较晚，企业的财务风险内部控制体系建设还存在许多不足，所以企业必须对内控体系进行深入研究，保证企业财务风险管理质量得到全面增强，促进企业经济长效发展。

一、企业财务风险管理内控体系的重要内容

财务风险。由于企业的风险来自多个方面，所以企业在不断发展过程中必须全面分析财务管理中可能存在的风险因素，并严格分析非人为因素。这样，企业才能够提高财务管理的质量。如果企业不能很好地处理财务风险，不仅会影响自身经济效益，而且也无法提升自身的运营管理效果。

内控管理。企业在开展内部控制管理活动，能够确保自身的管理质量和管理效果得到同步提升，尤其是能够充分地对企业发展的各项信息进行优化整合，通过科学合理的手段促进企业内部资源得到合理分配。企业通过科学完善的内部管控体系也能够减少秩序混乱而导致的众多失误。企业在内部控制管理的过程中，要促进各个部门之间的信息沟通和交流，确保信息的实时传达，保证内部控制的作用得到充分发挥。

二、企业财务管理在新经济环境下的主要机遇

人民币升值。当前，随着我国综合国力的提升，人民币的购买力逐渐增强，为企业财务管理提供了重要支持，促进我国企业更好地走出去发展。在人民币升值的背景下，企业必须要以此为契机，抓住机遇，加速海外并购高科技企业，将最先进的技术为我所用，来增强企业自身的竞争实力，促进企业的发展与国际市场接轨。

积极的财政政策。在我国产业规模大幅度提升的过程中，企业的经济发展环境会得到不断的增强。我国大多数的企业财务管理制度并不健全，而且还存在许多的管理问题，尤其是用人不专、烂账坏账层出不穷等问题屡见不鲜。为此，企业在不断发展的过程中必须要积极寻求恰当的解决对策，保证财务系统的管理效率得到有效提升。

三、企业财务管理在新经济环境下面临的挑战

通货膨胀。通货膨胀会导致企业的经营成本不断上升，而且随着人们购买力的逐渐下降，使企业的发展受到影响。尤其是如果膨胀速度加剧，产品成本不断上涨，就很容易造成企业自身的经营利润萎缩，导致企业的发展受到影响。

货币政策。货币政策的调整会导致货币的供给量下降，造成融资成本不断提高。很多中小企业由于自身的问题，信贷会出现比较困难，为此无法加强投资管理，随着经营生产成本不断增加，会出现资金需求量过大的问题，导致企业经济效益不佳。

四、基于财务风险管理的企业内控体系构建

企业在财务管理的过程中，必须要确保成本下降。任何一个环节都有可能导致财务风险，而影响企业的正常发展，为此，企业必须要制定科学合理的风险管理控制手段，提高财务管理建设的质量，保障企业财务管理内部控制体系得到有效增强。

（一）完善内部控制管理体系

企业必须对筹资风险进行严格管理，制定科学合理的章程，对企业的财务资金加以规范化管理，确保企业的资本结构得到有效调整，并且积极解决财务审计存在的不足，确保企业的债务投资管理质量得到有效增强。在管理统计财务资金运行时，企业必须严格按照相关的规范标准进行监督。例如：一些竞争实力强的企业，往往会选择

投资其他行业，就会涉及大量的资金使用，很容易出现报销账目不及时的问题。为此在财务管理审核时，企业必须要加强内部环境的审核，通过适当的风险评估，保证内部信息沟通的效率，增强企业监督管理的机制。

（二）合理使用资金，保障企业流动性风险降低

企业中流动性风险发展的同时，经常会存在现金或等价物的风险，所以企业的运营管理必须要加强对各种紧急情况进行深入分析。企业如果在筹集资金的过程中不惜一切代价吸收资金，很容易造成流动性风险加剧，不及时加强风险预防和控制管理，就会给造成严重的经济损失。为此企业在建立财务管理内控体系中最主要的就是根据实际经济发展情况制定具体的筹资计划和管理方式。

为了能够确保对资金的合理利用，企业必须要根据全年的资金预算情况对计划销售回款是否如期到账、预计支出是否提前支付等进行严格控制；对于财务管理人员来说，最主要的就是要提前做好财务风险预判。如果资金出现问题，很有可能是销售没有按照计划回款或者是财务管理没有按计划回拨款。为此，财务管理人员必须及时进行汇报，通过利用外部融资等方式与相关部门进行沟通，保证资金的合理利用。

（三）财务内控收益风险监督

目前许多企业在利益分配方面极不平衡，也会导致企业财务风险明显增强。为了确保股东自身的需求符合实际，避免在财务管理过程中存在资金分配不够、不均衡的情况，企业必须要加强对内部资金流动实际情况的全面分析，并且对利润进行二次分配，确保企业内部利益的分配更加的完善，避免出现股价波动的情况。同时，企业也应该成立专门的收益分配部门，结合企业自身的实际情况以及未来的发展趋势，对企业内部的资金分配进行科学合理的定制，确保企业内部控制的整体质量。

（四）开展科学的风控活动

企业在财务风险管理的过程中，必须要从多个方面、多个角度对企业的内部风险问题进行深入分析和探究，保证企业财务风险得到有效应对以及企业的经营管理活动得到有效增强。在科学财务风险制度控制与管理的进程中，企业必须要加强业务风险的有效控制，通过规章制度对财务风险进行全面防控，保证企业的管理质量和管理水平得到全面增强。企业要设置相应的控制管理活动，针对重要的岗位开展职务岗位分离控制、营运分析控制和考核评价控制等具体措施。企业要加强信息财务的沟通和管理，确保信息的真实性和准确性，促进企业的决策管理质量得到明显增强。企业在防范财务风险的同时，也应该完善对市场信息的搜集与整理，快速发现未来市场发展变化的具体趋势，及时获得相关的产业信息，为未来的经营决策战略制定更加科学合理的决策依据。企业的风险存在各个环节，所以必须要全方位、多角度地落实风险管理。在财务风险控制的过程中，企业必须要保证财务风险贯穿整个企业经营管理的全过程。

参考文献

[1] 高树凤. 管理会计 [M]. 北京：清华大学出版社，2006.

[2] 徐光华. 财务会计 [M]. 北京：高等教育出版社，2006.

[3] 王巍. 中国并购报告 2006[M]. 北京：中国邮电出版社，2006.

[4] 哈特维尔·亨利三世. 企业并购和国际会计 [M]. 北京：北京大学出版社，2005.

[5] 财政部会计资格评价中心. 中级财务管理 [M]. 北京：经济科学出版社，2017.

[6] 上海国家会计学院. 价值管理 [M]. 北京：经济科学出版社，2011.

[7] 宋健业. EMBA 前沿管理方法权变管理 [M]. 北京：中国言实出版社，2003.

[8] 本节代，侯书森. 权变管理 [M]. 北京：石油大学出版,1999.

[9] 徐政旦. 现代内部审计学 [M]. 北京：中国时代经济出版社，2005.

[10] 李艳群，张巍巍. 网络环境下企业财务会计管理模式的创新与思考 [J]. 商，2015，15（46）：172-162.

[11] 李世超. 网络环境下中小企业财务管理模式的创新思考 [J]. 现代经济信息，2016，10（07）：220-221.

[12] 姚瑶. 网络环境下中小企业财务管理模式的创新思考 [J]. 商场现代化，2015，16（09）：248.

[13] 吴静怡. 试论供给侧改革与企业财务管理转型升级 [J]. 西部财会，2017，11（3）：22-24.

[14] 唐丽萍. 浅谈企业财务风险的识别与内部控制对策 [J]. 中国管理信息化，2017，20（03）：18-20.

[15] 胡光华. 财务管理转型升级、助力集团企业发展 [J]. 知识经济，2018，45（2）：99-100.

[16] 蓝茂煌. 企业转型升级中财务管理应如何应对的方案初探 [J]. 财会学习，2017，24（11）：19-20.

[17] 高晓兵，刘东溟，唐礼萍. 财务管理助推企业转型升级的路径探讨 [J]. 财务与会计（理财版），2011，26（4）：8-10.

[18] 许道惠，杨阳. "互联网+"驱动的企业财务管理模式创新研究 [J]. 中国乡镇企业会计，2016，05（15）：685-687.

[19] 王芳远，马香品 . 企业财务管理适应"互联网＋"的对策探索 [J]. 产业与科技论坛，2016，09（30）：432-435.

[20] 叶晓甦，张德琴，石世英，傅晓 . 考虑投资倾向的 PPP 项目资本结构优化 [J]. 财会月刊，2017，10（32）：11-16.

[21] 刘秦南，王艳伟，姚明来，李靖 . 基于系统动力学的 PPP 项目运营风险演化与仿真研究 [J]. 工程管理学报，2017（05）：1-4.

[22] 孙玉栋，孟凡达 . PPP 项目管理、地方政府债务风险及化解 [J]. 现代管理科学，2017，11（05）：24-26.

[23] 王秋菲，石丹，常春光 . 多案例的 PPP 项目风险分析与防范 [J]. 沈阳建筑大学学报（社会科学版），2016，18（05）：494-500.

[24] 方警 . 财务共享服务下管理会计信息化有效实施策略 [J]. 中小企业管理与科技（中旬刊），2021（04）：86-87.

[25] 吕珊珊，火岩 . 信息化背景下企业财务会计工作流程的优化研究 [J]. 中国商论，2021（08）：149-151

[26] 郭小玲 . 信息化时代下财务会计转型方向探究 [J]. 商讯，2021（11）：17-18

[27] 薛玉模 . 企业财务管理信息化建设探析 [J]. 商讯，2021（11）：63-64.

[28] 王钧仟 . 企业财务会计管理模式的创新与思考 [J]. 财经界，2021（11）：70-71.